スカイゼナーカード

あなた自身《じしん》も気《き》づいていない「不思議《ふしぎ》な力《ちから》」を開花《かいか》させるカードです。※使《つか》い方《かた》は97ページからの特集《とくしゅう》を読《よ》んでね。

スカイゼナーカードは全《ぜん》部《ぶ》で5枚《まい》

カードはケースに入《い》れて
保管《ほかん》しよう！

カードケース（オモテ面《めん》）

カードケースの作《つく》り方《かた》

1. ハサミを使《つか》って点線《てんせん》をていねいに切《き》ろう。
2. ウラ面《めん》を上《うえ》にして、グレーの線《せん》をすべて内《うち》がわに折《お》ろう（ものさしを使《つか》うとキレイに折《お》れるよ）。
3. のりしろにのりをぬり、★マークの線《せん》でふたつに折《お》ろう。最後《さいご》にふた（♥マークがついた部分《ぶぶん》）を折《お》れば完成《かんせい》！

カードケース（ウラ面《めん》）

のりしろ　のりしろ

♥　★

のりしろ　のりしろ

ミラクルきょうふ!

怖いストーリー MEGA

幕開け

編著◆
闇月モレク

西東社

ミラクルきょうふ!

バージョンUP《アップ》で MEGAシリーズが 幕《まく》を開《あ》けます…

闇月麗《やみづきれい》が消滅《しょうめつ》してから一年後《いちねんご》、人間界《にんげんかい》に美《うつく》しくも
不気味《ぶきみ》なペネムとモレクが舞《ま》い降《お》りました。
このふたりはいったい何者《なにもの》なのか。
なんの目的《もくてき》で人間界《にんげんかい》にやってきたのか…。

ナゾだらけの新《しん》ストーリーが始《はじ》まります…。

マンガも ますます バージョンUP《アップ》!

恐怖《きょうふ》の世界《せかい》にどっぷりひたれる仕《し》かけがもりだくさんです!

連載《れんさい》マンガ

つながっていく恐怖《きょうふ》…

前編後編《ぜんぺんこうへん》マンガ

意外《いがい》な結末《けつまつ》におどろかされる!

長《なが》いストーリーのマンガ

世界観《せかいかん》にどんどん入《はい》りこむ!

特集《とくしゅう》から広《ひろ》がるマンガ

より身近《みぢか》に恐怖《きょうふ》を感《かん》じられる…

ホラーギャグマンガ

怖《こわ》いのが苦手《にがて》な子《こ》もOK!

もくじ

タイトル近《ちか》くのアイコンをチェック！

マンガのタイトルの近《ちか》くには、下《した》のようなマークがあり、マンガの特徴《とくちょう》をあらわすよ。
読《よ》みたいマンガを選《えら》ぶときの目安《めやす》にしてみてはどうかな？

1話《わ》　ミステリー　恐怖レベル

恐怖《きょうふ》レベル

ドクロの種類《しゅるい》で怖《こわ》さがちがうよ。レベルが上《あ》がるほど怖《こわ》いマンガに。

レベル1　レベル2　レベル3　レベル4

ストーリーの種類《しゅるい》

絶叫《ぜっきょう》	怖《こわ》いシーンの連続《れんぞく》!!
ゾクッ	結末《けつまつ》がジワジワ怖《こわ》い…
ミステリー	不思議《ふしぎ》な世界《せかい》へどうぞ…
感動《かんどう》	怖《こわ》いけど泣《な》けちゃう…
ギャグ	クスっと笑《わら》えちゃう！

これらのアイコンにも注目《ちゅうもく》して！

2ページで紹介《しょうかい》している「ますますバージョンUP《アップ》」マンガには
たとえばこんなアイコンがついているよ！

新《あら》たなストーリーの幕開《まくあ》け

連載《れんさい》ストーリー 第《だい》1回《かい》

読《よ》みごたえたっぷり ロングストーリー

前編《ぜんぺん》・後編型《こうへんがた》ストーリー 前編《ぜんぺん》

新《あら》たなストーリーの幕《まく》開《あ》け
1話《わ》
ミステリー
恐怖レベル
時《とき》の巻《ま》きもどし
人《にん》間《げん》界《かい》に舞《ま》い降《お》りたふたり

うーん
いい天気《てんき》だなあ

心《こころ》がつかれた人《ひと》がたくさん…

助《たす》けてあげたい…
フッ

……いったいアイツはどこ行《い》ったわけ？
それにしても人《ひと》多《おお》すぎ…
もう…めんどくさいな〜

ドンッ
イタッ
イッテェなあ
ナマイキな人間《にんげん》
ううん…ダメだ…
ここはガマン
しなきゃ…

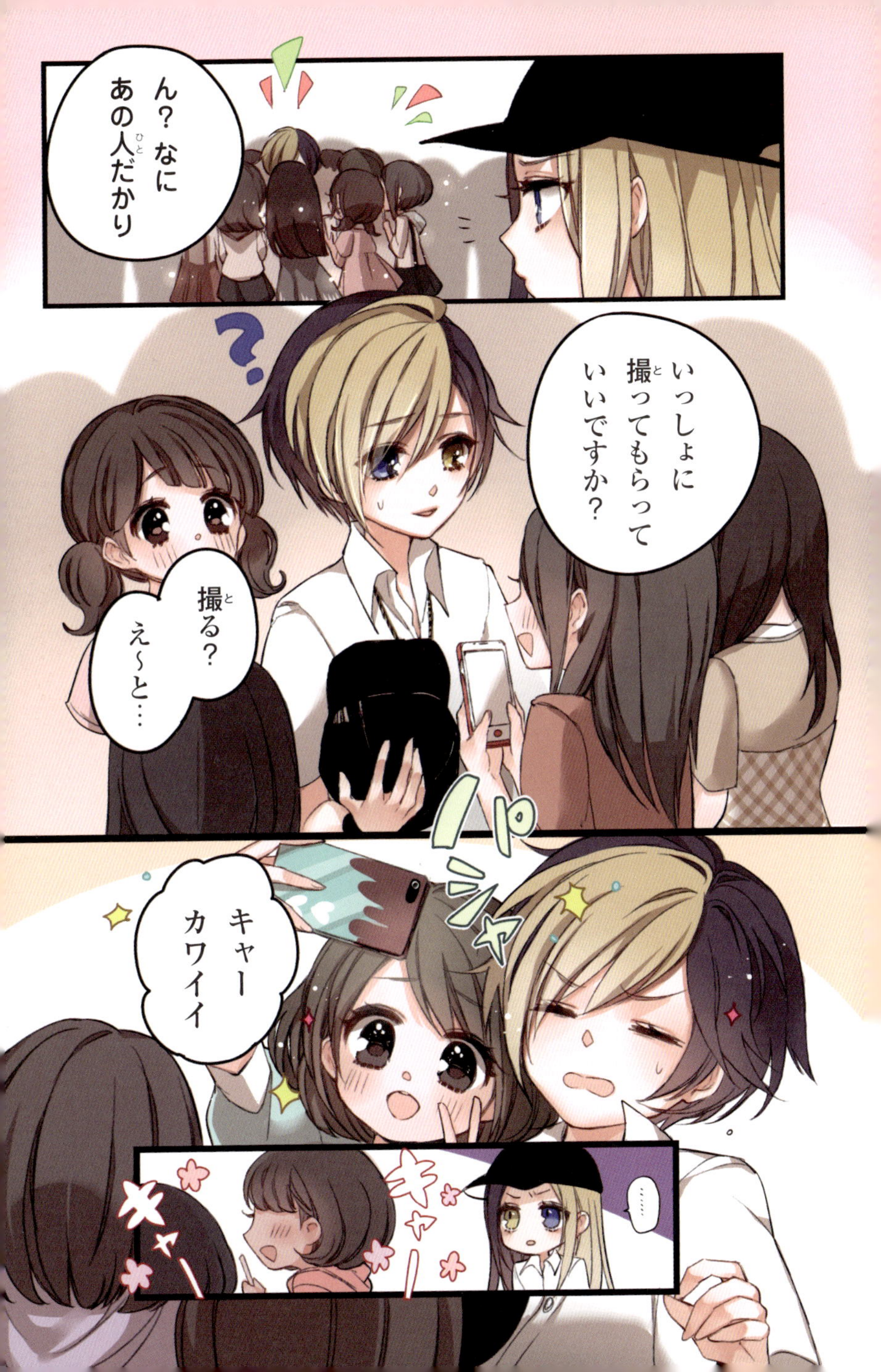
ん？なに
あの人《ひと》だかり
いっしょに撮《と》ってもらっていいですか？
撮《と》る？
え〜と…
パシャ
キャーカワイイ
……
キャー
キャー

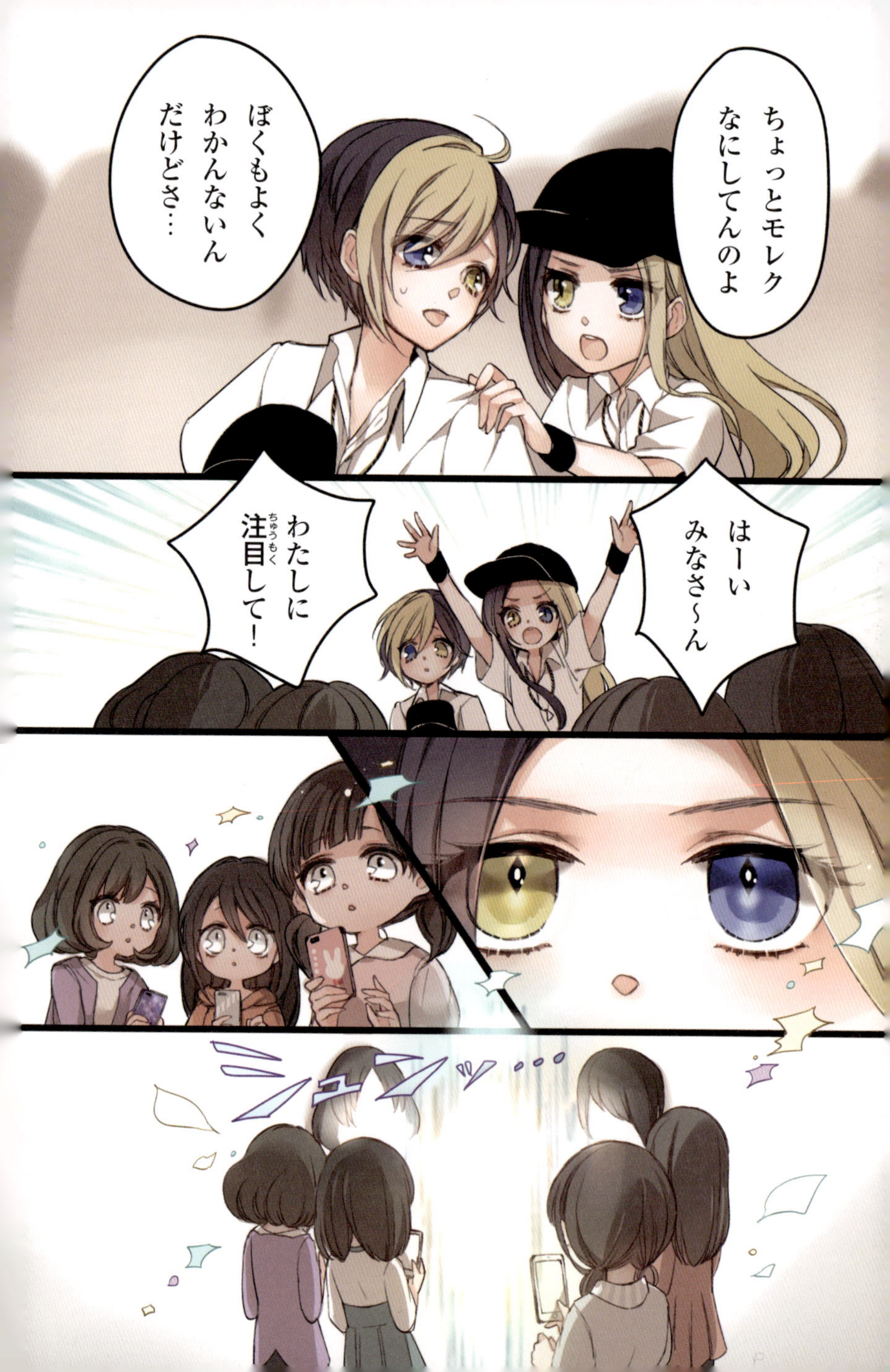
ちょっとモレク なにしてんのよ
ぼくもよく わかんないん だけどさ…
はーい みなさ～ん
わたしに 注目《ちゅうもく》して！
シュンッ…

おかえりなさいませ
ペネムさま モレクさま

あぁ～つかれた人間《にんげん》の格好《かっこう》ってホントきゅうくつ
バサッ
ねえペネム…
バサッ
この姿《すがた》で人間《にんげん》の前《まえ》に行《い》くのはダメなのかな？
サササッ

ダメに決《き》まってるでしょ！
人間《にんげん》の格好《かっこう》だってあんなに目立《めだ》ってたんだから…
そっか…そうだよね
こちらをどうぞ人間界《にんげんかい》でコーラという飲《の》みものだそうです
ふ～ん変《へん》な色《いろ》
ジュロモキュしてる…
へえ～おいしい♪
コーラから～
なによこれ…地図《ちず》が真《ま》っ赤《か》じゃない
こんなにたくさん…

街《まち》で見《み》たつかれた心《こころ》となにか関係《かんけい》あるのかな…
シュッ
選《えら》びきれない…コレで決《き》めましょ
カッ
ハイッ！じゃあこの子《こ》に決定《けってい》!!
ちゃっちゃと片《かた》づけましょ

この子《こ》泣《な》いてる大丈夫《だいじょうぶ》かな…
いちいち気《き》にしないの
ペネム待《ま》ってよ
スッ…
行《い》ってらっしゃいませ
ペネムさまモレクさま

ダレか助《たす》けて！
お願《ねが》いダレか！
早《はや》く開《あ》けて夜《よる》がきちゃう!!
ドン
ドン
ねえ…あなた
きゃ〜あああ

だいぶお困《こま》りのようね
ダ…ダレ？
れ…霊《れい》!?
怖《こわ》がらないで
ぼくらは君《きみ》を助《たす》けにきたんだ
わ…わたしを…助《たす》けに…？
ホ…ホントに？よ…よかった…
ねえ…
もしも…

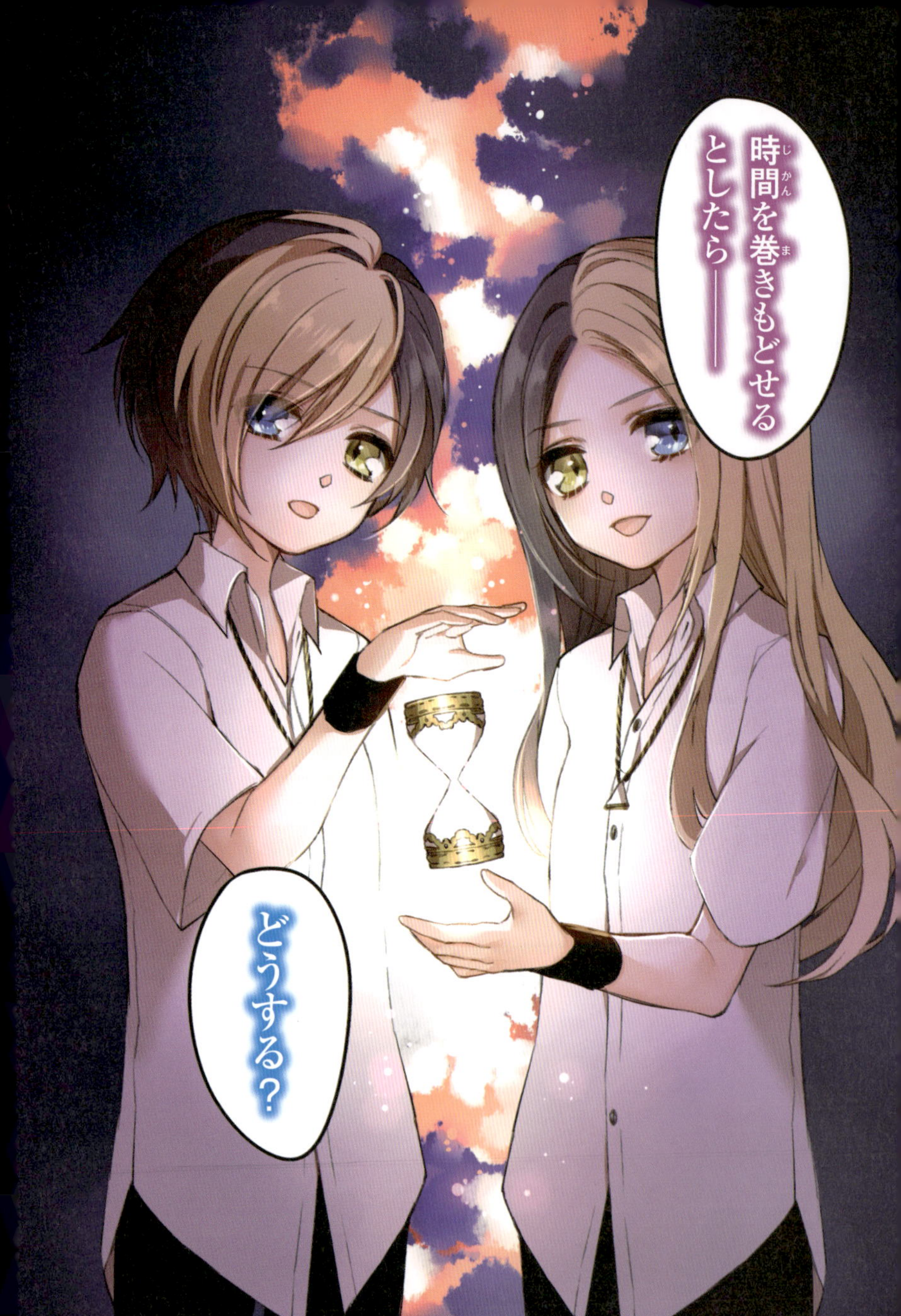
時間《じかん》を巻《ま》きもどせるとしたら——
どうする？

← このお話《はなし》は209ページへ続《つづ》きます…。

路《ろ》地《じ》裏《うら》カフェの紅茶《こうちゃ》は今日《きょう》も恐怖《きょうふ》の味《あじ》がする…

2話《わ》 ミステリー 恐怖レベル

「この世《よ》でいちばんおいしい紅茶《こうちゃ》が飲《の》める」とウワサのカフェ。味《あじ》のおいしさは100%保証《ほしょう》いたしますが、お店《みせ》で起《お》こるさまざまな出来事《できごと》につきましては、いっさいの責任《せきにん》をおいません……。

連載《れんさい》ストーリー

第《だい》1回《かい》

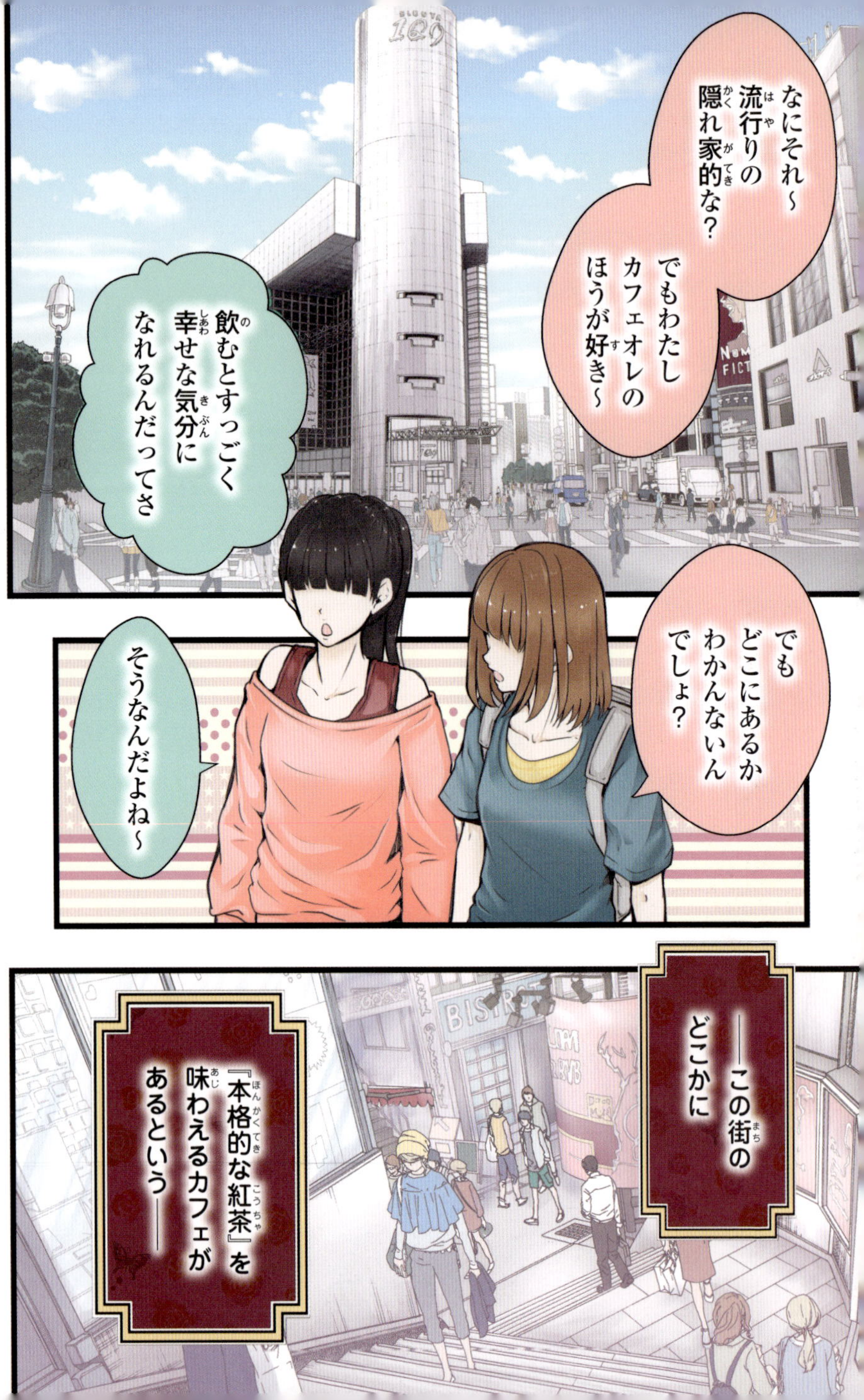

なにそれ〜流行《はや》りの隠《かく》れ家《が》的《てき》な？
でもわたしカフェオレのほうが好《す》き〜
飲《の》むとすっごく幸《しあわ》せな気《き》分《ぶん》になれるんだってさ
でもどこにあるかわかんないんでしょ？
そうなんだよね〜
——この街《まち》のどこかに
『本格的《ほんかくてき》な紅茶《こうちゃ》』を味《あじ》わえるカフェがあるという——

その紅茶《こうちゃ》の味《あじ》は言葉《ことば》ではたとえられないほどで
甘美《かんび》な気分《きぶん》にさせるらしい
ただ…店《みせ》の場所《ばしょ》をくわしく知《し》る人《ひと》はダレもいない
その不思議《ふしぎ》なカフェが本当《ほんとう》にあるのかさえもナゾのまま…
ゴホッ ゴホッ
う〜んノドのイガイガがひどくなってる
早《はや》くほかの病院《びょういん》に行《い》かないと…
ゴホッ
あれ？ ここどこだろ…
まちがった道《みち》に入《はい》っちゃったのかな…
とりあえず大通《おおどお》りにもどらなきゃ

隠《かく》れ家《が》カフェ？おいしい紅茶《こうちゃ》か…
Cafe
アリスのティーパーティー
この世で一番おいしい紅茶あります。
なんだかカワイイ感《かん》じ？
せっかくだし…入《はい》ってみようかな
トッ
トッ
トッ
トッ
ギイイイイー

——え!?
なに?
真《ま》っ暗《くら》?
店《みせ》がお休《やす》みだったのかな…?
パッ
イラッシャイマ……セッ
お好《す》きなお席《せき》へドウゾ
うわっ
は…はい
あ…あのメニューは
かわいくない…おかしなお店《みせ》に入《はい》っちゃったよ～
当店《とうてん》にメニューはございません

は…
はぁ
なんなのこの店《みせ》…
ブキミすぎるよ
お客《きゃく》さまにピッタリな紅茶《こうちゃ》をおだしします
マーシュマロウのハーブティーです
トロトロした粘《ねば》り気《け》はノドの炎症《えんしょう》をおおって保護《ほご》してくれます
お客様《きゃくさま》にピッタリかと

ノドの痛《いた》み…なんでわかったんだろ…
マスクもはずしてたのに…
冷《さ》めないうちにどうぞ
スッ
は…はい
カチャ
ほら……この世《よ》でいちばんでしょう
…お…おいしい
なんだろう…この幸《しあわ》せな気持《きも》ち…
ゴクッ

え
……はい
ぽーっ……
……あの……わたし…前《まえ》にとても怖《こわ》い体験《たいけん》をしたんです
……でもダレも信《しん》じてくれなくて……
わたしは信《しん》じますよ
よかった…
なぜか無性《むしょう》に話《はな》したい気分《きぶん》になってしまって……
さぁ………お話《はな》しください
これは去年《きょねん》の12月《がつ》の出来事《できごと》なんですが…

その変《へん》なセキ
ゴホッ
ゴホッ
ゴホッ
ゴホッ
MaNGa
最近《さいきん》ずっと続《つづ》いてるわね
病院《びょういん》に行《い》ったほうがいいわ
ゴホッ
ゴホッ
日曜《にちよう》だから病院《びょういん》は休《やす》みじゃ…
ゴホッ
ゴホッ
西表病院《にしおもてびょういん》なら休日《きゅうじつ》でも緊急外来《きんきゅうがいらい》があるから
うん…
行《い》ってくる——

それでは 2階《かい》の診察室前《しんさつしつまえ》で お待《ま》ちください
ポーン
ほかにも人《ひと》がいた なんだか暗《くら》いな…

すぐに診《み》てもらえるかな？
カチ
カチ
カチ
カチ
カチ
カチ
カチ
カチ
カチ
もう30分《ぷん》たったけど…
まだかなぁ…
カチ
あの人《ひと》……
すっごく具合悪《ぐあいわる》そう…
あの人《ひと》も……

池内《いけうち》さん……
池内忠彦《いけうちただひこ》さん
準備《じゅんび》ができたら
お入《はい》りください
よかった
ようやく人《ひと》が
呼《よ》ばれた……
スッ
ガラッ
パタン…
カチ
カチ
カチ
カチ
上島《うえしま》さん…
上島夏絵《うえしまなつえ》さん
準備《じゅんび》ができたら
お入《はい》りください
スッ

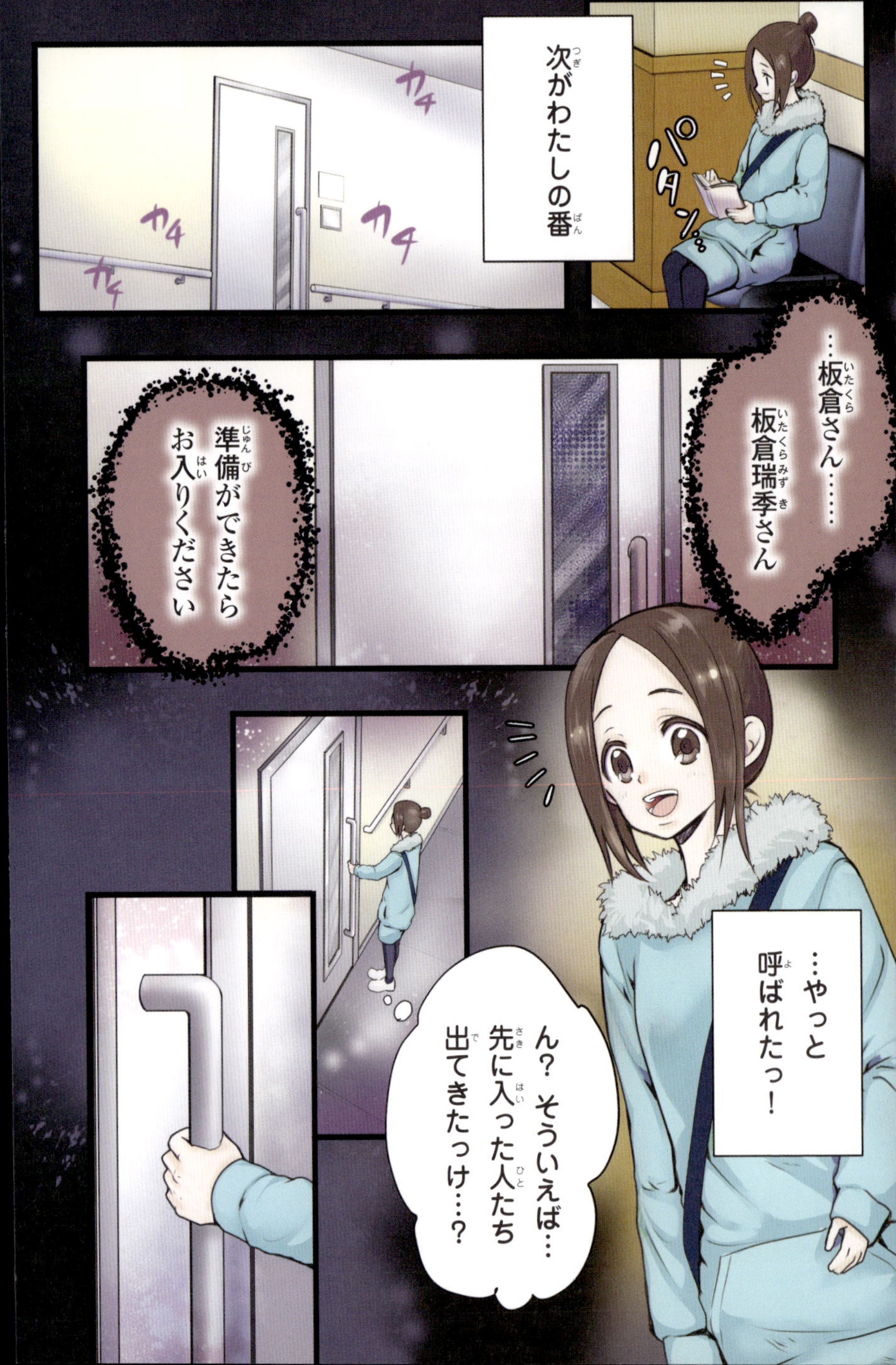
次《つぎ》がわたしの番《ばん》
パタン…
カチ
カチ
カチ
カチ
…板倉《いたくら》さん……
板倉《いたくら》瑞季《みずき》さん
準備《じゅんび》ができたら
お入《はい》りください
…やっと
呼《よ》ばれたっ！
ん？ そういえば…
先《さき》に入《はい》った人《ひと》たち
出《で》てきたっけ…？

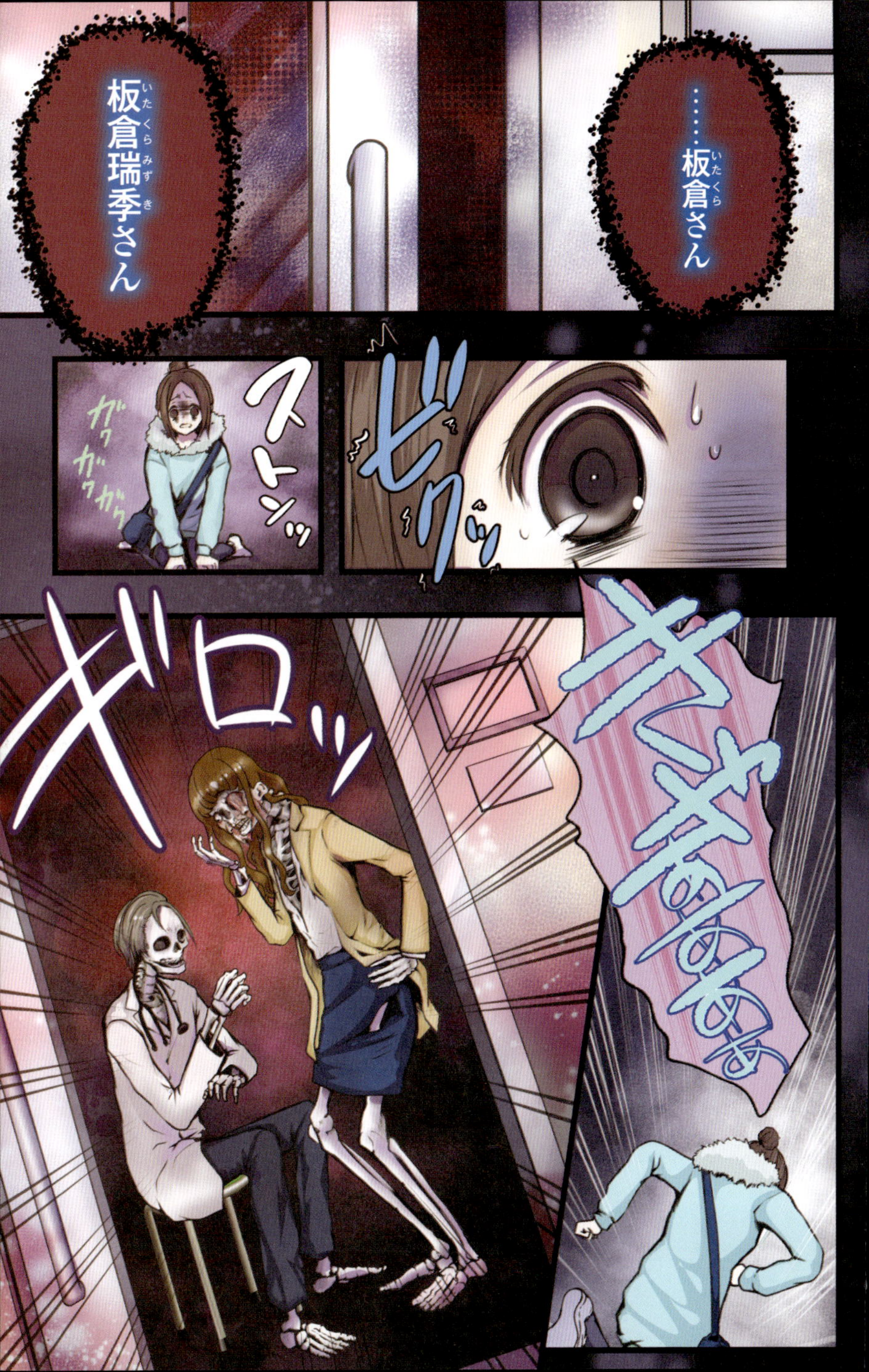
……板倉《いたくら》さん
板倉《いたくら》瑞季《みずき》さん
ビクッ
ストンッ
ガクガクガク
きゃああああ
ギロッ

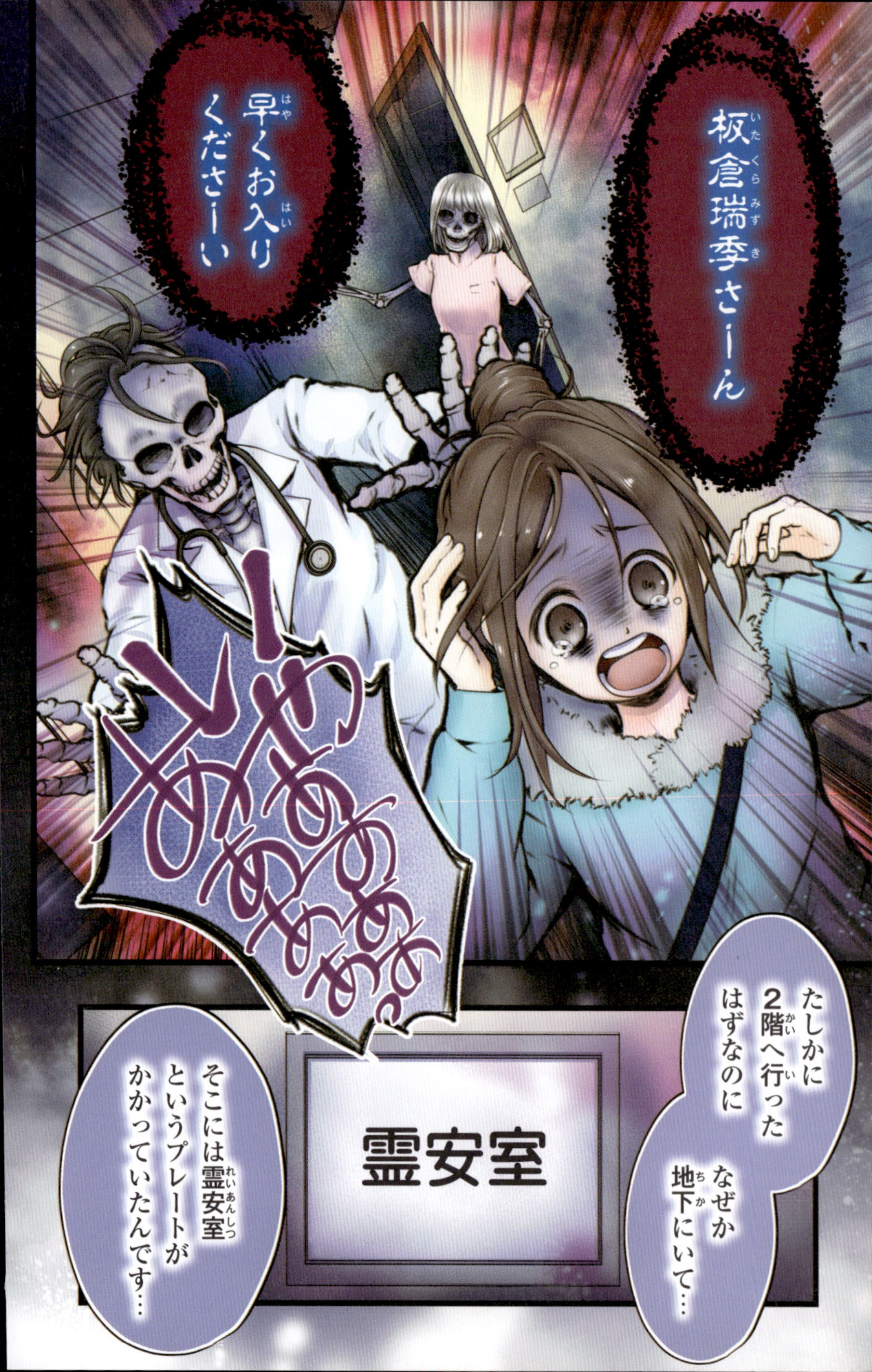
板倉瑞季《いたくらみずき》さーん
早《はや》くお入《はい》りくださーい
いやあああああああああ
たしかに2階《かい》へ行《い》ったはずなのに
なぜか地下《ちか》にいて…
霊安室
そこには霊安室《れいあんしつ》というプレートがかかっていたんです…

あのまま入《はい》っていたら…どうなって…
それはそれは…
おそろしい体験《たいけん》をされたのですね
なんだかとってもスッキリした気分《きぶん》です
話《はな》せてよかった
わたしも…
おかげでたくさんいただけ…ました——
もうこんな時間《じかん》っわたし帰《かえ》ります
おいくらですか？
お代《だい》はけっこうです
え？
だってすでにいただきまし…
いえ…本日《ほんじつ》はサービスです

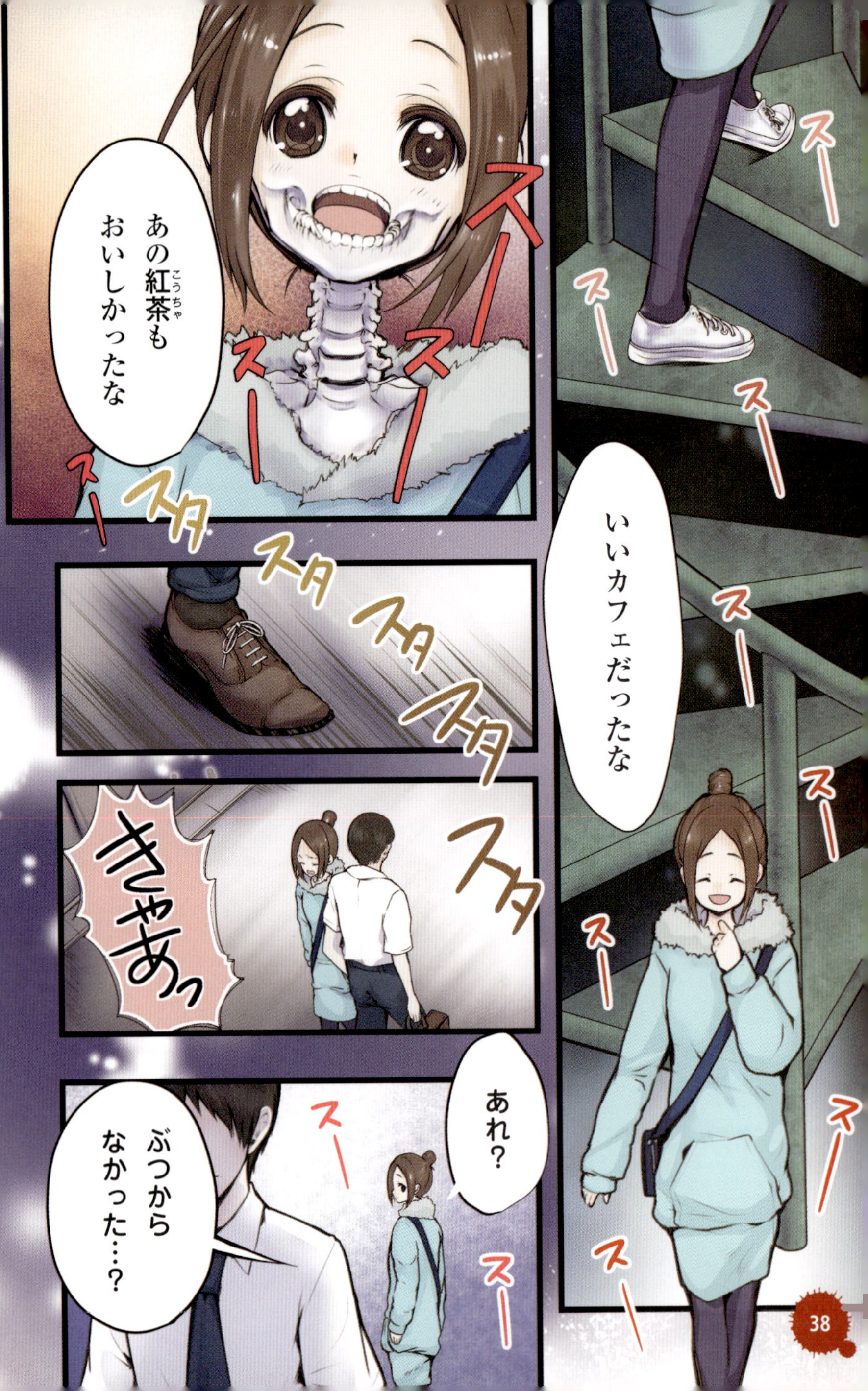
スー
スー
スー
いいカフェだったな
スー
スー
スー
スー
あの紅茶《こうちゃ》もおいしかったな
スー
スー
スー
スー
スタ
スタ
スタ
スタ
スタ
きゃあっ
あれ？
ぶつからなかった…？
スー
スー

スー
スー
スー
気《き》のせいかな……
スー
スー
あのとき病院《びょういん》で少女《しょうじょ》はあのまま霊安室《れいあんしつ》に入《はい》っていた…
もう…この世《よ》の人間《にんげん》ではないのに…
本人《ほんにん》だけがそれに気《き》づいていない――
霊安室《れいあんしつ》はこちらの世界《せかい》とあの世《よ》をつなぐ境目《さかいめ》だと聞《き》くわね
死神《しにがみ》の気《き》まぐれかなにかの手《て》ちがいだったのかもな…

日曜日《にちようび》のたびにこのカフェへやって来《く》る…
恐怖《きょうふ》のあまり記憶《きおく》もすりかわり…
でもダレかに聞《き》いてほしいのよね
ボクらに話《はな》すうち思《おも》いだすとイイガ…
——当店《とうてん》は少《すこ》し変《か》わったカフェです
この看板《かんばん》を見《み》かけた際《さい》はぜひともご来店《らいてん》ください——
導《みちび》かれし者《もの》のみが来店《らいてん》できる店《みせ》ダロ…
そうね でも強《つよ》く来店《らいてん》を願《ねが》えば…
Cafe アリスのティーパーティー
この世で一番おいしい紅茶あります。
第《だい》2回《かい》へと続《つづ》く
オタノシミニ…

霊察知力《れいさっちりょく》の診断《しんだん》テストつき…

心霊《しんれい》写真《しゃしん》投稿《とうこう》アプリ

サイト管理人《かんりにん》

これはぐうぜんなのか…必然《ひつぜん》なのか…？
写真《しゃしん》に写《うつ》りこんでしまった、不可解《ふかかい》なもの…。
「心霊写真投稿《しんれいしゃしんとうこう》アプリ」では、みなさんからの投稿写真《とうこうしゃしん》を
ぴったり深夜《しんや》２時《じ》に公開《こうかい》しております。
今宵《こよい》もいっしょに最恐《さいきょう》のホラー体験《たいけん》をしませんか…。

へぇ～人間界《にんげんかい》ではこんなものがあるんだな…
モレク
はい…さっそくこのアプリで心霊写真《しんれいしゃしん》を見《み》ていきましょう…
ケエル

不可解《ふかかい》な部分《ぶぶん》を見《み》つけよう…

写《しゃ》真《しん》1　難《なん》易《い》度《ど》

写《しゃ》真《しん》2　難《なん》易《い》度《ど》

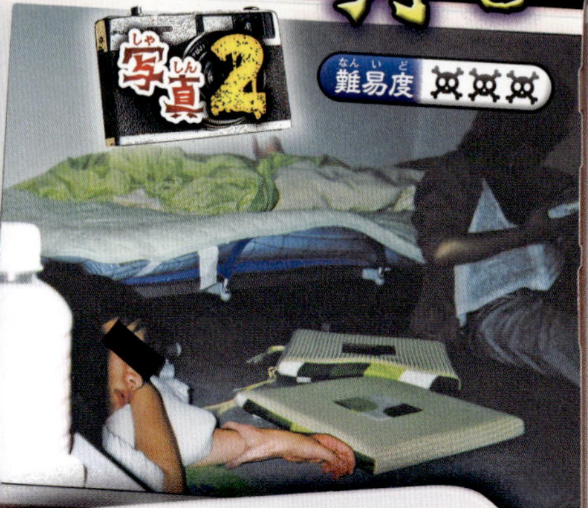

写《しゃ》真《しん》3　難《なん》易《い》度《ど》

写《しゃ》真《しん》4　難《なん》易《い》度《ど》

心《しん》霊《れい》写《しゃ》真《しん》の真《しん》相《そう》は
44ページから紹《しょう》介《かい》します…。

あなたもチャレンジ!

写真《しゃしん》にひそむ

この8枚《まい》は不可解《ふかかい》なものが写《うつ》りこむ、いわゆる「心霊写真《しんれいしゃしん》」なのです。恐怖《きょうふ》の写真《しゃしん》をじっくり見《み》つめ、不可解《ふかかい》なものを見《み》つけてください…。

写《しゃ》真《しん》6
難《なん》易《い》度《ど》

写《しゃ》真《しん》5
難《なん》易《い》度《ど》

難《なん》易《い》度《ど》
NISSAN DIESEL
写《しゃ》真《しん》8

写《しゃ》真《しん》7
難《なん》易《い》度《ど》

不可解《ふかかい》な部分《ぶぶん》の真相《しんそう》解明《かいめい》！

写真《しゃしん》に写《うつ》りこんだものがなんだったのか解説《かいせつ》していきましょう。

写《しゃ》真《しん》1 ずっといっしょに…

重《かさ》なる足《あし》
ここに
注《ちゅう》目《もく》

難易度《なんいど》

恐怖《きょうふ》レベル

高校生《こうこうせい》のふたりを撮影《さつえい》した写真《しゃしん》。右下部分《みぎしたぶぶん》、男《おとこ》の子《こ》の足《あし》に注目《ちゅうもく》してみましょう…。

男《おとこ》の子《こ》の足《あし》に重《かさ》なって、制服姿《せいふくすがた》の女《おんな》の子《こ》の足《あし》があらわれています…。

写真《しゃしん》が撮影《さつえい》される数《すう》か月前《げつまえ》、この彼《かれ》をスキな女子生徒《じょしせいと》が交通事故《こうつうじこ》で亡《な》くなってしまったそうなのですが…。

写《しゃ》真《しん》2 つかんではなさない…

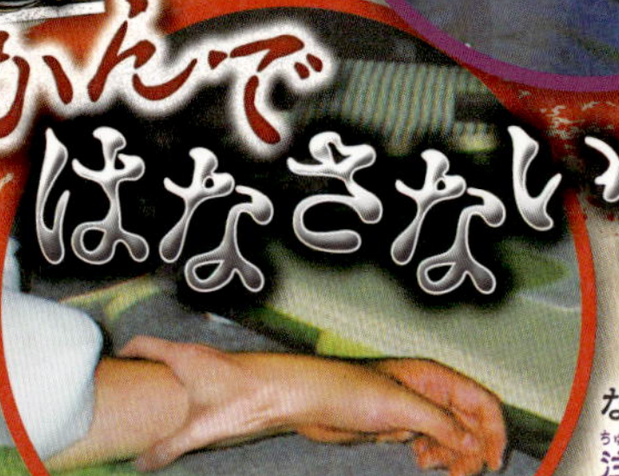

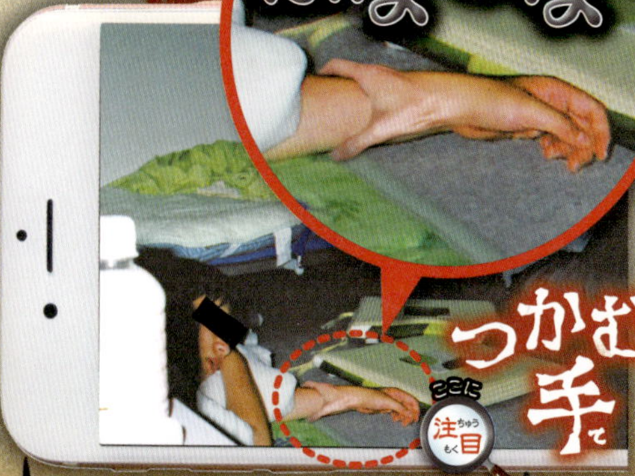
つかむ手《て》
ここに
注《ちゅう》目《もく》

難易度《なんいど》

恐怖《きょうふ》レベル

家《いえ》に遊《あそ》びにきた友《とも》だちを何気《なにげ》なく写《うつ》した1枚《まい》。写真中央下《しゃしんちゅうおうした》に注目《ちゅうもく》してみましょう…。

眠《ねむ》る男《おとこ》の子《こ》の左腕《ひだりうで》をぐっとにぎる、不自然《ふしぜん》な手《て》が見《み》えます…。

まるで腕《うで》から生《は》えているかのように男《おとこ》の子《こ》の腕《うで》と一体化《いったいか》しているナゾの手《て》。これは霊《れい》なのか、生霊《いきりょう》なのか。今《いま》も調査中《ちょうさちゅう》です。

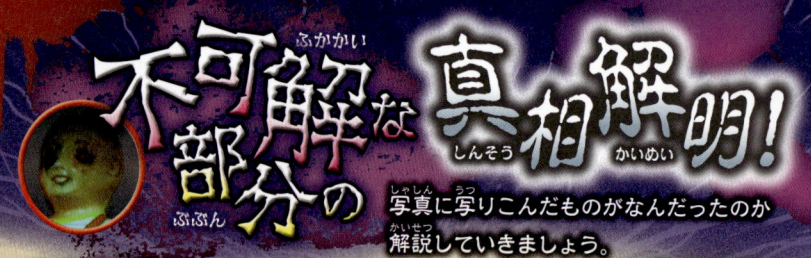

写真《しゃしん》3

難易度《なんいど》　恐怖《きょうふ》レベル

おんぶして…

はだかの子《こ》ども

浜辺《はまべ》で砂《すな》をほり遊《あそ》ぶ子どもたちを撮影《さつえい》した写真《しゃしん》。写真左下《しゃしんひだりした》に注目《ちゅうもく》してみましょう…。

男《おとこ》の子《こ》の背中《せなか》におぶさるように、上半身《じょうはんしん》はだかの子《こ》どもの霊《れい》があらわれています…。

この男《おとこ》の子《こ》は、海《うみ》から帰《かえ》る車《くるま》でいきなりあばれだし、気《き》を失《うしな》いました。意識《いしき》をとりもどしたとき、浜辺《はまべ》での記憶《きおく》がまったくなかったそうですが、これは写真《しゃしん》に写《うつ》った霊《れい》の影響《えいきょう》なのでしょうか…。

写真《しゃしん》4

あらわれた兵士《へいし》

難易度《なんいど》　恐怖《きょうふ》レベル

見守《みまも》る人《ひと》…

投稿者《とうこうしゃ》が幼《おさな》いころ、自宅《じたく》の庭《にわ》でおじいさんと撮影《さつえい》した1枚《まい》。写真右《しゃしんみぎ》半分《はんぶん》に注目《ちゅうもく》してみましょう…。

おじいさんの背後《はいご》に下半身《かはんしん》の消《き》えた人物《じんぶつ》が写《うつ》りこんでいます。よく見《み》ると、男性《だんせい》で帽子《ぼうし》をかぶっているようにも見《み》えます…。

おじいさんには戦地《せんち》で命《いのち》を落《お》とした兄《あに》がいるそうです。弟《おとうと》の孫《まご》を見《み》にあらわれたのでしょう。写真《しゃしん》から悪《わる》い気《き》は感《かん》じられません。

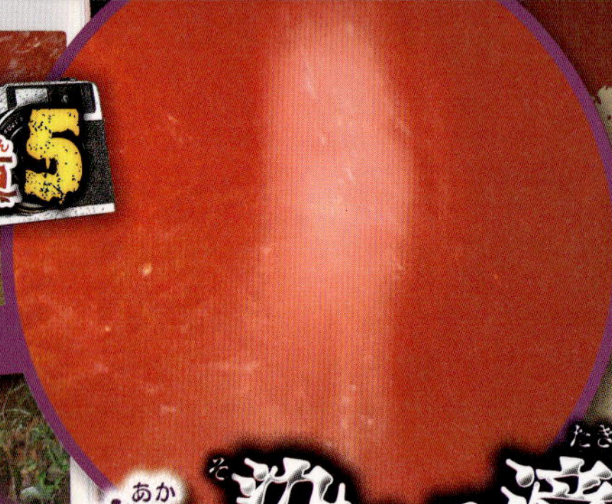

赤《あか》く染《そ》まる滝《たき》

これはある城趾《しろあと》にある滝《たき》。写真左半分《しゃしんひだりはんぶん》に注目《ちゅうもく》してみましょう…。

赤《あか》い光《ひかり》のなかに着物《きもの》を着《き》た女性《じょせい》がモヤのように見《み》えます…。

その昔《むかし》、この城《しろ》が攻《せ》め滅《ほろ》ぼされた際《さい》、城《しろ》に立《た》てこもっていた女性《じょせい》と子《こ》どもは滝《たき》に身《み》を投《な》げ、三日三晩《みっかみばん》、滝《たき》は血《ち》で真《ま》っ赤《か》に染《そ》まったという伝説《でんせつ》が残《のこ》っています。亡《な》くなった霊《れい》たちは今《いま》もこの地《ち》で苦《くる》しんでいるのでしょうか？

不自然《ふしぜん》な影《かげ》…

難易度《なんいど》　恐怖《きょうふ》レベル

旅行先《りょこうさき》で大仏《だいぶつ》を撮影《さつえい》した1枚《まい》。写真下《しゃしんした》に写《うつ》る階段《かいだん》に注目《ちゅうもく》してみましょう…。

階段《かいだん》におかしな影《かげ》が写《うつ》りこんでいます。これは手《て》の形《かたち》をしていますが、手前《てまえ》に写《うつ》る人《ひと》たちのものではありません。そしてあきらかに指《ゆび》の長《なが》さがおかしいのです…。

これはこの場《ば》にたまたま浮遊《ふゆう》していた霊《れい》が、影《かげ》として写《うつ》りこんでしまったものだそうです。

難易度《なんいど》 ☠☠　恐怖《きょうふ》レベル 🔥🔥🔥🔥

写真《しゃしん》7

さまよい続《つづ》ける…

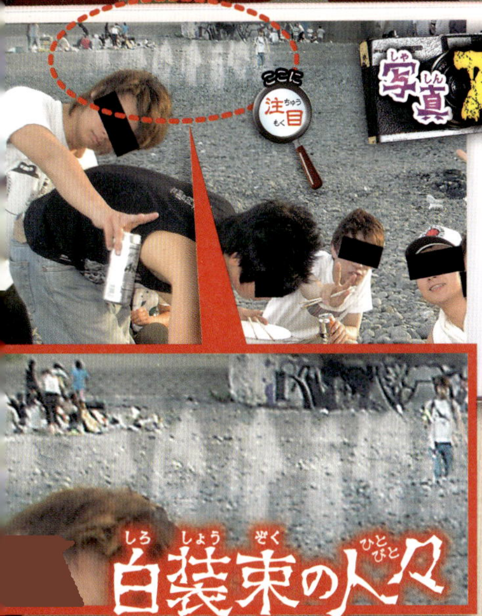

　河原《かわら》で楽《たの》しくバーベキューをしている写真《しゃしん》。写真《しゃしん》の奥側《おくがわ》に注目《ちゅうもく》してみましょう…。

　白装束《しろしょうぞく》（死者《ししゃ》が着《き》る真《ま》っ白《しろ》な着《き》物《もの》）をまとった人《ひと》たちが、列《れつ》をなして歩《ある》いています…。

　この河原付近《かわらふきん》では、戦時中《せんじちゅう》に大《だい》規模《きぼ》な空襲《くうしゅう》があったそうです。多《おお》くの人々《ひとびと》が火《ひ》の手《て》から逃《に》げるために川《かわ》へ飛《と》びこみ、亡《な》くなってしまったといいますが…。

難易度《なんいど》 ☠☠☠☠☠　恐怖《きょうふ》レベル 🔥🔥🔥🔥🔥

写真《しゃしん》8

救《すく》いを求《もと》めて…

　これは消防車《しょうぼうしゃ》を撮影《さつえい》した1枚《まい》。フロントガラス部分《ぶぶん》に注目《ちゅうもく》してみましょう…。

　こちらをじっと見《み》つめるいくつもの顔《かお》が見《み》えます…。

　消防車《しょうぼうしゃ》は毎日《まいにち》、さまざまな火災現場《かさいげんば》へと出動《しゅつどう》します。そして、そのなかには逃《に》げ遅《おく》れて亡《な》くなってしまった人《ひと》たちもいることでしょう。そういった人《ひと》たちの霊《れい》が、今《いま》も救《すく》いを求《もと》めて、消防車《しょうぼうしゃ》に憑《つ》いているのかもしれません。

あなたの霊《れい》察知力《さっちりょく》をチェック！

霊《れい》の姿《すがた》を見《み》つけたり、気配《けはい》を感《かん》じる力《ちから》を診断《しんだん》してみましょう。

やり方《かた》

1 不可解《ふかかい》な部分《ぶぶん》を見《み》つけられた写真《しゃしん》をチェック。

2 その写真《しゃしん》についていた難易度《なんいど》のドクロの数《かず》をすべてたそう。

☠の合計数《ごうけいすう》　19～21▶A　15～18▶B　0～14▶C

Aのあなた 霊察知力《れいさつちりょく》 かなり高《たか》め	あなたは霊《れい》が発《はっ》する念《ねん》や想《おも》いを感《かん》じやすいかも。霊《れい》が見《み》えたり、気配《けはい》を感《かん》じることがよくありそう。
Bのあなた 霊察知力《れいさつちりょく》 ふつう	霊《れい》が発《はっ》する念《ねん》が強《つよ》いときにだけ、ふだんとちがう感覚《かんかく》をおぼえるかも。ふだん霊《れい》を察知《さっち》することはないね。
Cのあなた 霊察知力《れいさつちりょく》 ほぼナシ	近《ちか》くに霊《れい》がいてもなにも感《かん》じない人《ひと》だね。もし心霊写真《しんれいしゃしん》を撮《と》ってしまっても、気《き》づかないなんてことも…。

心霊写真《しんれいしゃしん》を撮《と》ってしまったときは…

写真《しゃしん》やデータ自体《じたい》に霊《れい》はとり憑《つ》いてはいないのでむやみに心配《しんぱい》する必要《ひつよう》はないんだよ！

デジカメやスマホのデータ

すぐにデータを消去《しょうきょ》しよう。そして機械《きかい》がこわれていないか確認《かくにん》すること。機械《きかい》は霊《れい》の影響《えいきょう》でこわれやすいため注意《ちゅうい》が必要《ひつよう》なんだ。

プリントした写真《しゃしん》

悪《わる》い気《き》や心配《しんぱい》する心《こころ》をなくすためにも、いち早《はや》く手《て》でビリビリとやぶり捨《す》ててしまおう。

次《つぎ》のページから「心霊写真《しんれいしゃしん》」をテーマにした恐怖《きょうふ》ストーリーが楽《たの》しめるよ…。

3話《わ》

心《しん》霊《れい》カメラ

……あのさ…
…うん
ちらっ
オレずっと…里亜菜《りあな》に言《い》わなきゃって
この空気《くうき》ヤバイ…このままだと……
じつはオレ…

ゴメン！ママと約束《やくそく》あったんだ
わ…わたし先《さき》に帰《かえ》るね！
あ…うん気《き》をつけてな
——優人《ゆうと》…さっき別《わか》れ話《ばなし》をしようとしてた
ゼッタイに別《わか》れたくなんてないよ！

わたしから告《こく》って
つきあいだしたけど…
でも最近《さいきん》…なんだか
優人《ゆうと》に距離《きょり》を感《かん》じる
優人《ゆうと》の優《やさ》しさに甘《あま》えて
わたしがワガママ
言《い》いすぎたから？
彼《かれ》をねらう子《こ》が同《おな》じ組《くみ》
にいるって話《はなし》だし…
それで走《はし》って
逃《に》げてきたと

だってぇ～
別《わか》れようなんて
聞《き》きたくない！
うえぇぇぇん
うーん
まあそれは
そうだね
う～ん沙理《さり》
わたしどうしたら
いいと思《おも》う？
彼《かれ》の気持《きも》ちを
つなぎとめる
方法《ほうほう》かあ
うん
それそれ！

おばけやしきで甘《あま》えてみたら?
きゃーっ!!
もお~
マジメにアドバイスしてよぉ~!!
ごめんごめん むずかしい問題《もんだい》だからさ 元気《げんき》だして
そうだ! 前《まえ》に心霊《しんれい》スポット行《い》ったじゃん?
深淵池
カレと行《い》ってくれば?
ダメ…優《ゆう》人《と》はそういうの嫌《きら》いなの

せっかく心霊写真《しんれいしゃしん》撮《と》れたのになあ
ウソ!?
わたしはなにもおかしなものなんて写《うつ》ってなかったはず…
たくさん撮《と》りすぎてわからないな…
まあまあ里亜菜《りあな》ちゃんこれを見《み》てよ!

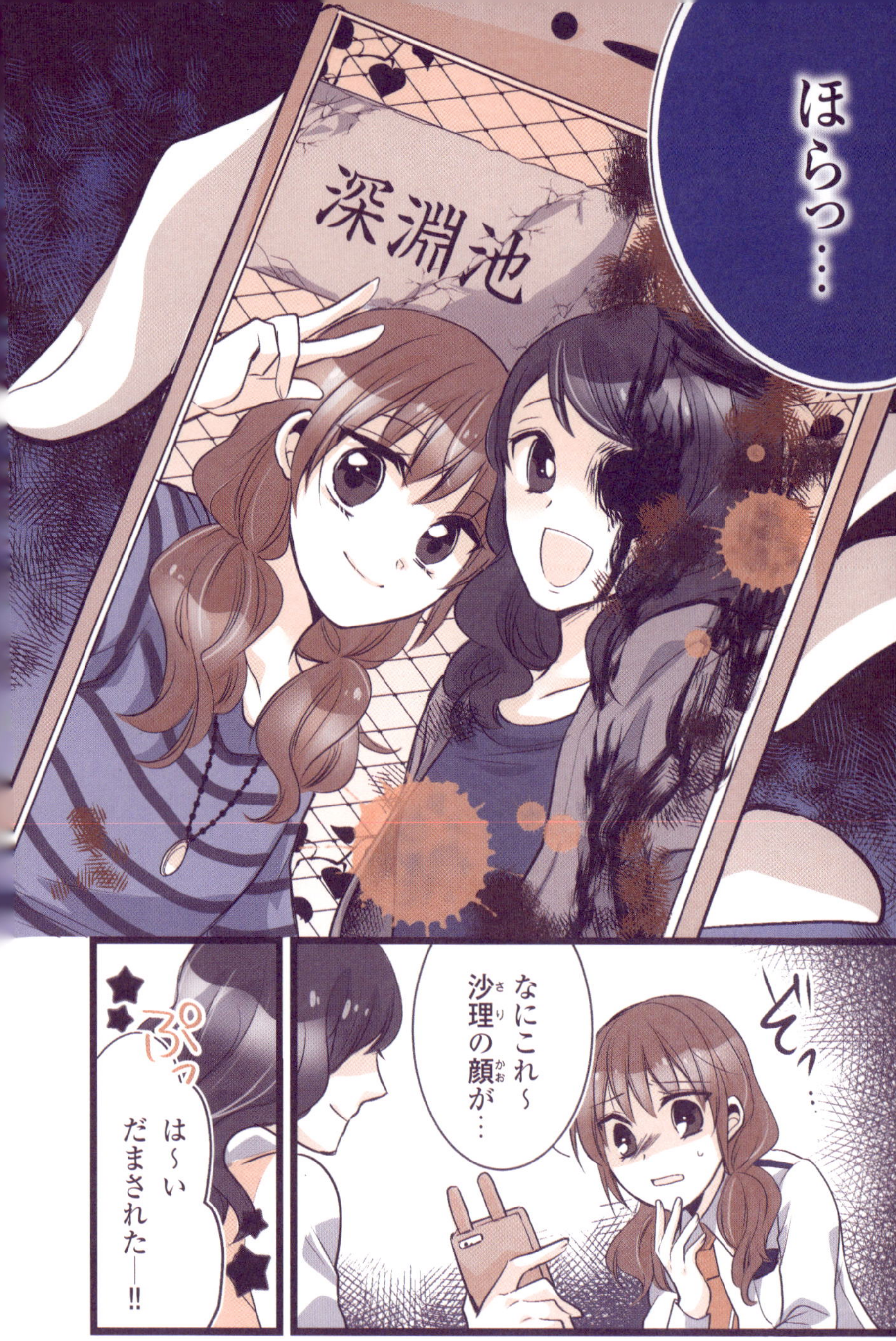
深淵池
ほらっ…
ぞっ…
なにこれ～
沙理《さり》の顔《かお》が…
ぷっ
は～い
だまされた――!!

「心霊《しんれい》カメラ」っていうアプリなの！
あははっ
どんな画像《がぞう》も心霊写真風《しんれいしゃしんふう》に加工《かこう》できるんだ
心霊カメラ
な〜んだびっくりした
みんなだまされておどろいてくれるよ
でもこれ使《つか》えるかも…
心霊カメラ インストールしました
沙理《さり》さまありがと——♥

CAFE
あのね
優人《ゆうと》…
相談《そうだん》があるんだけど
…どうしたの?
わたしこの前《まえ》…
深淵池《ふかみぞいけ》に行《い》ったの…
え? それって
心霊《しんれい》スポットじゃ
うん…

それでこれ…
すっ
スッ
スッ
霊《れい》が写《うつ》ったんだね
わたし…どうしよう
わぁっ
こんなこと優人《ゆうと》にしか相談《そうだん》できなくて

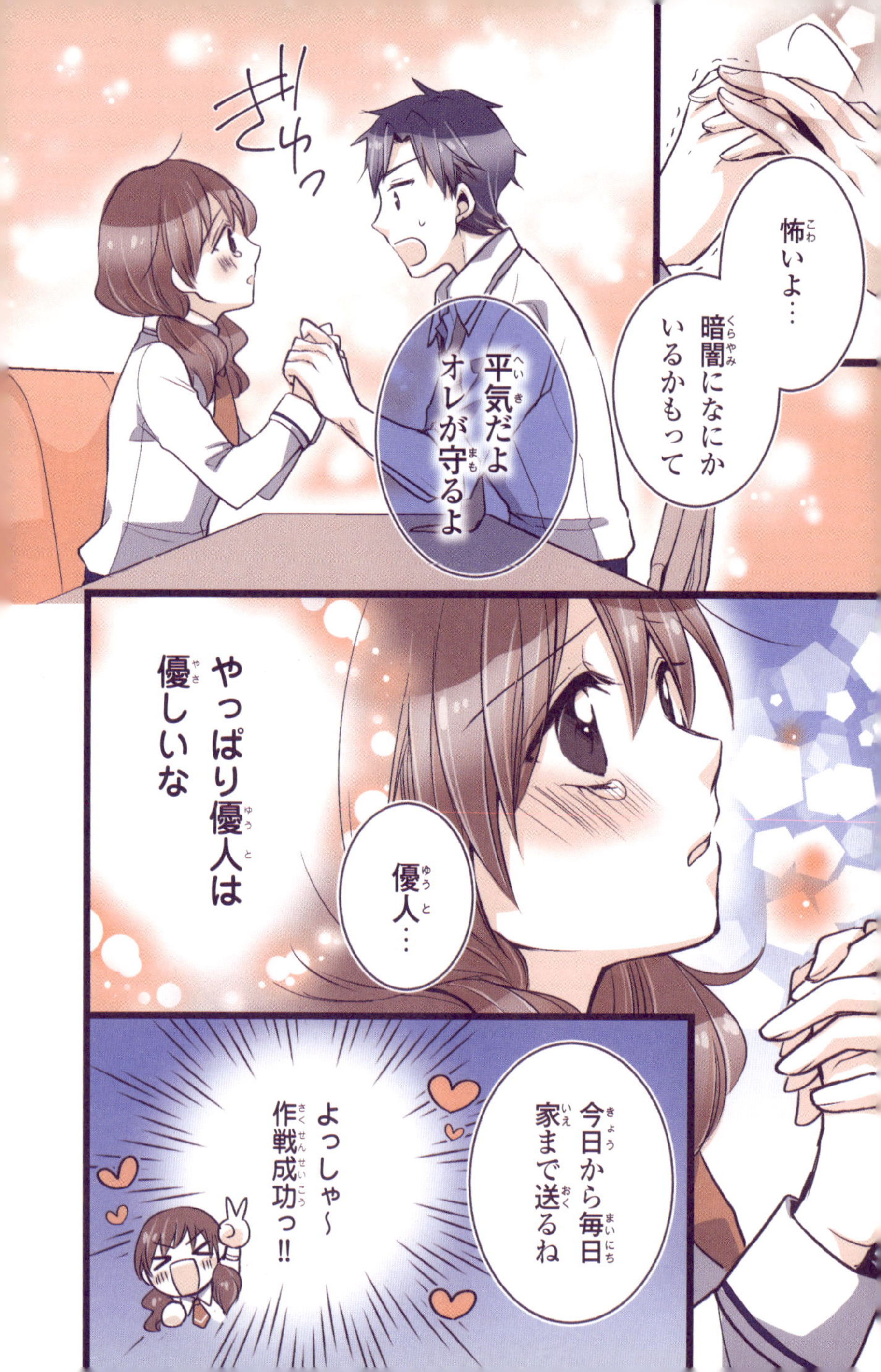
怖《こわ》いよ…
暗闇《くらやみ》になにかいるかもって
きゅっ
平気《へいき》だよ
オレが守《まも》るよ
優人《ゆうと》…
やっぱり優人《ゆうと》は優《やさ》しいな
今日《きょう》から毎日《まいにち》家《いえ》まで送《おく》るね
よっしゃ～作戦成功《さくせんせいこう》っ!!

うれしい
昔《むかし》にもどったみたい
里亜菜《りあな》…歩《ある》くの平気《へいき》か？
え？ 平気《へいき》だよ ありがとう
ドキッ
…あのさ前《まえ》に話《はな》そうとしたことなんだけど
ごめん…その話《はなし》今度《こんど》でいいかな
だ…だよな ごめん
これで当分《とうぶん》は別《わか》れ話《ばなし》されずにすむかな

それで優人《ゆうと》が毎日《まいにち》送《おく》ってくれるんだ
それはよかった…けどさ 安心《あんしん》してる場合《ばあい》じゃないかもよ？
井上《いのうえ》さんが優人《ゆうと》君《くん》をデートにさそったって
え？ マジ！？
うん…今度《こんど》の日曜《にちよう》みたい

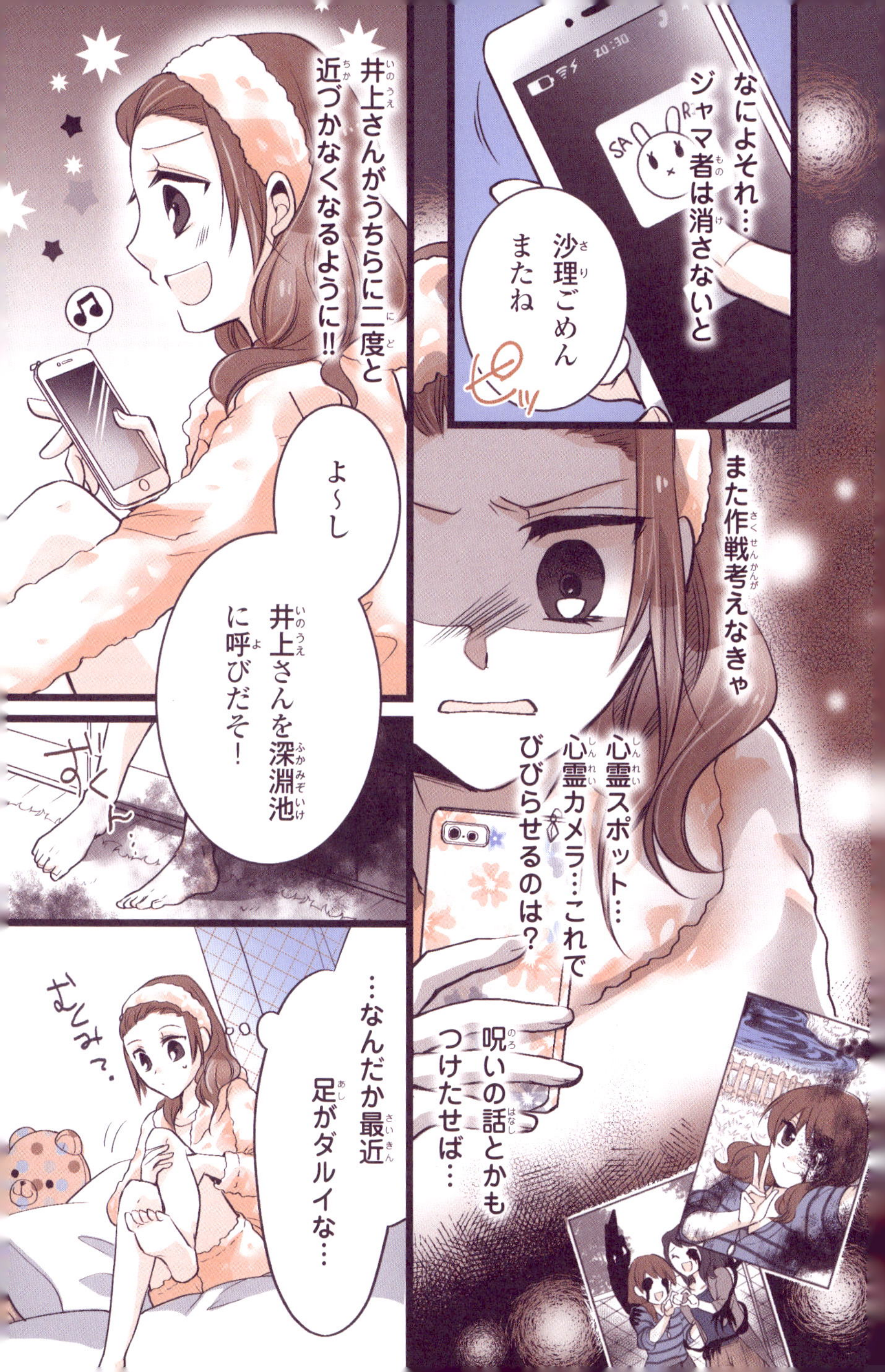
20:30
SA
R
なによそれ…
ジャマ者《もの》は消《け》さないと
沙理《さり》ごめん
またね
ピッ
また作戦《さくせん》考《かんが》えなきゃ
心霊《しんれい》スポット…
心霊《しんれい》カメラ…これで
びびらせるのは？
呪《のろ》いの話《はなし》とかも
つけたせば…
井上《いのうえ》さんがうちらに二度《にど》と
近《ちか》づかなくなるように!!
よ〜し
井上《いのうえ》さんを深淵池《ふかみぞいけ》
に呼《よ》びだそ！
ずくん…
…なんだか最近《さいきん》
足《あし》がダルイな…
むくみ？

深淵池
雨《あめ》だから昼《ひる》なのに暗《くら》いな…
まあびびらすには最高《さいこう》だけど
ここで井上《いのうえ》さんを撮《と》って心霊写真《しんれいしゃしん》にして見《み》せる…
よし！作戦《さくせん》は完《かん》ペキ!!
優人
拒否
通話

優人《ゆうと》から…？
もしもし
…り
里亜菜《りあな》？今《いま》どこにいるんだよっ！
えっ…
そ…それは…
大丈夫《だいじょうぶ》なのか？
優人《ゆうと》と井上《いのうえ》さん!?

ぱっ
…大丈夫《だいじょうぶ》って
なにが？
なんでいっしょに
いるわけ？
アイツがチクったんだ
サイアク！
もしもし
里亜菜《りあな》…
オレ…ずっと
言《い》わなきゃって
やめて
聞《き》きたくないよ！

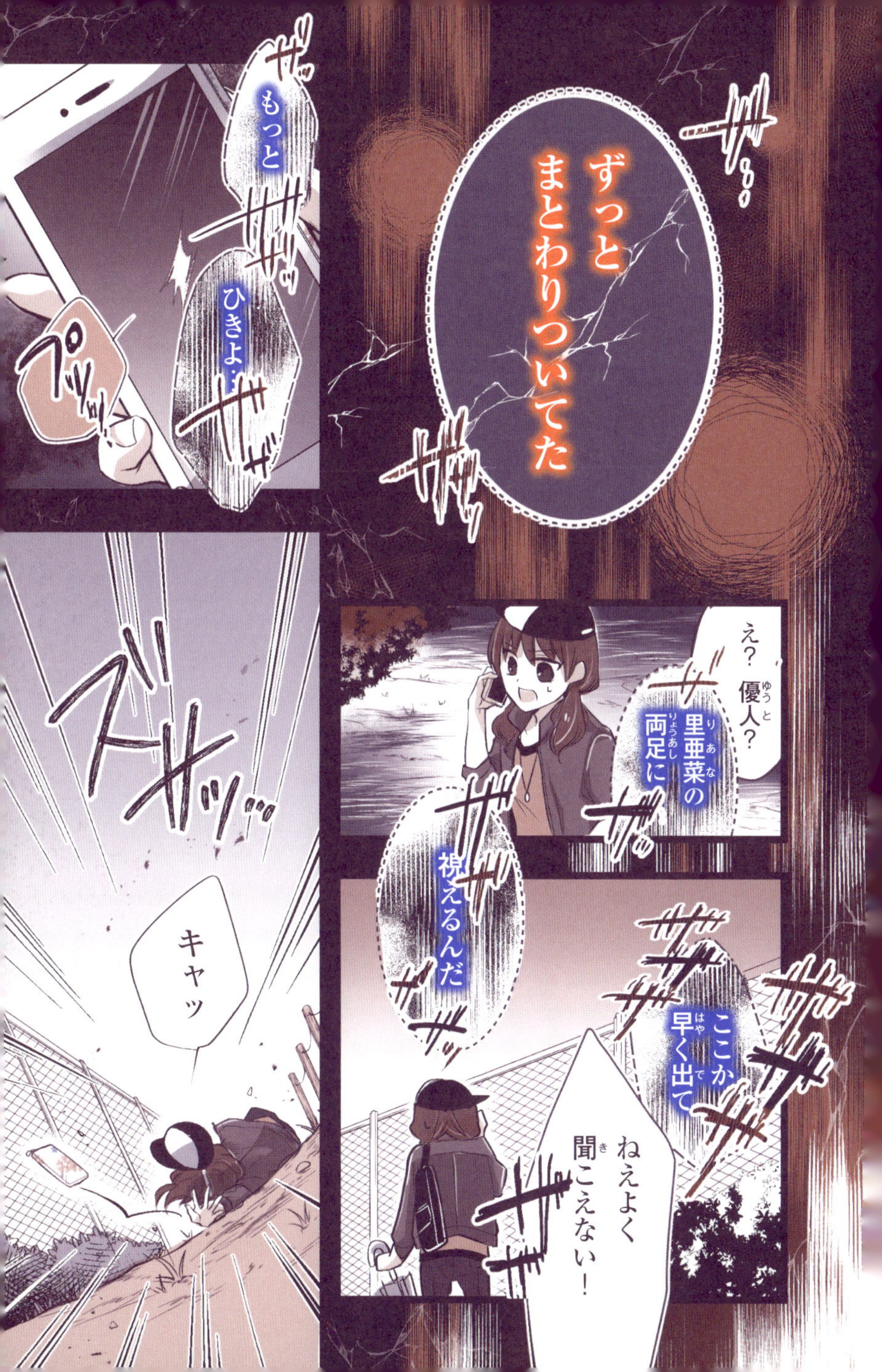

ずっと
まとわりついてた
もっと
ひきよ…
プツッ
え？
優人《ゆうと》？
里亜菜《りあな》の
両足《りょうあし》に
視えるんだ
ここか
早《はや》く出《で》て
ねえよく
聞《き》こえない！
ズザッ
キャッ

い…ま
…足《あし》…ひっぱられ

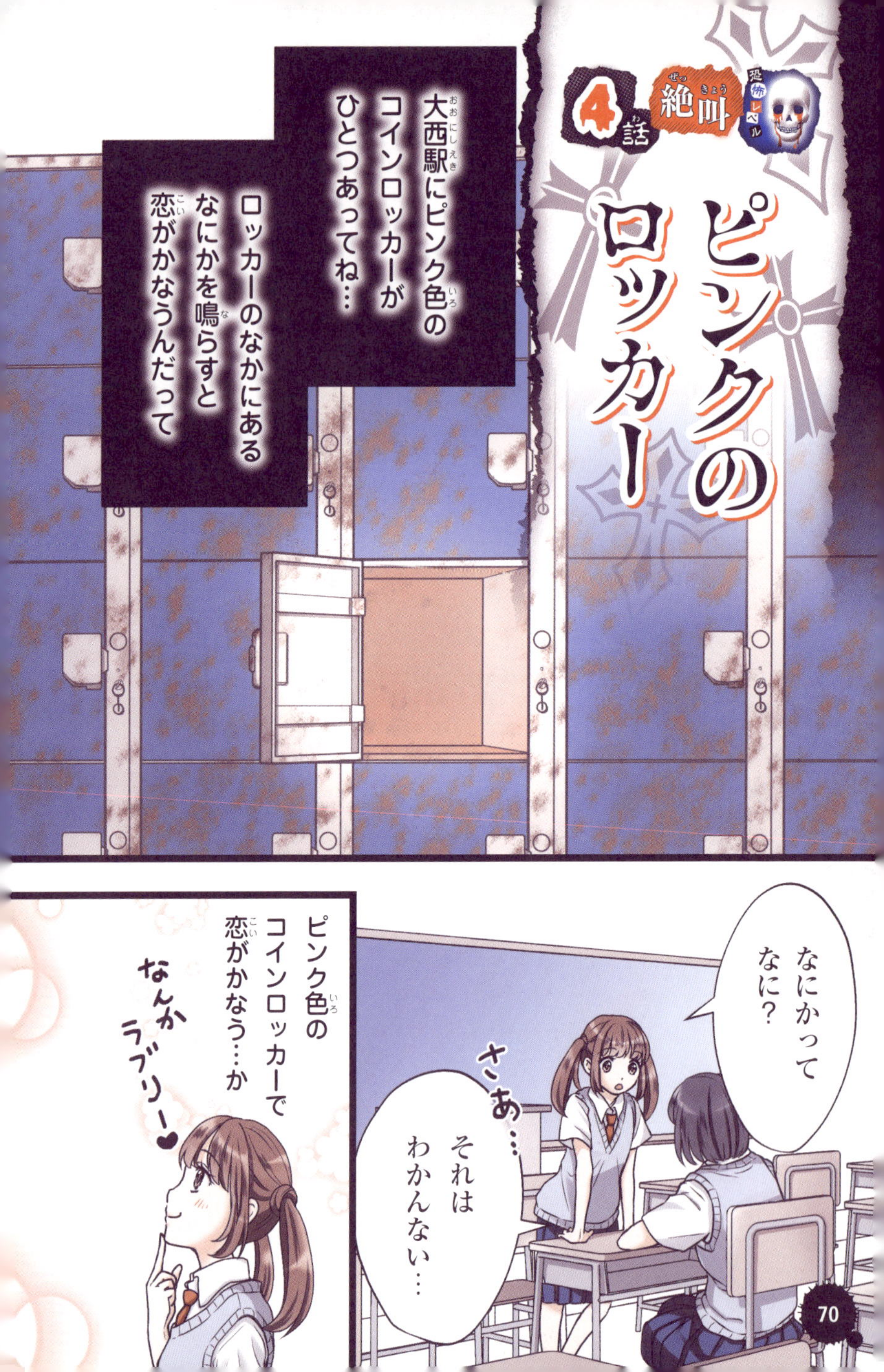
4話《わ》
絶叫《ぜっきょう》
恐怖レベル
ピンクのロッカー
大西駅《おおにしえき》にピンク色《いろ》のコインロッカーがひとつあってね…
ロッカーのなかにあるなにかを鳴《な》らすと恋《こい》がかなうんだって
なにかってなに？
さあ…
それはわかんない…
ピンク色《いろ》のコインロッカーで恋《こい》がかなう…か
なんかラブリー！

奏斗《かなと》くんと両想《りょうおも》いになれちゃう!?
キャアアア どうしよう
ピンクのロッカーを探《さが》せばいいのよね
鳴らすのは天使のベルとか!?
ガチャ
ガチャ
ガチャ
見《み》つからない… ただのウワサなのかなぁ…
パタン…

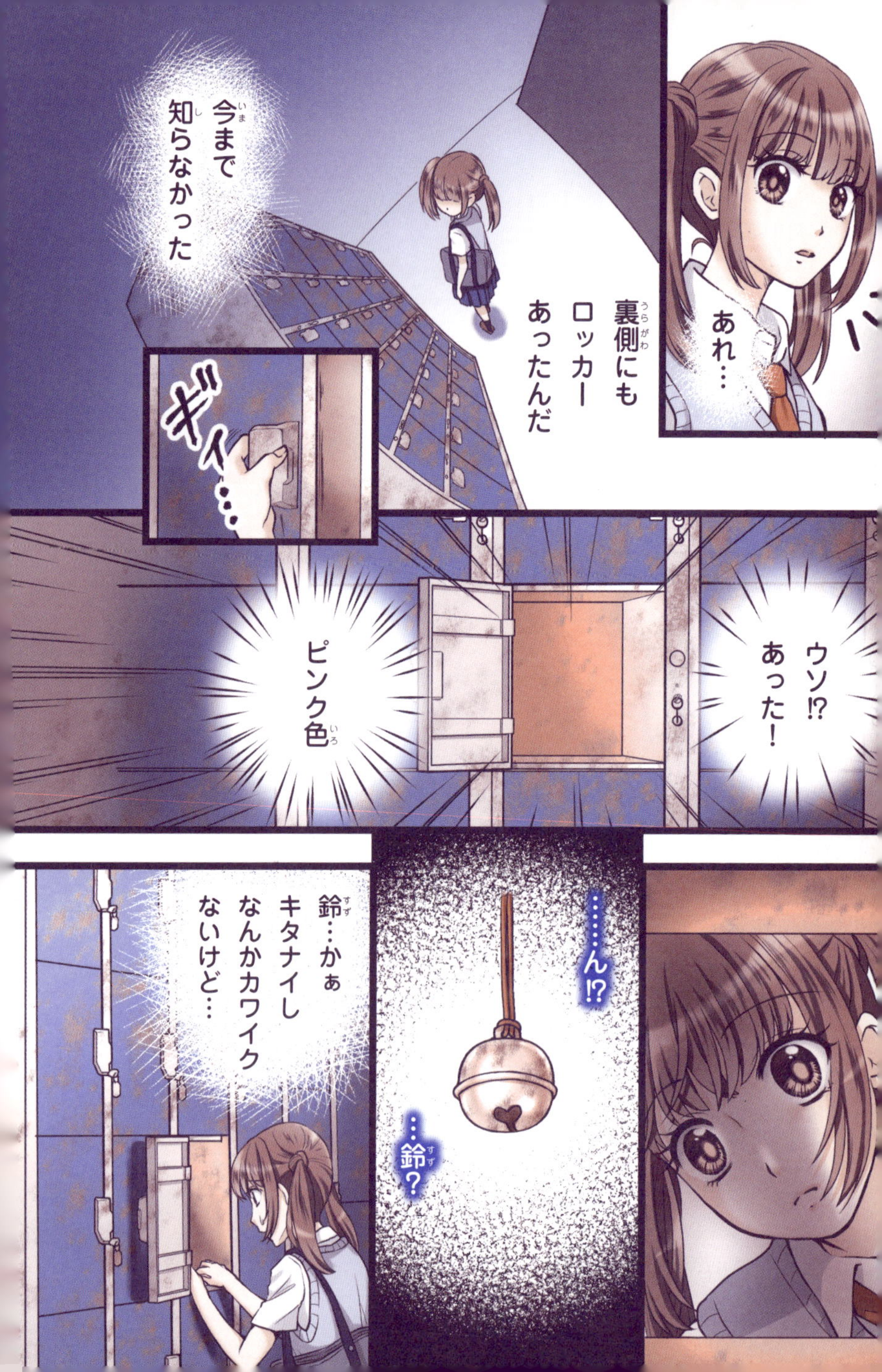

あれ…
裏側《うらがわ》にも
ロッカー
あったんだ
今《いま》まで
知《し》らなかった
ギィ…
ウソ⁉
あった！
ピンク色《いろ》
……ん⁉
…鈴《すず》？
鈴《すず》…かぁ
キタナイし
なんかカワイク
ないけど…

これを鳴《な》らせば恋《こい》がかなうってことかな？
チリン
ピンク色《いろ》のおまじないお願《ねが》いっ!!
シーーン
これでおまじない完了《かんりょう》だよね？
きちんと鈴《すず》鳴《な》ったよね？
ごそっ
もう1回《かい》大《おお》きく鳴《な》らしておこうっと!!

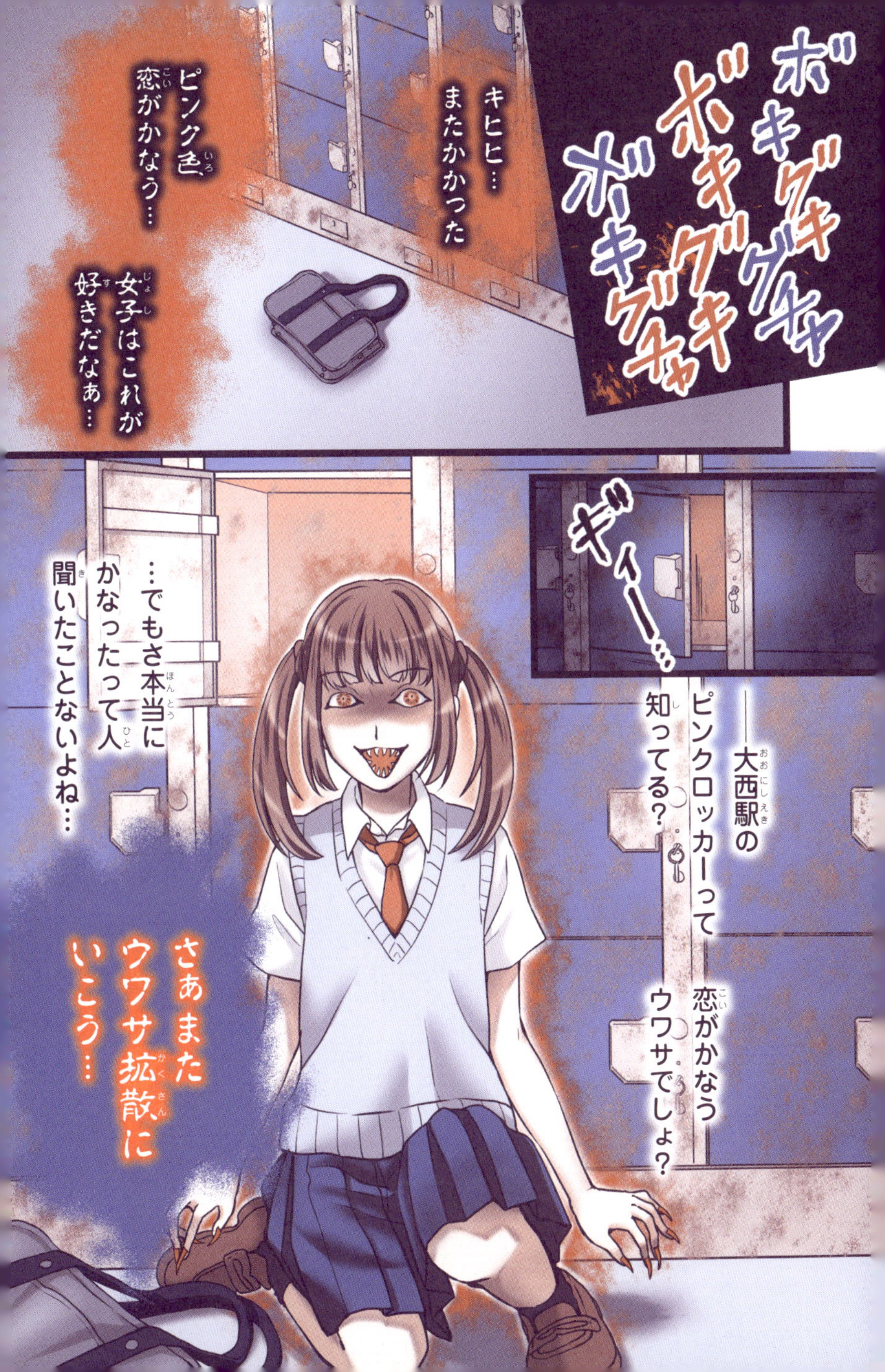
ボキグキ
ボキグチャ
ボキグチャ
キヒヒ…またかかった
ピンク色《いろ》、恋《こい》がかなう…
女子《じょし》はこれが好《す》きだなぁ…
ギィー…
——大西駅《おおにしえき》のピンクロッカーって知《し》ってる？
恋《こい》がかなうウワサでしょ？
…でもさ本当《ほんとう》にかなったって人《ひと》聞《き》いたことないよね…
さあまたウワサ拡散《かくさん》にいこう…

5話《わ》 ギャグ 恐怖レベル

ホラーギャグマンガ

ゴーストスクール

人間《にんげん》は知《し》らない、世界中《せかいじゅう》のゴーストたちが通《かよ》う学校《がっこう》。ゴーストスクールは、今日《きょう》もとてもにぎやかそうです。

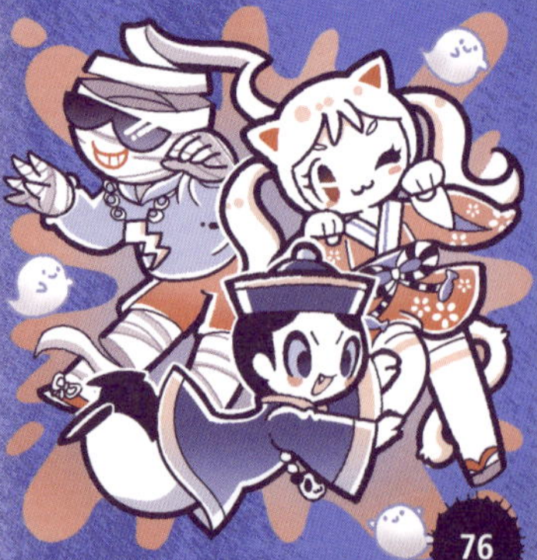

ゴーストスクールって1

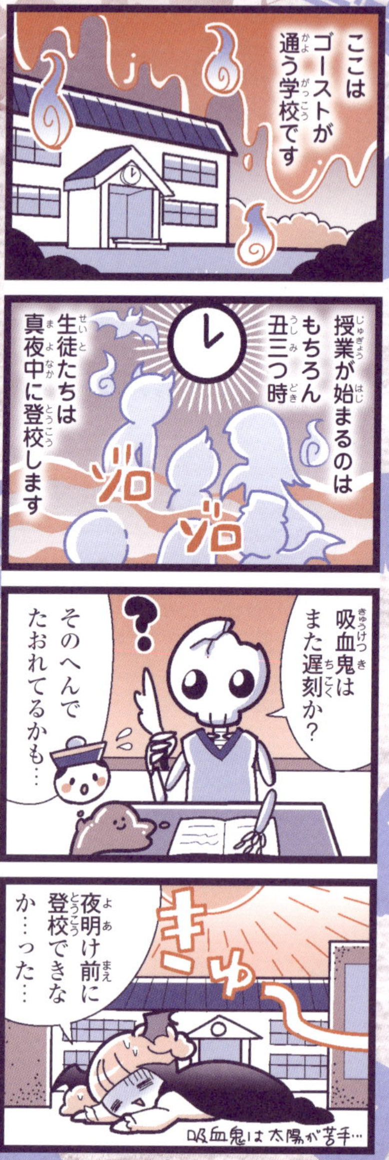
ここは
ゴーストが
通《かよ》う学校《がっこう》です
授業《じゅぎょう》が始《はじ》まるのは
もちろん
丑三《うしみ》つ時《どき》
生徒《せいと》たちは
真夜中《まよなか》に登校《とうこう》します
ゾロ
ゾロ
吸血鬼《きゅうけつき》は
また遅刻《ちこく》か？
？
そのへんで
たおれてるかも…
きゅ〜
夜明《よあ》け前《まえ》に
登校《とうこう》できな
か…った…
吸血鬼は太陽が苦手…

ゴーストスクールって２

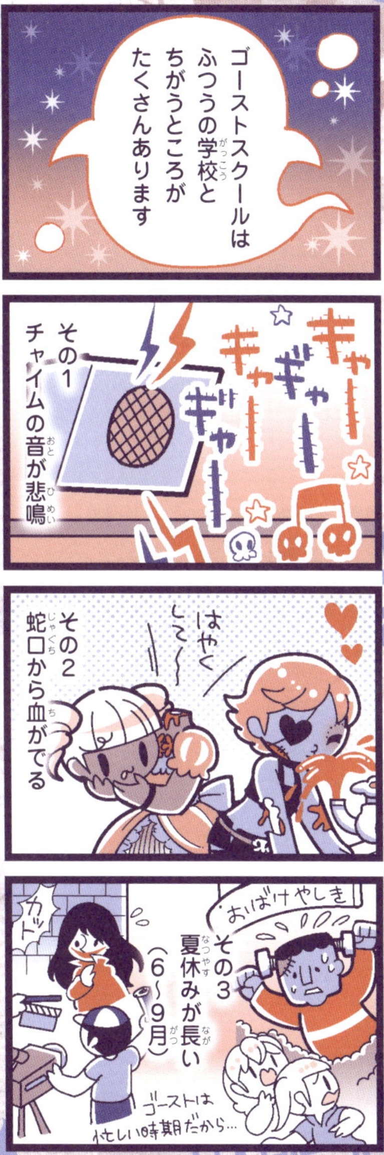
ゴーストスクールは
ふつうの学校《がっこう》と
ちがうところが
たくさんあります
その1
チャイムの音《おと》が悲鳴《ひめい》
キャー
ギャー
その2
蛇口《じゃぐち》から血《ち》がでる
はやくして〜
おばけやしき
その3
夏休《なつやす》みが長《なが》い
（6〜9月《がつ》）
カット
ゴーストは
忙しい時期だから…

ねこむすめ♥

わたしはねこむすめ
学校《がっこう》のアイドル
美人《びじん》で
おしとやかとか
言《い》われてるみたい
えっ!!!
ざ
わっ
ものすごい
ひっかき傷《きず》だ
ダレが
こんな
ことを!?

まきおくんの正体《しょうたい》

まきおくんにはヒミツがある…
おはよー
おはよ～
おはよー
…ん
ダレ？
ぼくだよ目《め》の前《まえ》にいるよ！
その声《こえ》はまきおくん！
洗濯《せんたく》したら包帯《ほうたい》乾《かわ》かなくって…
ここにいるよ！
包帯《ほうたい》をとると透明人間《とうめいにんげん》になります

ナルシスト

キョンシーくんはナルシストです
女子力《じょしりょく》も高《たか》かったりします
日焼《ひや》けどめぬらなきゃ…
ねこむすめ…髪《かみ》がいたんでるよ
ダメダメ…トリートメントなに使《つか》ってる？
メイクにもこだわりがあるようです
ねこむすめこっちのほうがいいよ
………
そ…うかな??

6話《わ》 ゾクッ 恐怖レベル

不幸《ふこう》のふせんメモ

わたしには
心音《ここね》がいる！
ずっといっしょにいる
幼《おさな》なじみの心音《ここね》は
いつだってわたしの味方《みかた》
わたしが
困《こま》ったときは
必《かなら》ず助《たす》けてくれるの
misaki's diary
ところで
みさき…
その
ノートは？
これ？
わたしね…毎日《まいにち》
思《おも》ったことを
日記《にっき》に書《か》いてるの
へぇ
いいね！わたしも
やろうかな

河島《かわしま》みさき…
いっつもあんたばっかり…
心音《ここね》～
待《ま》たせてごめんね
昴《すばる》くんに告《こく》られてて
えっ…

へぇ～さすが
そうだ
さっき教室《きょうしつ》で聞《き》いたんだけど
不幸《ふこう》のふせんメモの話《はなし》って知《し》ってる？
最近《さいきん》ウワサの？
え～とたしか…
459459459
459459459
459459459
459
○○××
まずふせんメモに〝459〟って10回《かい》書《か》いてから
その下《した》へ不幸《ふこう》にさせたい人《ひと》の名前《なまえ》を書《か》く
そして2丁目《ちょうめ》の公園《こうえん》の横《よこ》に古《ふる》い電話《でんわ》ボックスがあるんだけど…
その公衆電話《こうしゅうでんわ》の下《した》にふせんメモを貼《は》るんだって――

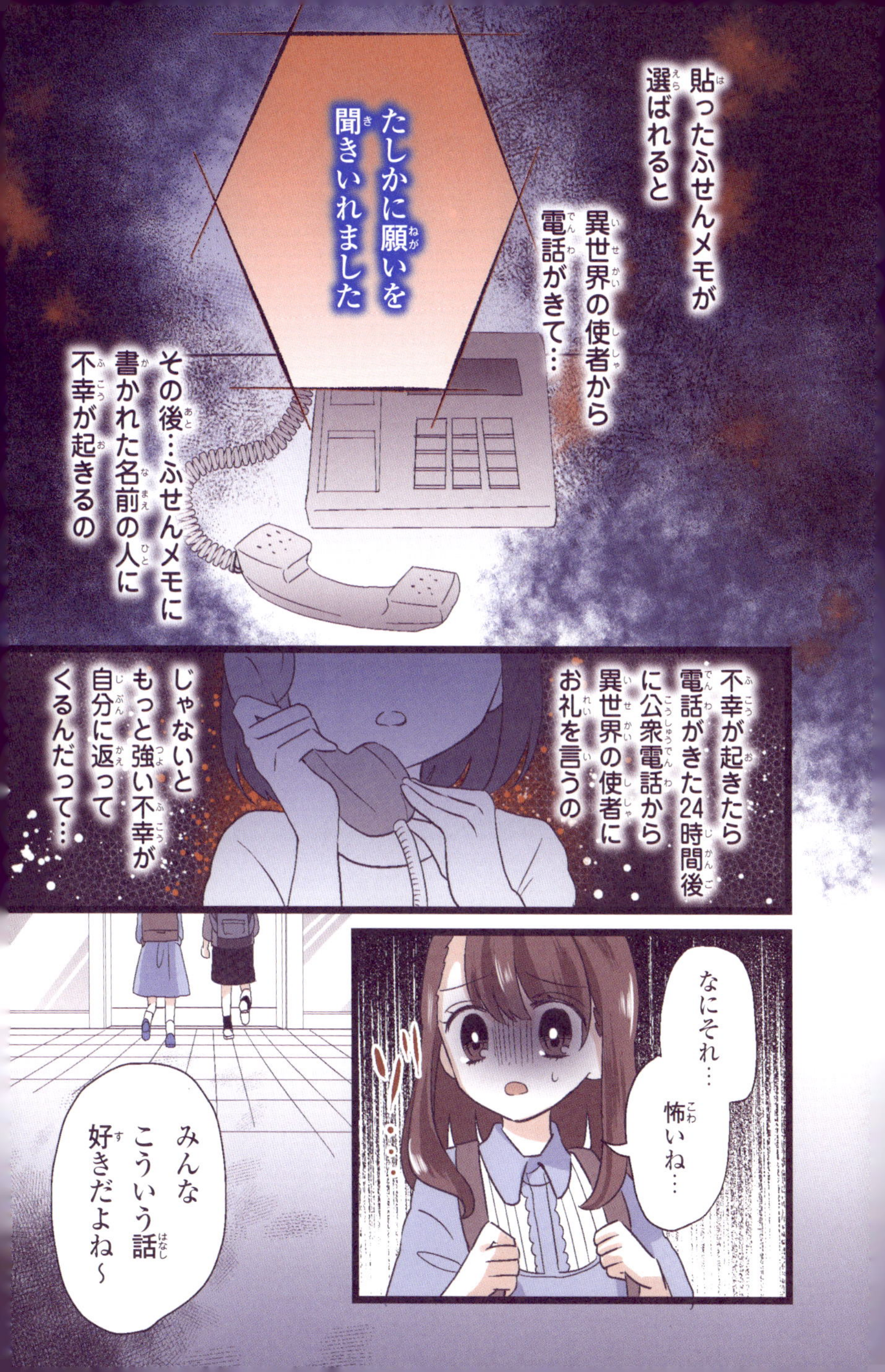
貼《は》ったふせんメモが選《えら》ばれると
異世界《いせかい》の使者《ししゃ》から電話《でんわ》がきて…
たしかに願《ねが》いを聞《き》きいれました
その後《あと》…ふせんメモに書《か》かれた名前《なまえ》の人《ひと》に不幸《ふこう》が起《お》きるの
不幸《ふこう》が起《お》きたら電話《でんわ》がきた24時間後《じかんご》に公衆電話《こうしゅうでんわ》から異世界《いせかい》の使者《ししゃ》にお礼《れい》を言《い》うの
じゃないともっと強《つよ》い不幸《ふこう》が自分《じぶん》に返《かえ》ってくるんだって…
なにそれ…怖《こわ》いね…
みんなこういう話《はなし》好《す》きだよね～

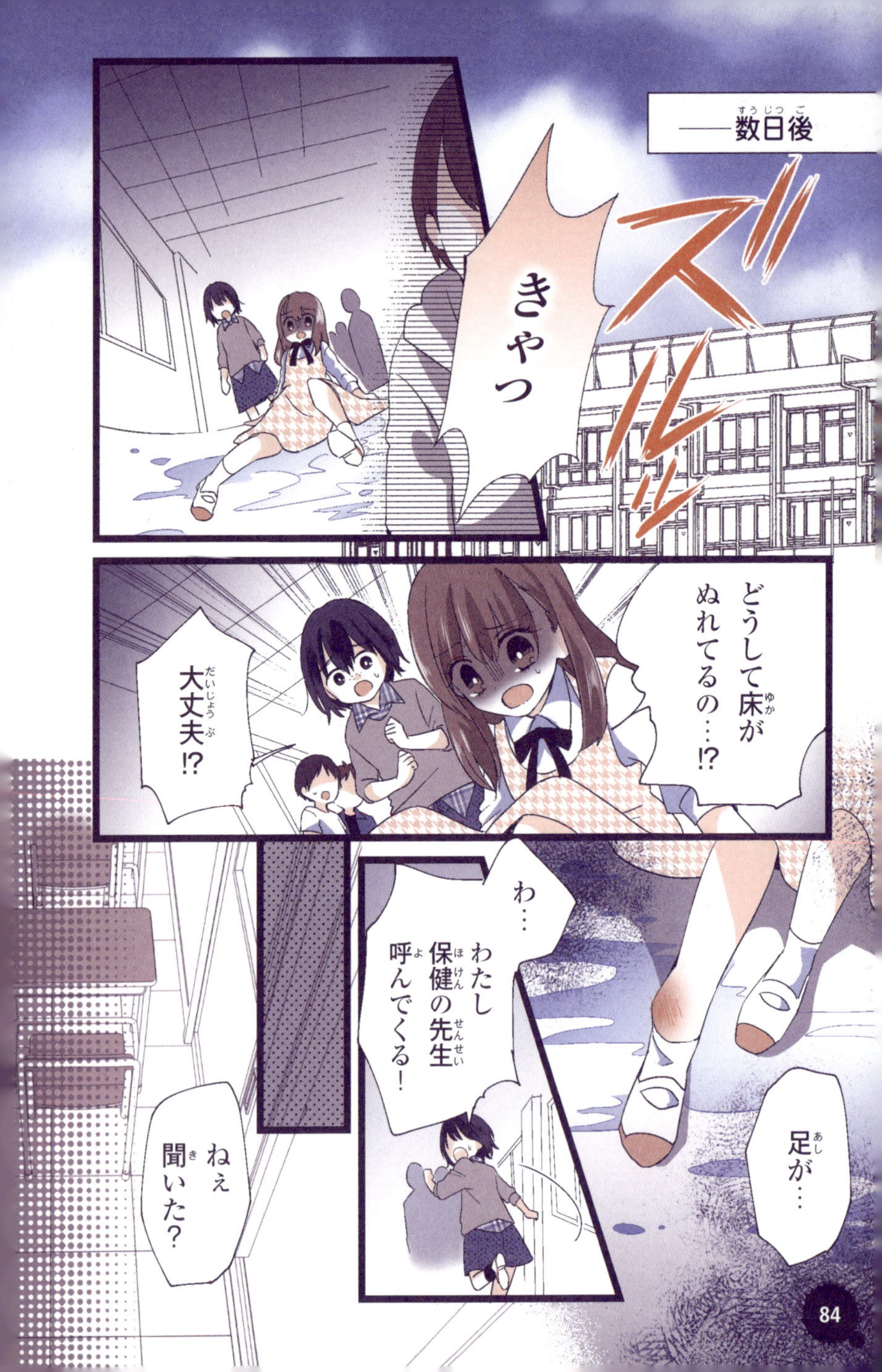
——数日後《すうじつご》
ズルッ
きゃっ
どうして床《ゆか》がぬれてるの…⁉
大丈夫《だいじょうぶ》⁉
足《あし》が…
わ…
わたし保健《ほけん》の先生《せんせい》呼《よ》んでくる!
ねぇ聞《き》いた?

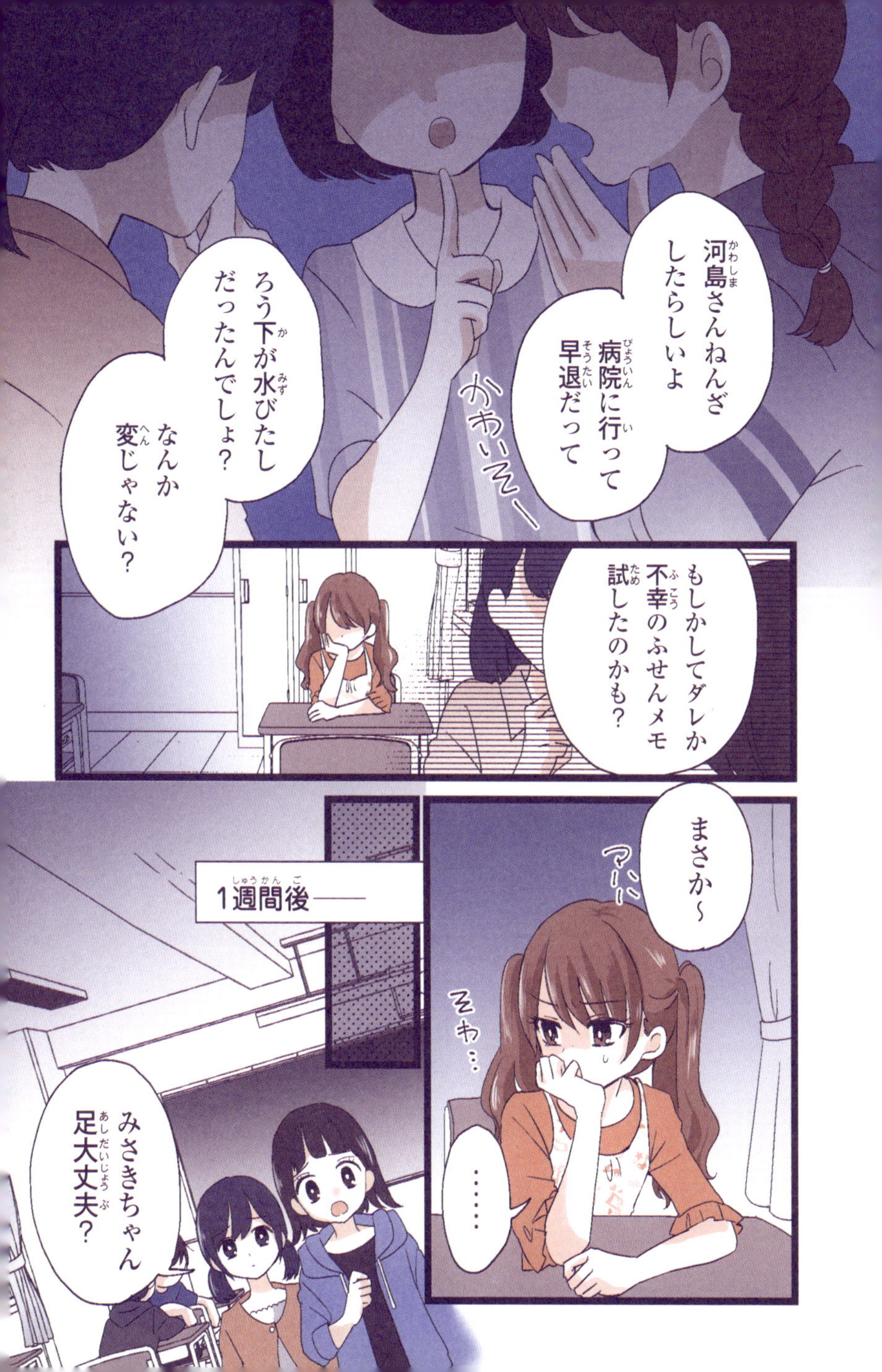
河島《かわしま》さんねんざしたらしいよ 病院《びょういん》に行《い》って早退《そうたい》だって
かわいそー
ろう下《か》が水《みず》びたしだったんでしょ? なんか変《へん》じゃない?
もしかしてダレか不幸《ふこう》のふせんメモ試《ため》したのかも?
まさか~
ざわ…
……
1週間《しゅうかん》後《ご》——
みさきちゃん足《あし》大丈夫《だいじょうぶ》?

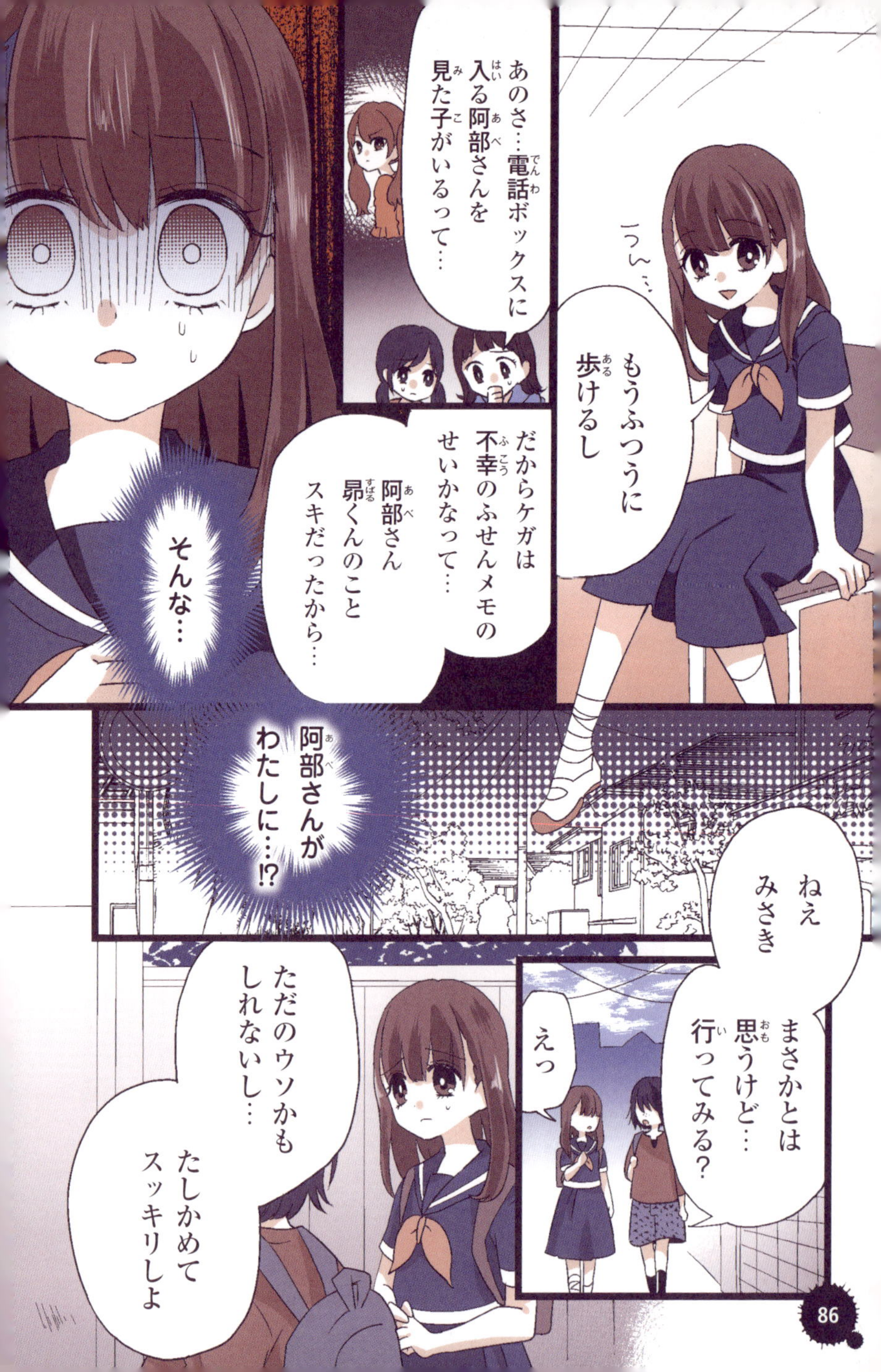
うん…
もうふつうに歩《ある》けるし
あのさ…電話《でんわ》ボックスに入《はい》る阿部《あべ》さんを見《み》た子《こ》がいるって…
だからケガは不幸《ふこう》のふせんメモのせいかなって…
阿部《あべ》さん昴《すばる》くんのことスキだったから…
そんな…
阿部《あべ》さんがわたしに…!?
ねえみさき
まさかとは思《おも》うけど…行《い》ってみる?
えっ
ただのウソかもしれないし…
たしかめてスッキリしよ

う…
うん…
ゴクッ
これみたいだね…
……
じゃあ見《み》るよ
ギィ…

こ…
これ…
459459459
459459459
459459459
459
河島みさき
きゃああああ
異世界《いせかい》の使者《ししゃ》に
選《えら》ばれたら…ふせん
メモは消《き》えるはず…
てことはまた
阿部《あべ》さんが…?
ど…
どうしよう
心音《ここね》…!
ほらっ
これで
大丈夫《だいじょうぶ》だよ
でも…
ビリッ

このままにしてたら また貼《は》られちゃう かも… だから
そんな…
仕返《しかえ》ししよう!!
みさきだって もう名《な》前《まえ》書《か》かれたく ないでしょ?
うん
だよね…
459 459 459 459 459 459 459 459 459 459
阿部侑香
本当《ほんとう》に しちゃった…

気《き》になって
ねむれない…
プルル
プルルル…
ビクッ
プルル…
プルル…
も…
もしもし…
たしかに願《ねが》いを
聞《き》きいれました
am 00:00
ツー
ツー
ほ…本当《ほんとう》に
電話《でんわ》がきた…

阿部《あべ》さん休《やす》みだって
なにかケガしたみたいだよ…
え…
わたし…
よかった
これでみさきに変《へん》なことする人《ひと》はいなくなるね
今夜《こんや》お礼《れい》の電話《でんわ》しないとダメなんだよね
わたしも行《い》くから!
みさきが心配《しんぱい》だもん
ありがとう心音《ここね》…
ホ‥
23:50

心音《ここね》遅《おそ》いな…
…あの人《ひと》いつまで電話《でんわ》してるんだろう…
早《はや》くしないと時間《じかん》がきちゃうよ
ドン
ドン
すみません
ドン
急《いそ》いでるんです
ドン
ドン
あの!!かわってください!
ドン
23:55
お願《ねが》い!早《はや》く!!
じゃないと
時間《じかん》が
23:59
ドン
ドン
ドン
ドン

カ
00:00
チッ
いやああ
ああああ
だっ
どうしよう
わたしにも不幸《ふこう》が…！
ギィ…

——3日《か》後《ご》
みさきちゃん学校《がっこう》ずっと休《やす》んでるんだって？
どうしたのかしら心配《しんぱい》よね…

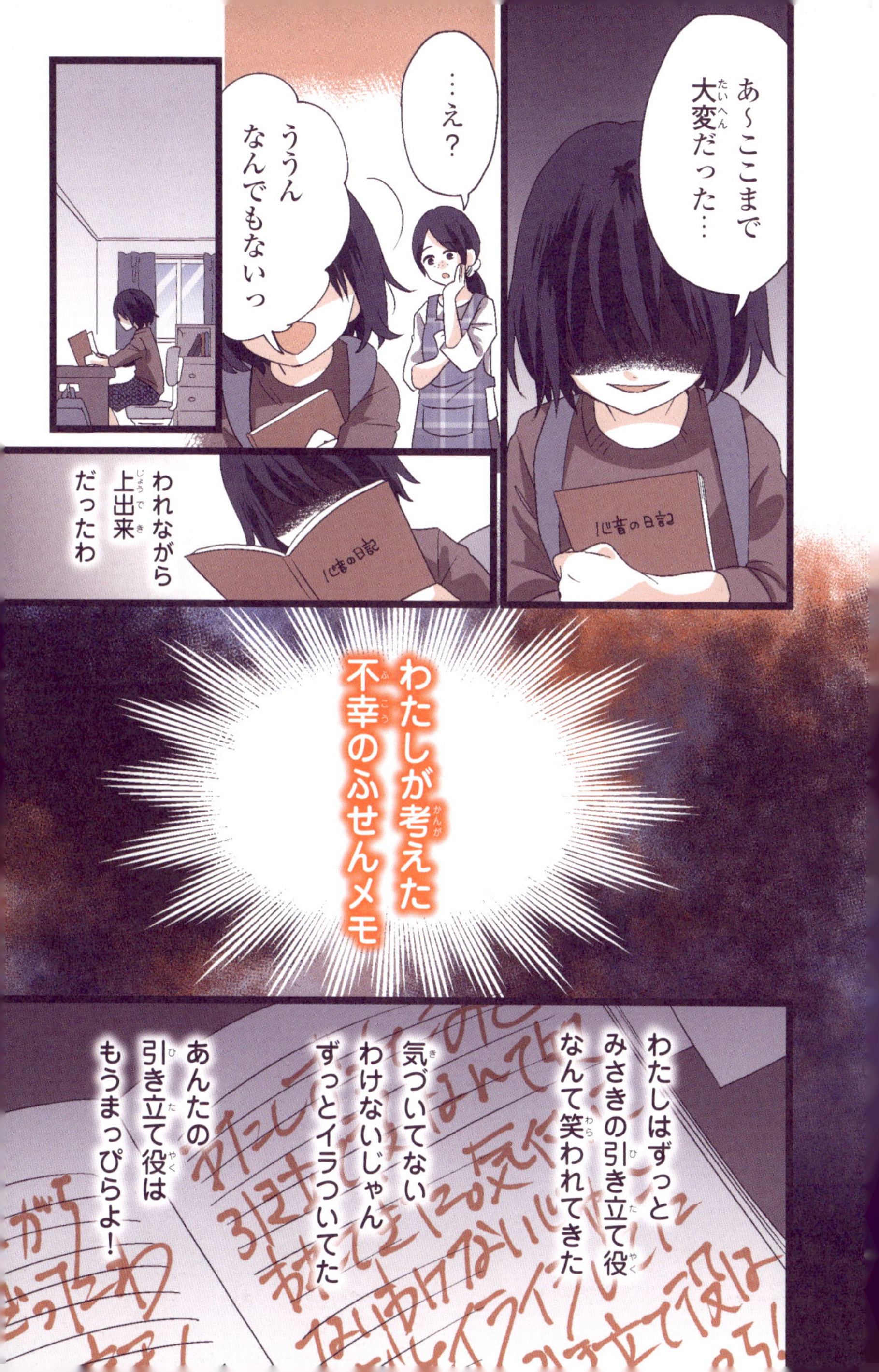
あ〜ここまで大変《たいへん》だった…
…え？
ううん なんでもないっ
われながら上出来《じょうでき》だったわ
わたしが考《かんが》えた不幸《ふこう》のふせんメモ
わたしはずっと みさきの引《ひ》き立《た》て役《やく》 なんて笑《わら》われてきた
気《き》づいてない わけないじゃん ずっとイラついてた
あんたの 引《ひ》き立《た》て役《やく》は もうまっぴらよ！

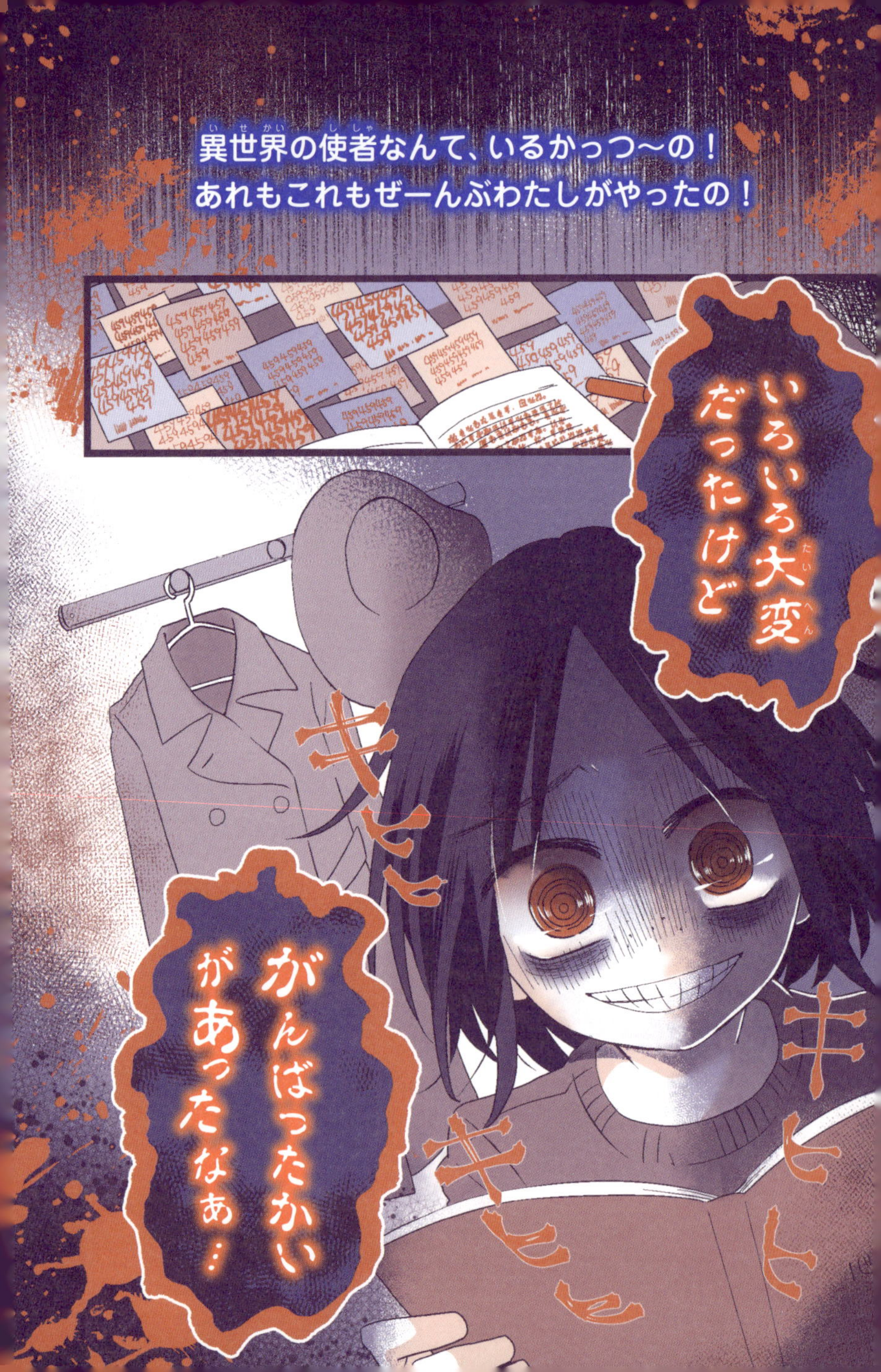
異世界《いせかい》の使者《ししゃ》なんて、いるかっつ〜の！
あれもこれもぜーんぶわたしがやったの！
いろいろ大変《たいへん》だったけど
キヒヒ
キヒヒ
キヒヒ
がんばったかいがあったなぁ…

念動力　テレパシー　未来予知　念写　オーラ

あなたにも備《そな》わっているかもしれない…？

シックスセンスの不《ふ》思《し》議《ぎ》な話《はなし》

超能力《ちょうのうりょく》、霊感《れいかん》、直感《ちょっかん》…。いろいろな呼《よ》ばれ方《かた》をする「シックスセンス（第六感《だいろっかん》）」という不思議《ふしぎ》な力《ちから》。この力《ちから》はみんなにあるって言《い》ったら、あなたは信《しん》じるかしら？ 人間《にんげん》がもつ不思議《ふしぎ》な力《ちから》について知識《ちしき》を深《ふか》め、その力《ちから》をきたえてみたらおもしろいかもね。

透視力

シックスセンスとは

シックスセンス（第六感《だいろっかん》）は、五《ご》感《かん》（目《め》、耳《みみ》、鼻《はな》、手《て》、舌《した》でわかること）以外《いがい》で感《かん》じるもので、それは五感《ごかん》をこえたとても不思議《ふしぎ》な力《ちから》だとされる。超能力《ちょうのうりょく》や霊感《れいかん》、ひらめきなどもこれのひとつ。この不思議《ふしぎ》な力《ちから》は、限《かぎ》られた人《ひと》だけがもつものではなく、どんな人間《にんげん》にもあるらしい。ただ、力《ちから》が発揮《はっき》されぬまま過《す》ごす人《ひと》がほとんどなのだ…。

虫の知らせ　死期がわかる　サイコメトリー

種《しゅ》類《るい》ファイル

ルシファーが集《あつ》めた世界《せかい》で報告《ほうこく》されている「不思議《ふしぎ》な力《ちから》」を紹介《しょうかい》していくわね…。

1 オーラが見《み》える

オーラ(人間《にんげん》や物《もの》が発《はっ》している気《き》)が見《み》えたり、感《かん》じたりできる力《ちから》。

オーラはだれにでもあり、体《からだ》のまわりにいろいろな色《いろ》の湯気《ゆげ》みたいなモヤモヤが見《み》えるらしい。人《ひと》によって色《いろ》も大《おお》きさもまったく違《ちが》うため、オーラによって、その人《ひと》の現在《げんざい》の心《こころ》の状態《じょうたい》や過去《かこ》の情報《じょうほう》がわかるとされる。

2 死《し》期《き》が見《み》える

人《ひと》の死《し》ぬ時期《じき》がわかる力《ちから》。

寿命《じゅみょう》がわかったり、死《し》が近《ちか》い人《ひと》がわかったりする。死《し》が近《ちか》いとぼやける、顔《かお》が黒《くろ》ずむ、背後《はいご》に黒《くろ》い影《かげ》、などおかしく見《み》えるらしい。

この力《ちから》をテーマにしたマンガは108ページから！

3 念《ねん》仏《ぶつ》発《はっ》火《か》能《のう》力《りょく》

物《もの》を見《み》つめ念《ねん》じるだけで、そこに火《ひ》をつけて燃《も》やせる力《ちから》。

燃《も》える物《もの》がなにもない場所《ばしょ》で、立《た》て続《つづ》けに火事《かじ》が起《お》こる事件《じけん》が発生《はっせい》した。現場《げんば》にはいつも同《おな》じ少年《しょうねん》がいたため、彼《かれ》の仕業《しわざ》だと疑《うたが》われたが、調査《ちょうさ》でなにもしていないことが証明《しょうめい》される。この少年《しょうねん》には、念仏発火《ねんぶつはっか》能力《のうりょく》があるとウワサされた。

4 物《もの》の記《き》憶《おく》を読《よ》む

物《もの》にふれることで、その物体《ぶったい》に残《のこ》った記憶《きおく》を読《よ》みとる力《ちから》。

この力《ちから》をもつ人《ひと》はサイコメトラーと呼《よ》ばれ、海外《かいがい》では行方不明《ゆくえふめい》者《しゃ》を見《み》つける捜査《そうさ》などで活躍《かつやく》する。持《も》ち物《もの》から記憶《きおく》を読《よ》みとり、居場所《いばしょ》を見《み》つけたりするらしい。持《も》ち主《ぬし》のいちばん強《つよ》い記憶《きおく》が見《み》えるという。

死期がわかる

サイコメトリー

念動力

千里眼

パート1 読《よ》んで知《し》ろう！

シックスセンスの

7 前世《ぜんせ》の記憶《きおく》

前世《ぜんせ》（今《いま》の自分《じぶん》の前《まえ》に生《い》きていたときのこと、生《う》まれ変《か》わり前《まえ》）の記憶《きおく》があること。

世界中《せかいじゅう》で多《おお》くの報告《ほうこく》がある。幼《おさな》いころにはだれにでもあるらしいが、ほとんどの人《ひと》は忘《わす》れてしまうらしい。

この力《ちから》をテーマにしたマンガは289ページから！

8 透視能力《とうしのうりょく》

目《め》に見《み》えない情報《じょうほう》を読《よ》みとる力《ちから》。

物《もの》や人《ひと》が発《はっ》している気《き》を読《よ》むもので、明治時代《めいじじだい》、三船千鶴子《みふねちづこ》という女性《じょせい》が鉛《なまり》の筒《つつ》に入《はい》った紙《かみ》の文字《もじ》を当《あ》てたり、石炭《せきたん》がうまった鉱山《こうざん》を発見《はっけん》して有名《ゆうめい》になった。彼女《かのじょ》は、映画《えいが》「リング」に登場《とうじょう》する貞子《さだこ》の母《はは》のモデルだとされる。

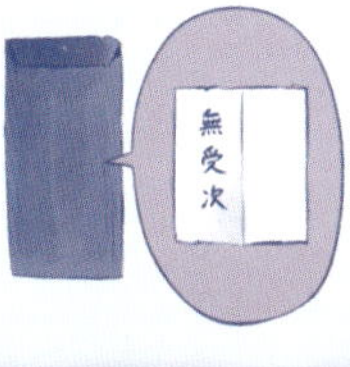

5 念写《ねんしゃ》

心《こころ》のなかで念《ねん》じたり、思《おも》いうかべたことを、カメラのフィルムなどに画像《がぞう》で写《うつ》しだす力《ちから》。

昭和《しょうわ》８年《ねん》、三田光一《みたこういち》という人物《じんぶつ》が念写《ねんしゃ》の実験《じっけん》を成功《せいこう》させている。その当時《とうじ》はまだ世界中《せかいじゅう》のだれも見《み》たことがなかった（知《し》るはずのなかった）「月《つき》の裏側《うらがわ》」を見事《みごと》に念写《ねんしゃ》してみせた。それから数十年後《すうじゅうねんご》の宇宙探査《うちゅうたんさ》によって、その念写《ねんしゃ》の正確《せいかく》さが認《みと》められたという。

6 瞬間移動《しゅんかんいどう》

物《もの》や自分自身《じぶんじしん》をはなれた場所《ばしょ》へ瞬時《しゅんじ》に移動《いどう》させる力《ちから》。

海外《かいがい》のある男性《だんせい》は、青《あお》い霧《きり》につつまれたと感《かん》じたとき、運転中《うんてんちゅう》の車《くるま》ごと一瞬《いっしゅん》のうちに7000km もはなれた場所《ばしょ》へ移動《いどう》していたという。

9 念《ねん》動《どう》力《りき》（テレキネシス）

念動力《ねんどうりき》とは、物《もの》にさわらず念《ねん》じるだけで、その物体《ぶったい》を自由自在《じゆうじざい》に動《うご》かす力《ちから》。

旧《きゅう》ソビエト連邦《れんぽう》（ロシア）最強《さいきょう》の超能力者《ちょうのうりょくしゃ》とされたニーナ・クラギーナは、1970年代《ねんだい》、数々《かずかず》の実験《じっけん》で自身《じしん》の念動力《ねんどうりき》を証明《しょうめい》してきた。

ビーカーに入《はい》った、動《うご》いているカエルの心臓《しんぞう》。クラギーナは、そのビーカーにはけっして手《て》の届《とど》かない位置《いち》にすわっている。

「念動力《ねんどうりき》で、この動《うご》く心臓《しんぞう》を止《と》めてください」

実験責任者《じっけんせきにんしゃ》の合図《あいず》により、彼女《かのじょ》は神経《しんけい》を集中《しゅうちゅう》させる。顔《かお》は赤《あか》く染《そ》まり、体《からだ》も細《こま》かく震《ふる》えている。

そして3分後《ぷんご》、カエルの心臓《しんぞう》はピタリと動《うご》きを止《と》めた。会場《かいじょう》に拍手《はくしゅ》が起《お》こった瞬間《しゅんかん》、カエルの心臓《しんぞう》はふたたび鼓動《こどう》を打《う》ち始《はじ》めた。そして、その鼓動《こどう》は1時間《じかん》ほど続《つづ》き、完全《かんぜん》に停止《ていし》した。

この状況《じょうきょう》は心臓停止《しんぞうていし》が自然現象《しぜんげんしょう》ではなく、彼女《かのじょ》の念動力《ねんどうりき》によって止《と》められたものだと証明《しょうめい》している。

また彼女《かのじょ》が両足《りょうあし》の動《うご》かない男性《だんせい》に念動力《ねんどうりき》で治療《ちりょう》したところ、その男性《だんせい》は3か月後《げつご》に歩《ある》けるようになった。そんな話《はなし》も残《のこ》っている。

※カエルや魚《さかな》の心臓《しんぞう》は、その構造《こうぞう》から体《からだ》からとりだしても、1時間《じかん》くらいは鼓動《こどう》を打《う》ち続《つづ》けます。

10 テレパシー（遠《えん》隔《かく》感《かん》応《おう》・思《し》想《そう》伝《でん》達《たつ》）

テレパシーとは、人《ひと》の感情《かんじょう》や考《かんが》えていることが言葉《ことば》や身《み》ぶり手《て》ぶりなどがなくても、わかる力《ちから》。また、同《おな》じように人《ひと》へ伝《つた》えることができる力《ちから》。

テレパシーの力《ちから》によって、危機的状況《ききてきじょうきょう》から助《たす》かった夫婦《ふうふ》の話《はなし》が海外《かいがい》で報告《ほうこく》された。引越《ひっこ》しをしたばかりの夫婦《ふうふ》。ある休日《きゅうじつ》に奥《おく》さんは家《いえ》でひとり過《す》ごし、旦那《だんな》さんは家《いえ》からはなれた場所《ばしょ》で、友人《ゆうじん》とビリヤードをしていた。

奥《おく》さんは家事《かじ》の最中《さいちゅう》、ひどい腹痛《ふくつう》におそわれてしまう。救急車《きゅうきゅうしゃ》を呼《よ》びたいが、痛《いた》みのため、まったく動《うご》けない。だれかに助《たす》けを求《もと》めようとも、引《ひっ》越《こ》したばかりで、近所《きんじょ》に知《し》りあいもいない。

「助《たす》けて！　あなた、すぐに帰《かえ》ってきて!!」

奥《おく》さんは絶体絶命《ぜったいぜつめい》のなか、必死《ひっし》になって旦那《だんな》さんにむかって、助《たす》けを求《もと》めたという。

痛《いた》みで気《き》を失《うしな》いかけたとき、ちょうど旦那《だんな》さんが帰《かえ》ってきて、すぐさま救急車《きゅうきゅうしゃ》を呼《よ》んだという。

彼《かれ》はいきなりビリヤードをやめて帰宅《きたく》した理由《りゆう》を後《あと》にこう話《はな》している。

「奥《おく》さんの顔《かお》が頭《あたま》にパッとあらわれた。そして、とにかく家《いえ》に帰《かえ》らないといけないって感《かん》じて…」

奥《おく》さんの強《つよ》い思《おも》いが、テレパシーとして旦那《だんな》さんに届《とど》いたのだろう。

11 未来予知《みらいよち》・未来予言《みらいよげん》

未来《みらい》に起《お》こる出来事《できごと》が前《まえ》もってわかってしまう力《ちから》。

災害《さいがい》や事件《じけん》といった大《おお》きな出来事《できごと》を予言《よげん》し、当《あ》ててきた予言者《よげんしゃ》も、世界各地《せかいかくち》に存在《そんざい》する。

2013年《ねん》、南《みなみ》アフリカで男性《だんせい》が恋人《こいびと》を銃《じゅう》で殺《ころ》してしまう事件《じけん》が起《お》きた。その女性《じょせい》の母親《ははおや》は、テレビレポーターにむかって不思議《ふしぎ》な話《はなし》をした。

「殺《ころ》されてしまった娘《むすめ》は、14歳《さい》のころから自身《じしん》の死《し》を予知《よち》していたんです。そしてこれは、当時《とうじ》その様子《ようす》を絵《え》におさめていたものです…」

そう言《い》ってレポーターのみんなに見《み》せた絵《え》の内容《ないよう》は、こんなものだった。

大人《おとな》になった女性《じょせい》（本人《ほんにん》）には、天使《てんし》のような大《おお》きな羽根《はね》が生《は》え、彼女《かのじょ》の後《うし》ろには、天国《てんごく》へと続《つづ》くハシゴが伸《の》びている。そして奥《おく》のほうには、銃《じゅう》をかまえて立《た》つ男性《だんせい》。女性《じょせい》はひどくおびえた表情《ひょうじょう》で、口元《くちもと》を手《て》でおおいかくしている。

家族《かぞく》たちに絵《え》の存在《そんざい》は忘《わす》れられていたが、事件後《じけんご》にこの絵《え》が見《み》つかると、事件《じけん》との一致点《いっちてん》が多《おお》く青《あお》ざめたという。

この絵《え》はネットでも公開《こうかい》されたが、恐《おそ》ろしい死《し》の予知《よち》に、話題騒然《わだいそうぜん》となった。

12 虫《むし》の知《し》らせ（身《み》近《ぢか》な人《ひと》の死《し》の予《よ》感《かん》）

虫《むし》の知《し》らせとは、悪《わる》い予《よ》感《かん》や妙《みょう》な胸《むな》騒《さわ》ぎをキャッチする力《ちから》。この言《こと》葉《ば》は「身《み》近《ぢか》な存《そん》在《ざい》が死《し》んでしまう予《よ》感《かん》」という意《い》味《み》で使《つか》われることが多《おお》い。

亡《な》くなる人《じん》物《ぶつ》が自《じ》分《ぶん》の死《し》をテレパシーのように伝《つた》えているのではと考《かんが》えられている。虫《むし》の知《し》らせとして報《ほう》告《こく》される内《ない》容《よう》には、こんなものがある。

- 鏡《かがみ》や写《しゃ》真《しん》、お皿《さら》やグラスなどがいきなり落《お》ちてきたり、こわれてしまう。
- 炊《た》いていないはずのお線《せん》香《こう》の香《かお》りがする。
- 夢《ゆめ》に亡《な》くなる人《ひと》があらわれる。ちょうど亡《な》くなった時《じ》間《かん》に、無《む》言《ごん》電《でん》話《わ》がかかってくる。
- そこにいないペットの鳴《な》き声《ごえ》が聞《き》こえる。
- カラスが家《いえ》の近《ちか》くで激《はげ》しく鳴《な》き続《つづ》ける。
- 真《ま》夜《よ》中《なか》に急《きゅう》に目《め》がさめ、涙《なみだ》がでてくる。

さまざまなシックスセンスは、命《いのち》の危《き》険《けん》から身《み》を守《まも》るために、本《ほん》来《らい》人《にん》間《げん》のだれもが生《う》まれつきもっている力《ちから》だとされる。しかし、生《せい》活《かつ》環《かん》境《きょう》が便《べん》利《り》になり、その力《ちから》を使《つか》わなくなった結《けっ》果《か》、シックスセンスもおとろえてしまった。あなたにも、眠《ねむ》った不《ふ》思《し》議《ぎ》な力《ちから》が、あるのかもしれない…。

調《しら》べよう！

現在《げんざい》のあなたには、どれだけシックスセンスがあるかしら？
カードを使《つか》ってテストするわ！

テストのやり方《かた》

本《ほん》の最初《さいしょ》についているわ！

用意《ようい》するもの　スカイゼナーカード、ノート、筆記用具《ひっきようぐ》

テストによい場所《ばしょ》　だれもいない部屋《へや》のきれいな机《つくえ》の上《うえ》でやってね。

テストによい時間《じかん》　睡眠後《すいみんご》や入浴後《にゅうよくご》など、頭《あたま》も体《からだ》もリラックスしているときが◎

1 ノートに下《した》の表《ひょう》を書《か》き、カードをならべて。

	あ	い	う	え	お	正解数《せいかいすう》
1回《かい》目《め》						
2回《かい》目《め》						
3回《かい》目《め》						
4回《かい》目《め》						
5回《かい》目《め》						

あ　い　う　え　お

5枚《まい》のカードをよく切《き》ってから、机《つくえ》の上《うえ》にウラむき（マークがない面《めん》）にならべるのよ。

2 それぞれのカードのマークがなにかを考《かんが》え、表《ひょう》に答《こた》えを書《か》きこんで。答《こた》えはマーク、言葉《ことば》のどちらで書《か》いても OK よ。

	あ	い	う	え	お	正解数《せいかいすう》
1回《かい》目《め》	☾	💧	★	☁	☀	

3 カードをオモテむきにして、答《こた》えあわせをするわよ。表《ひょう》に書《か》いた答《こた》えがあっていたら○、まちがっていたら×をつけ、いちばん右《みぎ》に正解数《せいかいすう》を書《か》いて。

あ　い　う　え　お

	あ	い	う	え	お	正解数《せいかいすう》
1回《かい》目《め》	×	○	○	×	×	2

テストはこれを5回《かい》くり返《かえ》してね！

パート2 テストしよう！

シックスセンスを

テスト結果《けっか》を診断《しんだん》

	あ	い	う	え	お	正解数《せいかいすう》
1回目《かいめ》	×	○	○	×	×	2
2回目《かいめ》	×	×	○	×	×	1
3回目《かいめ》	○	×	×	○	○	3
4回目《かいめ》	×	○	○	○	○	4
5回目《かいめ》	×	○	×	×	○	2

ここをすべて足《た》そう

1～5回目《かいめ》の正解数《せいかいすう》をすべて足《た》して、合《ごう》計点数《けいてんすう》をだすのよ。下《した》の表《ひょう》から、あてはまる合計点数《ごうけいてんすう》をさがしてね。あなたの現《げん》在《ざい》のシックスセンスがわかるわ！

あなたの現在《げんざい》のシックスセンス

20点《てん》以上《いじょう》だった人《ひと》

不思議《ふしぎ》な力《ちから》に気《き》づいているハズ！

うぁ～すごい結果《けっか》がでたわ！　不思議《ふしぎ》な力《ちから》があることに、あなた自身《じしん》なんとなく気《き》づいてるんじゃないの？

15～19点《てん》だった人《ひと》

自分《じぶん》に力《ちから》があることに気《き》づいて！

当《あ》てずっぽうではこの正解数《せいかいすう》にはならないはず…。自分《じぶん》に人《ひと》とちがう不思議《ふしぎ》な力《ちから》がないか、よ～く思《おも》い返《かえ》してみて。

10～14点《てん》だった人《ひと》

眠《ねむ》っている力《ちから》を呼《よ》びおこそう！

まぐれか力《ちから》か？　まだちょっとわからない正解数《せいかいすう》だわ。この後《あと》に紹介《しょうかい》するトレーニングで、不思議《ふしぎ》な力《ちから》を呼《よ》びおこして！

6～9点《てん》だった人《ひと》

不思議《ふしぎ》な力《ちから》の存在《そんざい》を疑《うたが》ってない？

「不思議《ふしぎ》な力《ちから》なんて～」。頭《あたま》のどこかでこんなふうに考《かんが》えてない？そんな疑《うたが》いはシックスセンスを眠《ねむ》らせてしまうわ。

0～5点《てん》だった人《ひと》

もっとテストに集中《しゅうちゅう》しないとダメ…

う～ん、低《ひく》い。ちゃんと集中《しゅうちゅう》してテストをしたの？　この後《あと》に紹介《しょうかい》する「集中力UP《しゅうちゅうりょくアップ》」のトレーニングがオススメね。

きたえよう!

あなたのなかに眠《ねむ》る力《ちから》をトレーニングによって呼《よ》びおこして！テスト結果《けっか》が変《か》わってくるわ。

不思議《ふしぎ》な力《ちから》をみがくトレーニング

かんたんなトレーニングからやってみてね。くり返《かえ》しやることが大切《たいせつ》よ。トレーニングを続《つづ》けることで、テストの正解率《せいかいりつ》もあがるようになるわ！

トレーニング 1　カンタン

自然《しぜん》を感《かん》じ五感《ごかん》をパワーUP《アップ》！

山《やま》や川《かわ》、林《はやし》、公園《こうえん》などに出《で》かけ、自然《しぜん》のなかで五感《ごかん》をきたえるのよ。

★景色《けしき》を「目《め》」で見《み》る！
★音《おと》に「耳《みみ》」をすます！
★「鼻《はな》」でニオイを感《かん》じる！
★草花《くさばな》や水《みず》を「手《て》」でさわる！
★おべんとうを「舌《した》」で味《あじ》わう！

トレーニング 2　ちょいムズ

頭《あたま》をからにして集中力《しゅうちゅうりょく》UP《アップ》！

❶だれもいない静《しず》かな部屋《へや》で、リラックスして体育《たいいく》ずわりですわってね。
❷目《め》をとじ「からっぽ。からっぽ……」と、ゆっくり30回《かい》となえていってね。
❸よけいなことが頭《あたま》にうかんできたら、それを頭《あたま》から消《け》すように、また「からっぽ」と30回《かい》となえて。1日《にち》1回《かい》3分《ぷん》くらいが目安《めやす》よ。

トレーニング 3　ムズカシイ

カードからマークを読《よ》みとる！

❶カードをよく切《き》り、5枚横《まいよこ》にならべてね（ウラむき）。※最初《さいしょ》は3枚《まい》から始《はじ》めてもOK。
❷「太陽《たいよう》」のカードがどれか透視《とうし》で選《えら》んで。カードに集中《しゅうちゅう》し、「形《かたち》」「色《いろ》」「温度《おんど》」「湿《しめ》り気《け》」などが頭《あたま》にうかんでこないか意識《いしき》するのよ！
❸正解《せいかい》したら「月《つき》」「星《ほし》」と続《つづ》けていってね。

パート3 やってみよう！

シックスセンスを

こんなサインがあれば、注目《ちゅうもく》して！

テストやトレーニングを続《つづ》けるうちに、シックスセンスはきたえられるの。こんなサインがあれば、不思議《ふしぎ》な力《ちから》が呼《よ》びおこされている証拠《しょうこ》かもね！

サイン1 物事《ものごと》の結果《けっか》がわかるように！

ジャンケンやくじ引《び》き、授業中《じゅぎょうちゅう》に先生《せんせい》が当《あ》てようとしている人《ひと》など、物事《ものごと》の結果《けっか》がなんとなく、頭《あたま》にうかんでくるようになるわ。

サイン2 ひらめきがさえてくる！

友《とも》だちへのプレゼント、作文《さくぶん》のテーマ、遊《あそ》ぶ計画《けいかく》などいろいろな場面《ばめん》で、みんなにほめられるアイデアがひらめくように。

サイン3 音《おと》やニオイにびんかんになる

小《ちい》さな音《おと》やかすかなニオイに気《き》づくように。これは五感《ごかん》がとぎすまされてきた証拠《しょうこ》。五感《ごかん》がUP《アップ》すると、第六感《だいろっかん》も目《め》ざめやすいわ。

サイン4 だれかと会《あ》ったり連絡《れんらく》がくる予感《よかん》

友《とも》だちの顔《かお》がうかんだ直後《ちょくご》にその子《こ》から電話《でんわ》やメールなどの連絡《れんらく》がくるといった、人《ひと》に会《あ》ったり連絡《れんらく》がくる予感《よかん》がうかぶように。

サイン5 近《ちか》い未来《みらい》に起《お》こることを感《かん》じる

「雨《あめ》が降《ふ》りそう」「自習《じしゅう》になりそう」「明日《あした》の夜《よる》ご飯《はん》はカレー」など、近《ちか》い未来《みらい》に起《お》こることをふと感《かん》じるようになるわ。

サイン6 霊《れい》が見《み》えたり気配《けはい》を感《かん》じる…

霊感《れいかん》も不思議《ふしぎ》な力《ちから》のひとつ。霊《れい》が見《み》えたり、変《へん》な音《おと》が聞《き》こえたり、なんとなくいやな気配《けはい》を感《かん》じたりするようになるわ。

7話《わ》
感動《かんどう》
恐怖レベル
死《し》・・・印《いん》・・・
―それは
おばあちゃんが
亡《な》くなって
数《すう》か月《げつ》たったころの
出来事《できごと》でした…
おにぎり全品100円
ガーッ
こんにちは〜
あ
いらっしゃい
愛花《あいか》ちゃん

イートインスペースあいてますか?
イートイン↑
あいてるよ
今日《きょう》も塾《じゅく》の宿題《しゅくだい》やるのかい?
はいっ
家《いえ》だと弟《おとうと》がうるさくて!
あはは…
とつぜんですがわたしには人《ひと》には言《い》えないヒミツがあります
国語《こくご》からやろう♪
あはは―
でさー
うそー
ありえないー
びくっ
ぺちゃくちゃ
あのぉ… ちょっと声《こえ》…

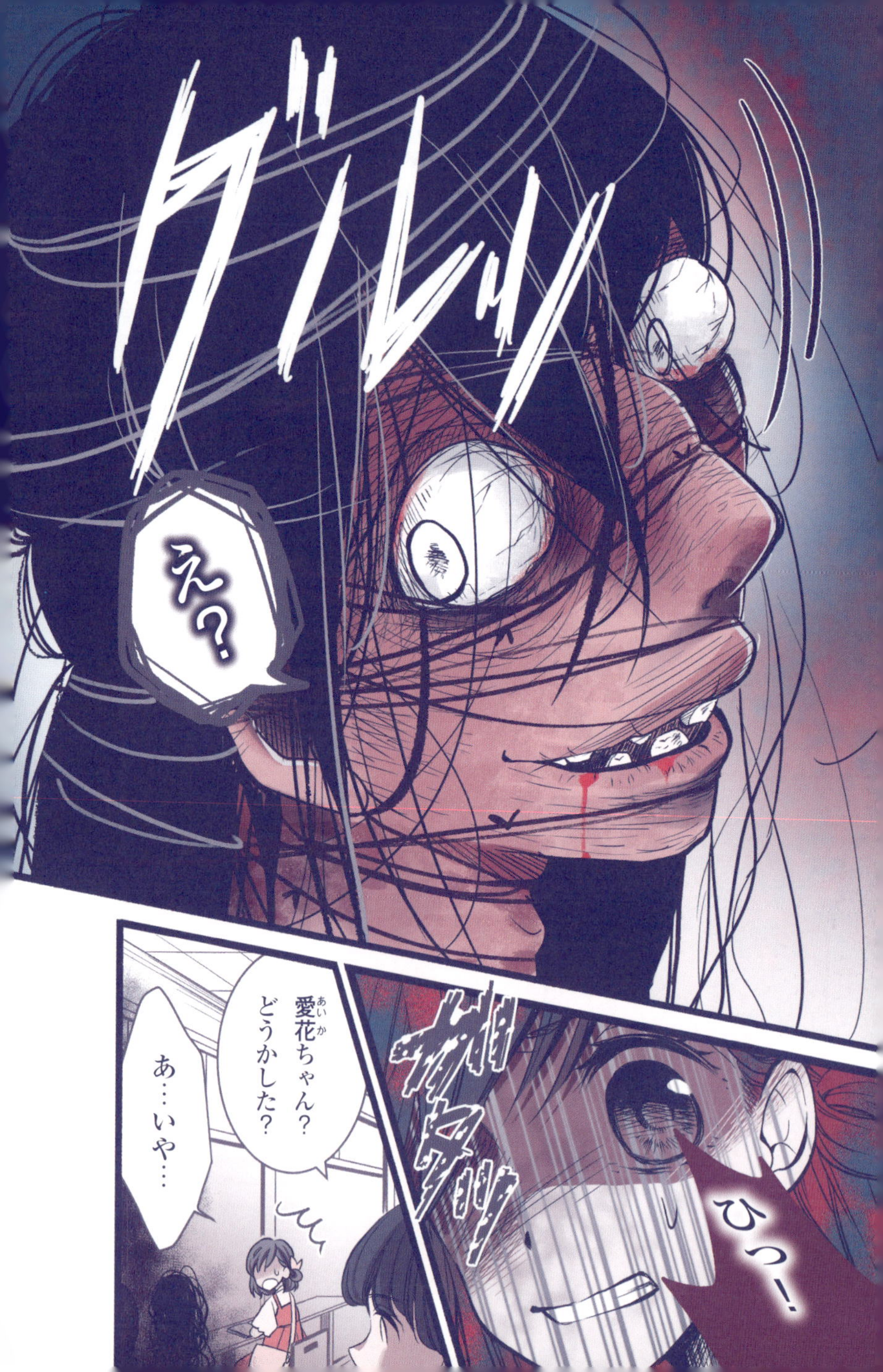
グルッ
え？
ひっ…！
愛花《あいか》ちゃん？
どうかした？
あ…いや…

見《み》てない…
なにも見《み》てない…
わたしには
人《ひと》には見《み》えないものが見《み》えるのです
キィ…
キィ…
きゃあ!
愛《あい》ちゃん?どうしたの?
おばあちゃん
あのひと…おかおグルグルしててへんだよ…
!
まさか死印《しいん》が見《み》えるのかい…?

し…
いん…？
〝死印《しいん》〟は死《し》や危険《きけん》がせまった人《ひと》にあらわれる印《しるし》で死《し》を目前《もくぜん》にした人《ひと》の顔《かお》にはなぜか黒《くろ》い糸《いと》がグルグル巻《ま》きついて見《み》えるのだと
おばあちゃんが教《おし》えてくれました
死印《しいん》はみんなに見《み》えるものじゃない
愛《あい》ちゃんにだけ見《み》えるのにはきっと意味《いみ》があるんだよ
わたしだけの…
意味《いみ》——？

サッカー行《い》こうぜ！
お！
あ…
バタ
バタ
ケンくん顔《かお》に死印《しいん》がでてる！
まだ小さいけど
死印《しいん》？
そう！
この後《あと》ケガするから気《き》をつけてっ！死印《しいん》ていうのはね…
こわ…
気持《きも》ちわりぃな死神《しにがみ》みてぇ!!

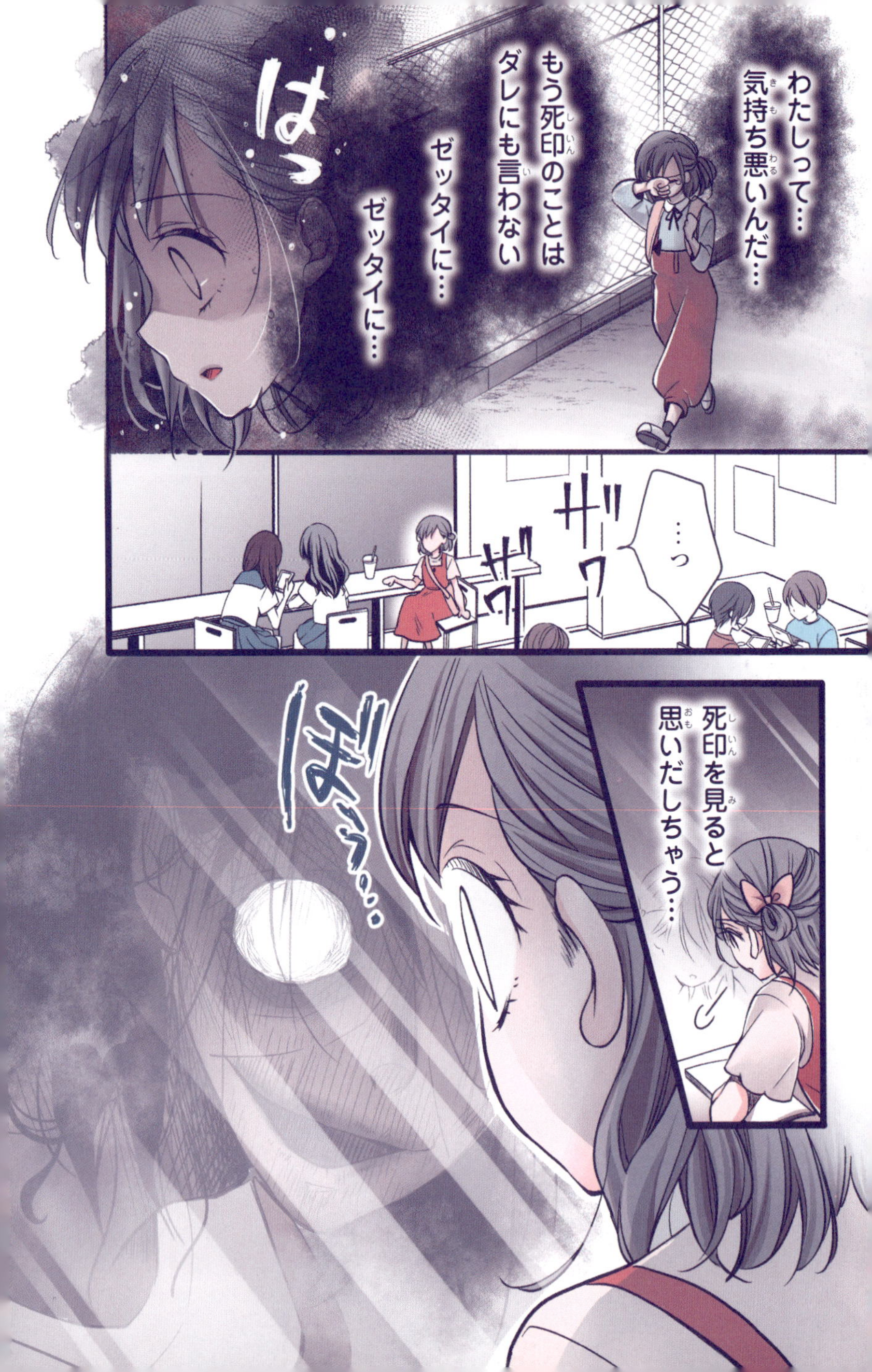
わたしって…
気《き》持《も》ち悪《わる》いんだ…
もう死印《しいん》のことは
ダレにも言《い》わない
ゼッタイに…
ゼッタイに…
はっ
ザワ
ザワ
…っ
死印《しいん》を見《み》ると
思《おも》いだしちゃう…
ぼぅ…

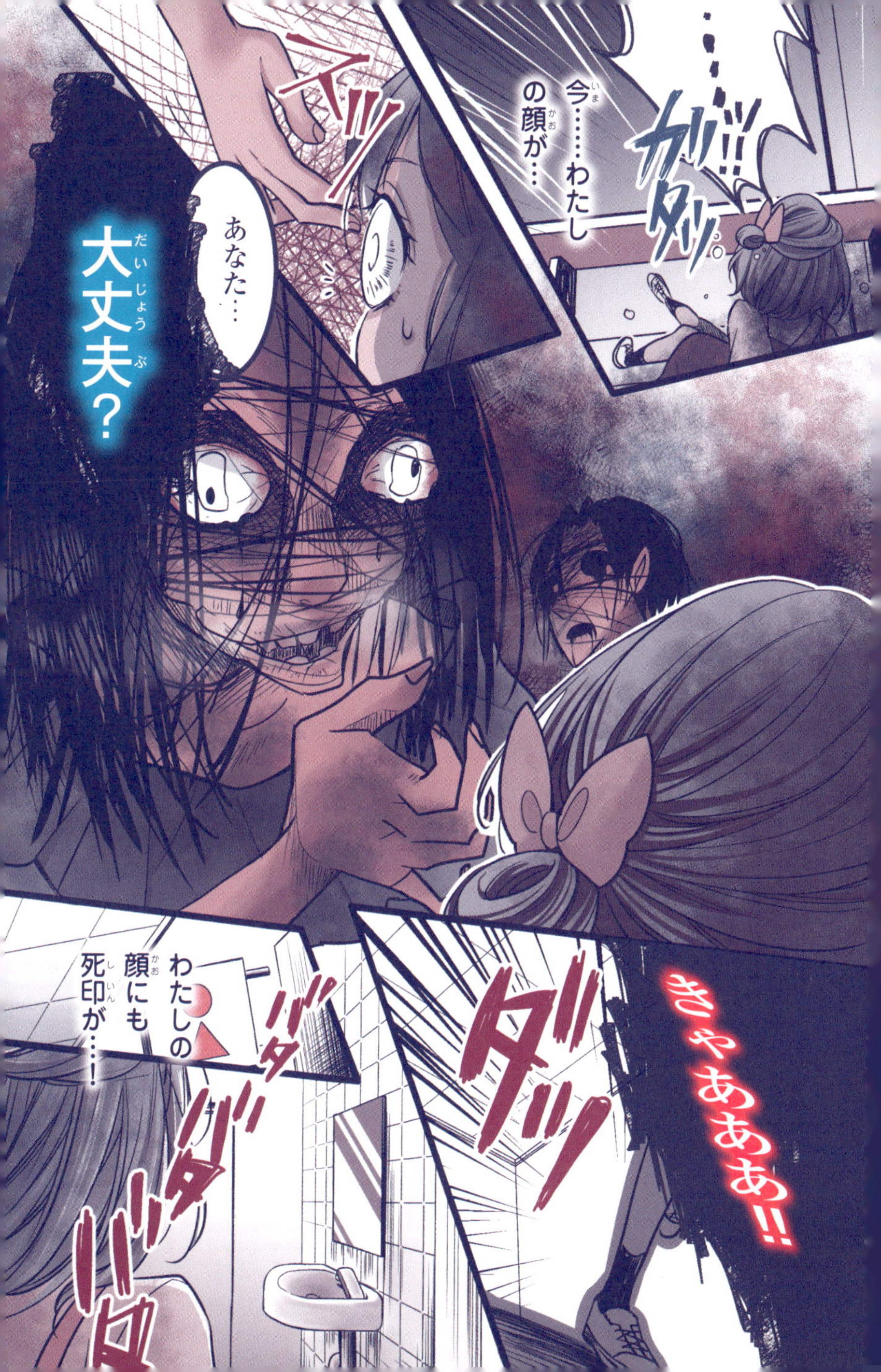
……
ガタッ!!
今《いま》……わたしの顔《かお》が……
スッ
あなた……
大丈夫《だいじょうぶ》?
きゃあああ!!
ダッ
わたしの顔《かお》にも死印《しいん》が……!
バタバタバタ

…え?
なんともない…
ガタンッ
ごめん
ちょっとどいて
くれる~?
…あれ…
このお姉《ねえ》さん
さっきの…
死印《しいん》が
消《き》えてる…
ぜんぶ
見《み》まちがい
だったの…?
グルッ
キィ…

…そうだよね…
あんなに死印《しいん》が そろうなんて ありえないし!
もうやめた! 気《き》にしない
集中!
ただいまー
トイレ すいてたよ~
ぼう…
え!?
どうして また…
そ…

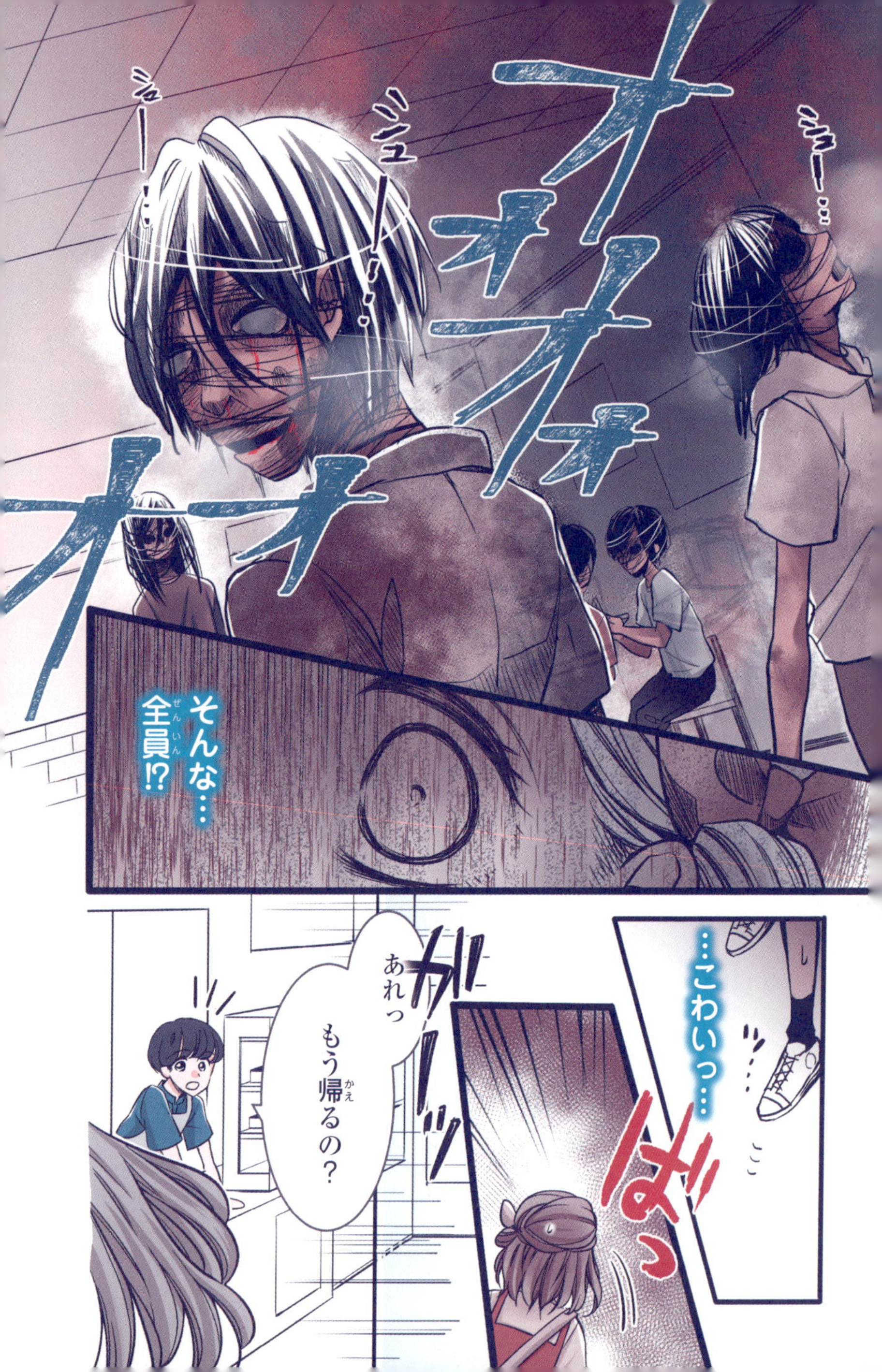
シュー…
オォォォォォォ
シュ！！…
シュー…
そんな…
全員《ぜんいん》!?
…こわいっ…
ばっ
ガーッ
あれっ
もう帰《かえ》るの？

なんでみんなに
死印《しいん》が…
わたし…変《へん》に
なっちゃったの？
こんな力《ちから》
もうやだ…
怖《こわ》いし
ダレにも言《い》えない
どうして
わたしだけ…
…ちゃん
愛《あい》ちゃん
…うっ!?
ズキッ
ダレ――？
グラ…
ねえ
前《まえ》の
トラック
ブロロ…
変《へん》じゃない？

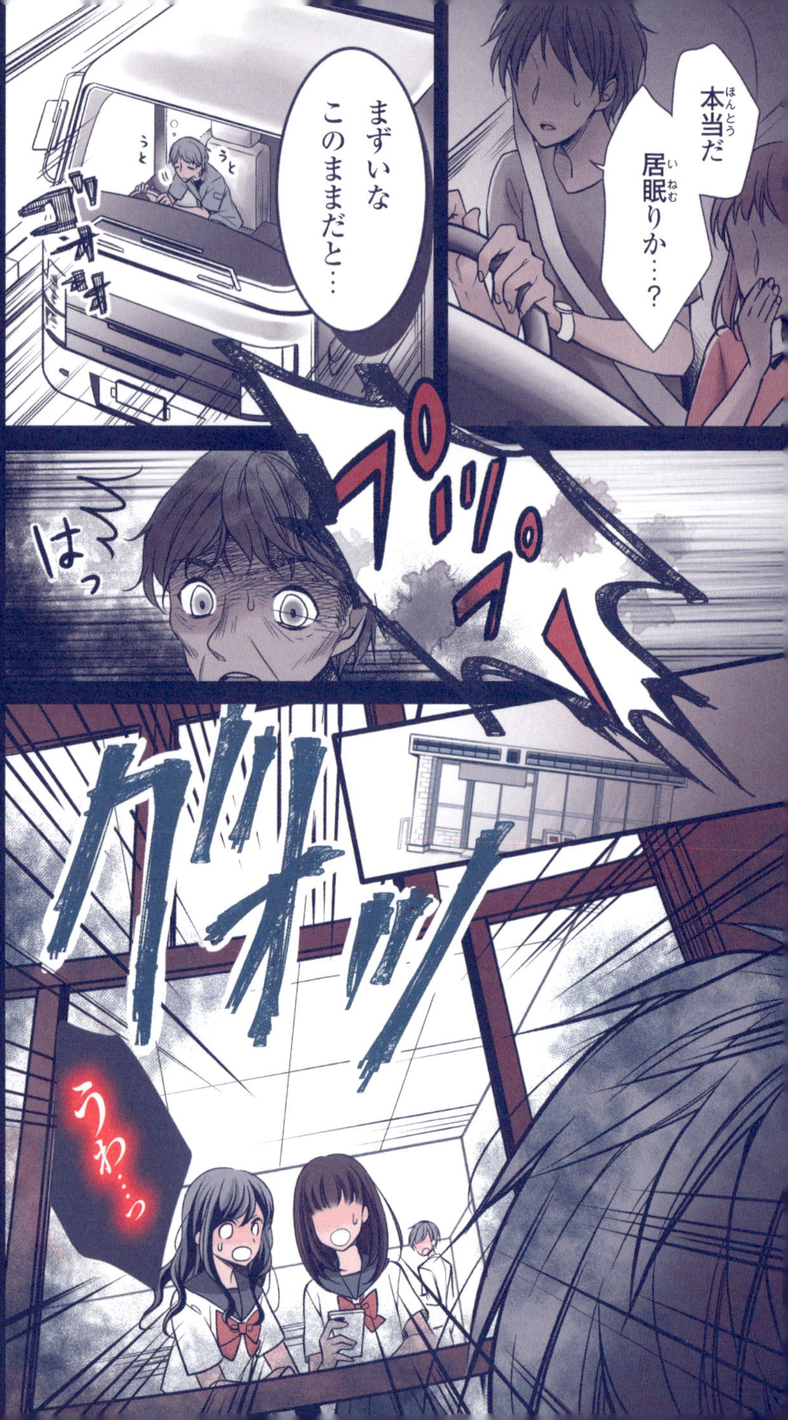
本当《ほんとう》だ
居眠《いねむ》りか…？
まずいな
このままだと…
うと
うと
ゴオォオ
プップー
はっ
ガオッ
うわ…っ

はっ
――…
ハァ…
ハァ…
今《いま》のって…
ぽぅ…
愛《あい》ちゃん

おばあちゃん…っ!
おばあちゃん
今《いま》のって…
コク…
だから
みんなに死《し》印《いん》が
でてたんだ…
ブロロ…
どうするべきか
もうわかる
だろう?
おばあちゃん…

フ…ッ
わたしがするべきこと——…
ガーッ
あれ？
忘《わす》れもの？
ぱんっ
お兄《にい》さん！
イートインスペースにいるみんなを避《ひ》難《なん》させてください！
このままじゃ死《し》んじゃうの！

えっ
…死《し》ぬって…
愛花《あいか》ちゃん
今日《きょう》…変《へん》だよ…？
はは…
そういうジョークはちょっと…
あ…
あのときと同《おな》じ…
……——でも
早《はや》く帰《かえ》ってゆっくり…
ばっ
みんな逃《に》げてっ！

ぐいっ
危険《きけん》なの！
このままじゃ
みんなが
プップー
はっ
きゃあああ

……ちゃん
愛《あい》ちゃん
えらかったね
おばあ…
ちゃん…
ありがとう…
よかった
目覚めた!
愛花ちゃん!
わたしは
死神《しにがみ》なんかじゃない
ちゃんと意味《いみ》がある
おばあちゃんは
それを教《おし》えて
くれたんだ——

8話《わ》
ゾクッ
恐怖レベル
最《さい》優《ゆう》秀《しゅう》賞《しょう》
やばっ もうすぐ塾《じゅく》の時《じ》間《かん》だ! 行《い》かないと
行ってきまーす.
わたしも塾《じゅく》に行《い》こうかな?
ん?

どうした
歩那《あゆな》は勉強《べんきょう》
きらいだろ
…
無理《むり》しなくて
いいわ
あははっ
ウソウソ
す、
塾《じゅく》なんて
やだよ！
バタン…
いつだって優秀《ゆうしゅう》な
お姉《ねえ》ちゃんしか
見《み》てない…
わたしにだって…
期待《きたい》してほしいのに
グっ…

図書館
ん?
ふうとう?
なんだろ…
だれかの作文《さくぶん》かな…
静《しず》かなる狂気《きょうき》…

――ぼくの目《め》の前《まえ》に
広《ひろ》がるのは
なんの色《いろ》も持《も》たない
グレーの世界《せかい》だ……
――昨日《きのう》…
今日《きょう》…明日《あした》…
入《い》れかえたって
なにも変《か》わらない
1日《にち》が始《はじ》まるんだ…
一成《いっせい》 行《い》ってらっしゃい
………
ス…
シャカ シャカ
シャカ シャカ
ヘッドフォンで
世界《せかい》を遮断《しゃだん》する
これでクソな世界《せかい》も
ほんの少《すこ》しだけ
マシになる…

オレは生《い》きて
いるのか
それとも
シャカシャカ♪
死《し》んでいるのか——
…
なんだか…暗《くら》い内容《ないよう》の作文《さくぶん》
小説《しょうせつ》かな？
この主人公《しゅじんこう》も毎日《まいにち》に不満《ふまん》があるみたいだけど…

こいつら
みんな…
今《いま》すぐ死《し》んだら
ウケるな…
パ…
シャカ
シャカ
シャカ♪
シャカ
ゾロ…
いてえな
イラ…
あの女《おんな》
死刑《しけい》…
ドン…
ジャマ
なんだよ
チッ
この男《おとこ》も
死刑《しけい》…

シャカ
シャカ♪
オレに…
生《い》きていることを
実感《じっかん》するような
スリルをくれよ
ざわ…
?
!?
おれが死刑《しけい》に
した女《おんな》…

!?
なにが起《お》こってる!?
こいつもさっきオレが死刑《しけい》にした…
これは…
夢《ゆめ》なのか?
!

わあああ
ギャあああ
お望《のぞ》み通《どお》り
スリルをやるよ
最上級《さいじょうきゅう》のな
ズオオオ
うわあ

ガシャ..
ああぁ
……
なんか読《よ》んだら疲《つか》れたな…
ひら…
霊界通信社主
第44回ホラー小説コンテスト
最優秀賞 5万円 + 副賞「本人を主役に実写化」
ホラー小説《しょうせつ》大賞《たいしょう》…
これに…応募《おうぼ》しようとしてたとか?
ニヤ…
ふーん…
応募《おうぼ》しちゃおっかな

カタ…
ルルル…
歩那《あゆな》あなたに電話《でんわ》よ選考委員《せんこういいん》の人《ひと》から
選考委員《せんこういいん》？
もしもし
豊本歩那《とよもとあゆな》さんですか？
あなたの小説《しょうせつ》が最優秀賞《さいゆうしゅうしょう》に選《えら》ばれました
…え!?
霊界通信社主催《れいかいつうしんしゃしゅさい》の第《だい》44回《かい》ホラー小説《しょうせつ》コンテストです
はっ

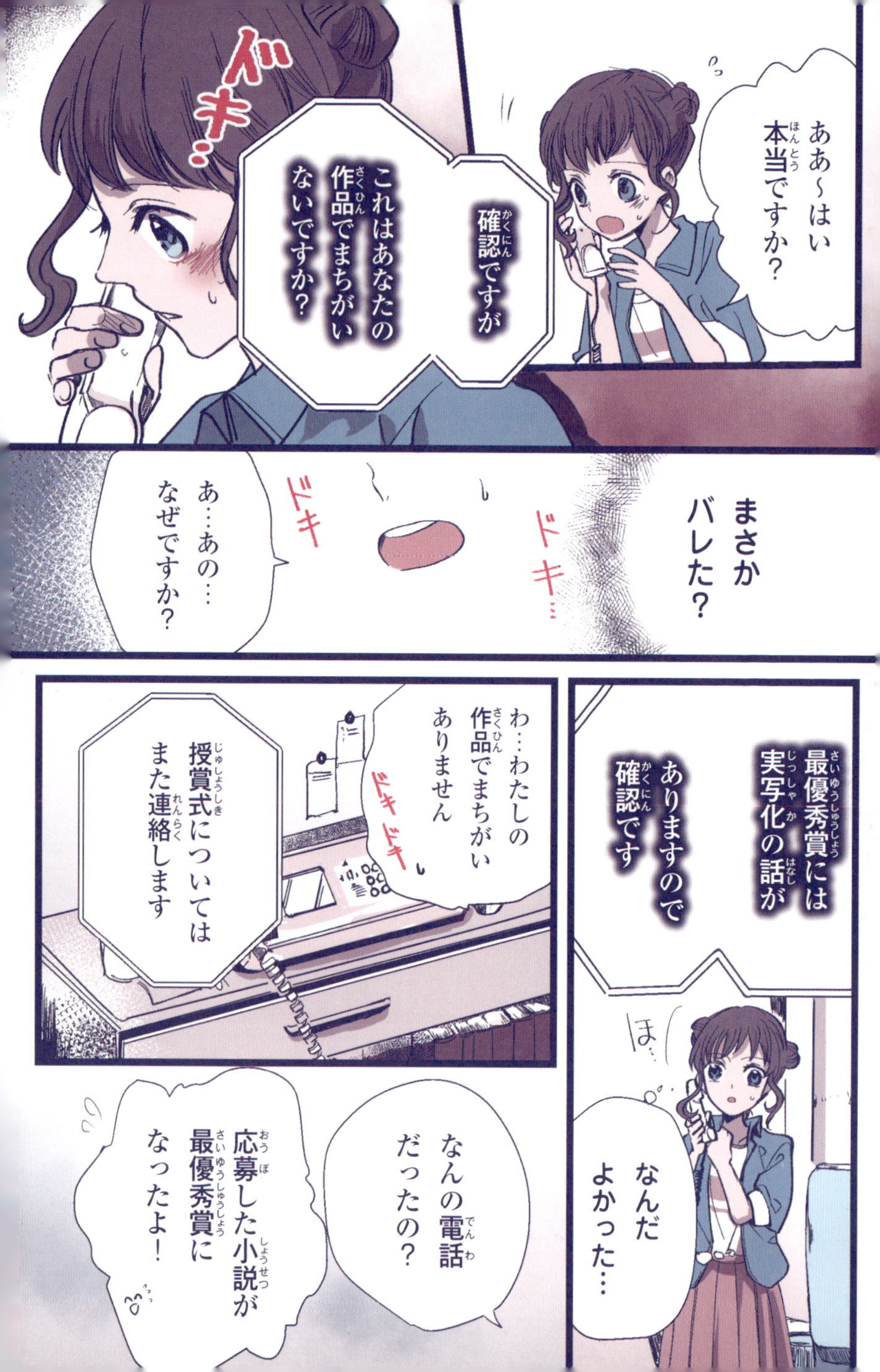
ああ～はい
本当《ほんとう》ですか？
ドキ…
確認《かくにん》ですが
これはあなたの作品《さくひん》でまちがいないですか？
まさかバレた？
ドキ
ドキ…
あ…あの…なぜですか？
最優秀賞《さいゆうしゅうしょう》には実写化《じっしゃか》の話《はなし》がありますので確認《かくにん》です
わ…わたしの作品《さくひん》でまちがいありません
ドキ
ドキ
授賞式《じゅしょうしき》についてはまた連絡《れんらく》します
ほ…
なんだよかった…
なんの電話《でんわ》だったの？
応募《おうぼ》した小説《しょうせつ》が最優秀賞《さいゆうしゅうしょう》になったよ！

本当《ほんとう》に？ すごいわ!! パパに早《はや》く伝《つた》えなきゃ
！
やった！
ママにほめられた!!
――授賞式当日《じゅしょうしきとうじつ》
ブルル…
お迎《むか》えつきなんて…
なんだかすごい
ドキ
ドキ
あ…あの

ブロロ…
どうして授賞式《じゅしょうしき》に家族《かぞく》は呼《よ》んじゃダメなんですか？
見《み》てほしかったのになぁ…
わかりませんわたしは運転手《うんてんしゅ》ですので…
…
到着《とうちゃく》しましたこちらです
……
ここ…？

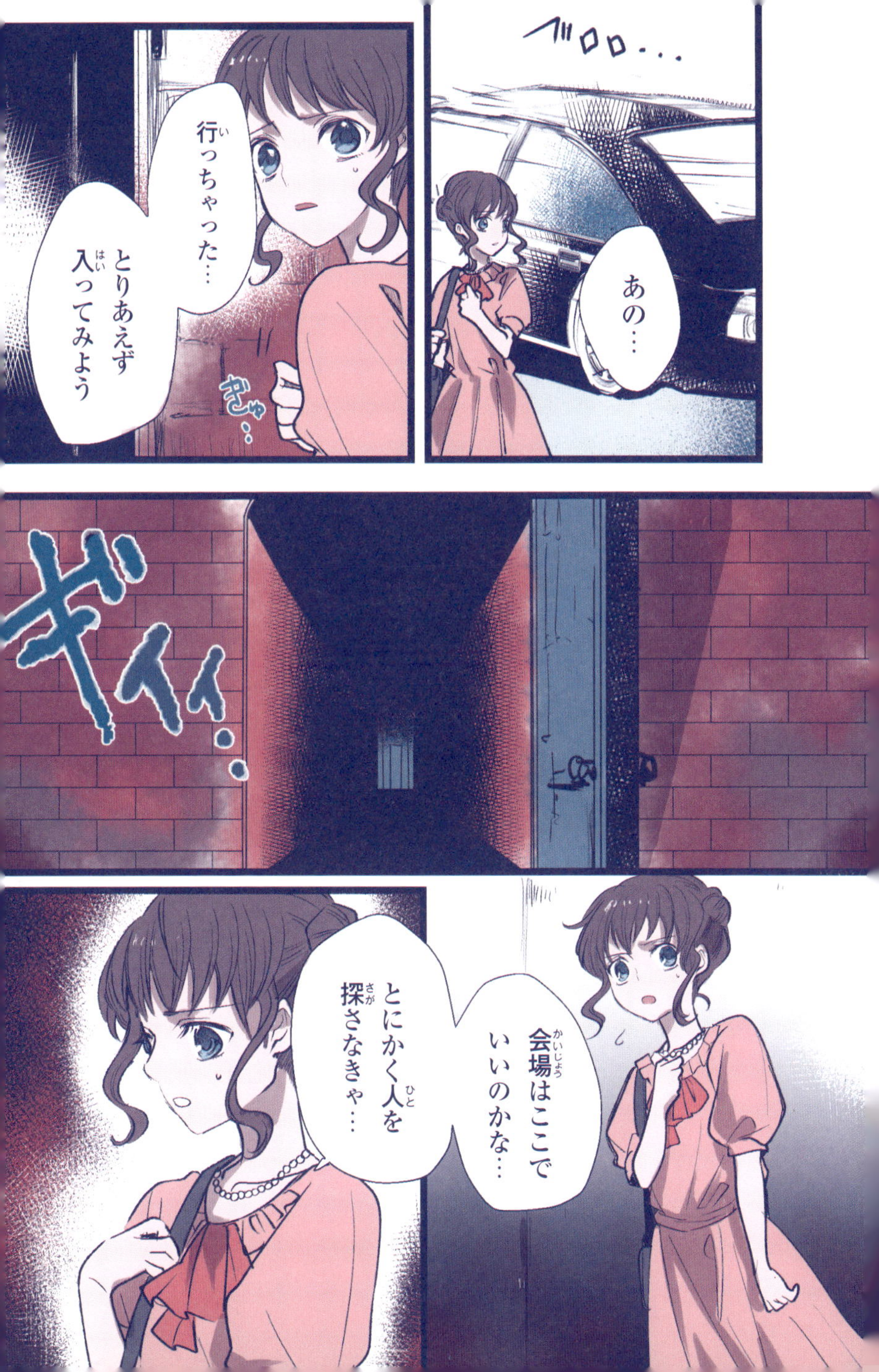

ブロロ…
あの…
行《い》っちゃった…
とりあえず入《はい》ってみよう
ぎゅ…
ギイィ…
会場《かいじょう》はここでいいのかな…
とにかく人《ひと》を探《さが》さなきゃ…

ホラー小説《しょうせつ》コンテスト
授賞式《じゅしょうしき》会場《かいじょう》
よかった… あってたみたい!
ほっ…
豊本《とよもと》歩那《あゆな》さま 控《ひか》え室《しつ》
わたしの控《ひか》え室《しつ》だ
ガチャ…

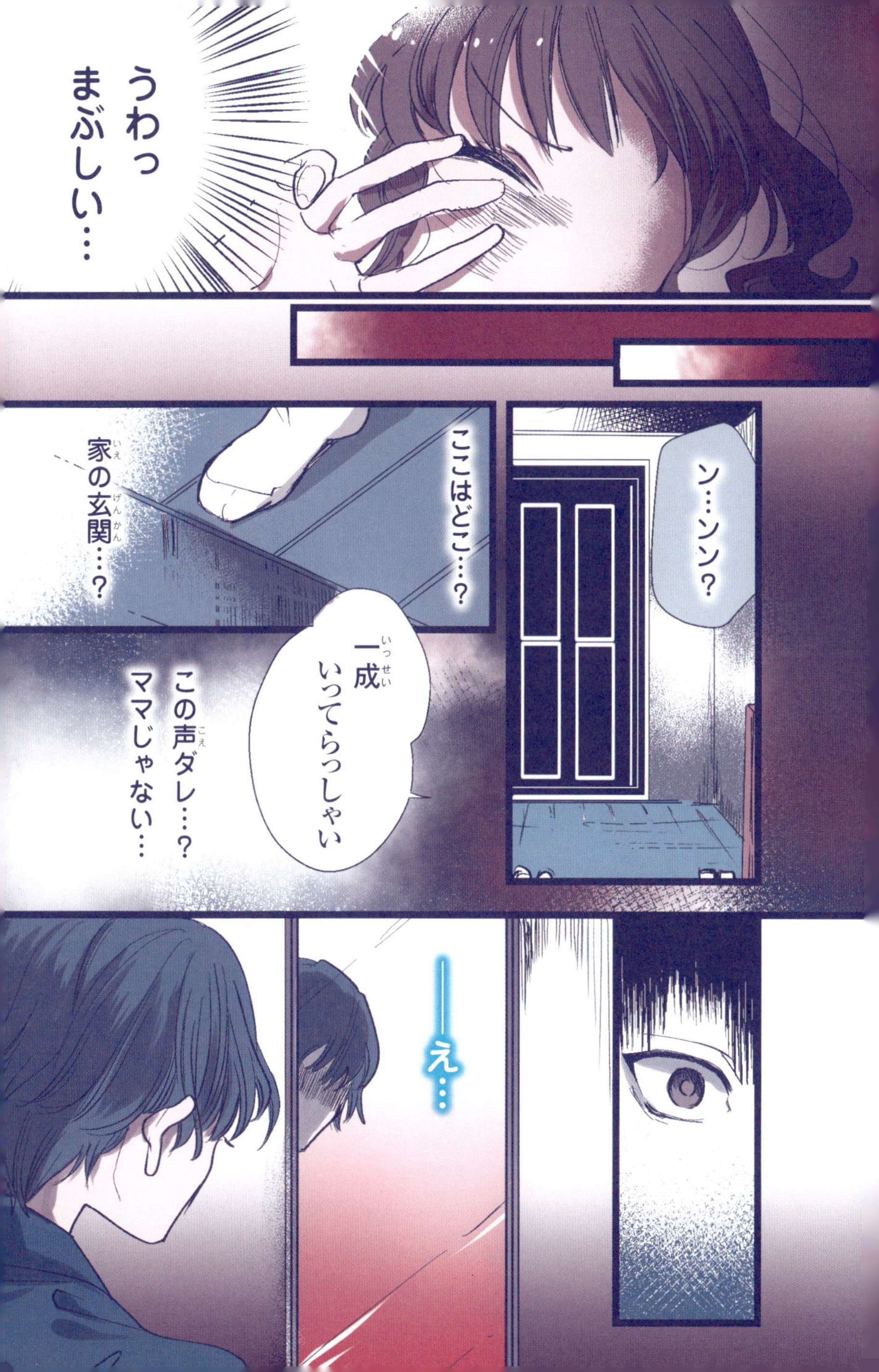

うわっ まぶしい…
ン…ンン？
ここはどこ…？
家《いえ》の玄関《げんかん》…？
一成《いっせい》 いってらっしゃい
この声《こえ》ダレ…？ ママじゃない…
――え…

この人《ひと》ダレ!?
会場《かいじょう》のみなさんお待《ま》たせしました
豊本《とよもと》歩那《あゆな》作《さく》『静《しず》かなる狂気《きょうき》』——スタートです
キャアアア

9話《わ》 絶《ぜっ》叫《きょう》 恐怖レベル
注《ちゅう》意《い》標《ひょう》識《しき》
うわぁ
すご——い！きれーい！
だろ？ここ穴場《あなば》なんだ
よしっ 昼《ひる》にするぞ！
やった——！

あそこでたべよう
も〜おなかペコペコ〜
お兄《にい》ちゃん…これなに?
めずらしい標識《ひょうしき》だな…
注意
沼《ぬま》から霊《れい》がでるから注意《ちゅうい》してね…とか?
にしし
う〜ら〜め〜し〜や〜
もぉ——
ふざけないでよ!
ははっ
ふざけてないさ…
えっ?
ドキッ…

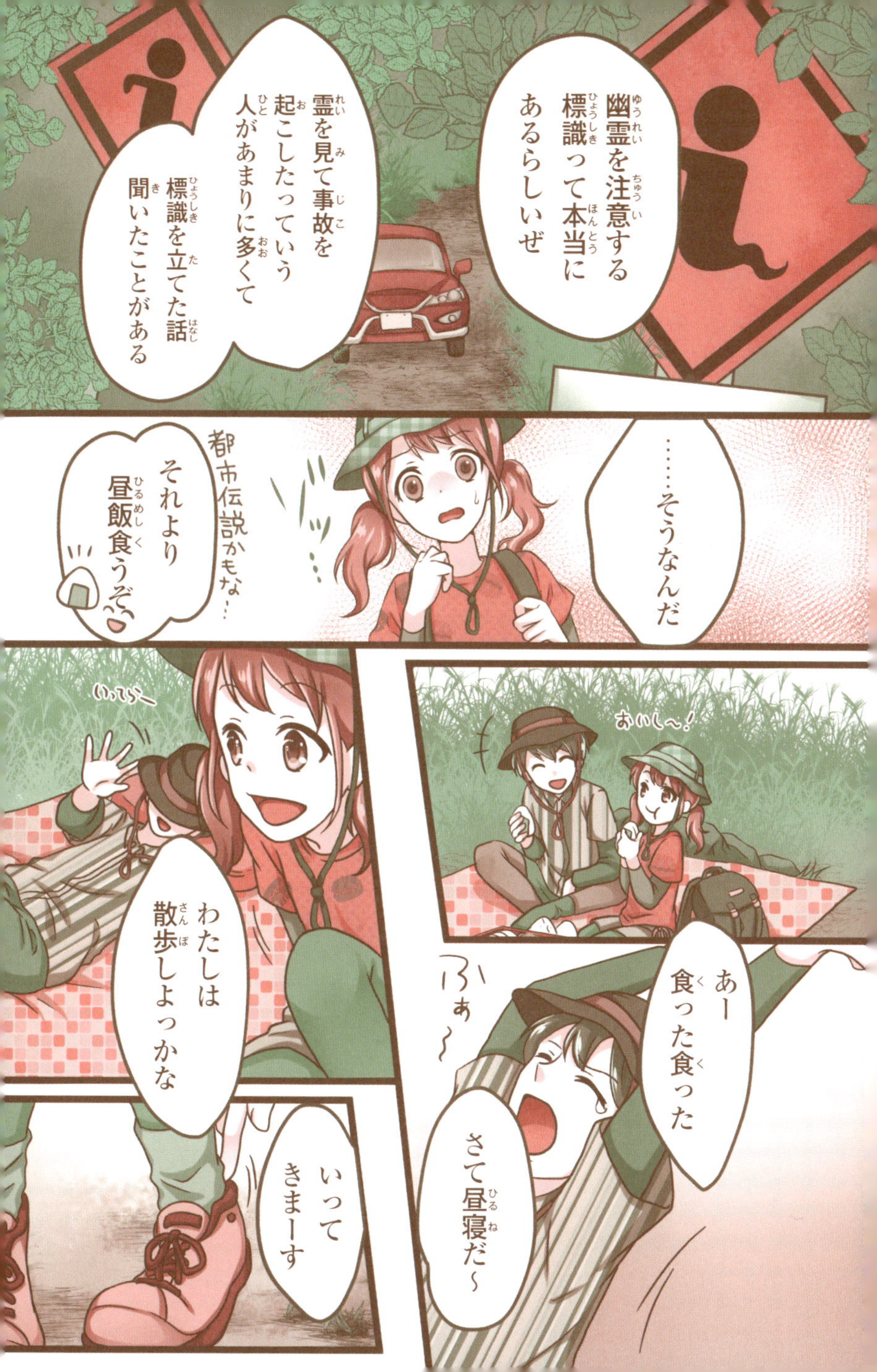
幽霊《ゆうれい》を注意《ちゅうい》する標識《ひょうしき》って本当《ほんとう》にあるらしいぜ
霊《れい》を見《み》て事故《じこ》を起《お》こしたっていう人《ひと》があまりに多《おお》くて標識《ひょうしき》を立《た》てた話《はなし》聞《き》いたことがある
……そうなんだ
都市伝説かもな…
それより昼飯《ひるめし》食《く》うぞ
おいし～！
あー食《く》った食《く》った
ふぁ～
さて昼寝《ひるね》だ～
いってら～
わたしは散歩《さんぽ》しよっかな
いってきまーす

わぁ〜
注意
注意
沼《ぬま》から手《て》…
まさかね
はは…
ん？
注意《ちゅうい》？
注意
声《こえ》に注意《ちゅうい》？
声に
声
なにに注意《ちゅうい》なんだろ？
注意
パッ
パラッ…
声《こえ》って
なんだろ？

……けて
……すけて
え？
びくっ
に注意
……助《たす》けてって？
がばっ
まさか…沼《ぬま》に落《お》ちた人《ひと》が？
…ス…ケテ…
…タスケテ
グイ
!?

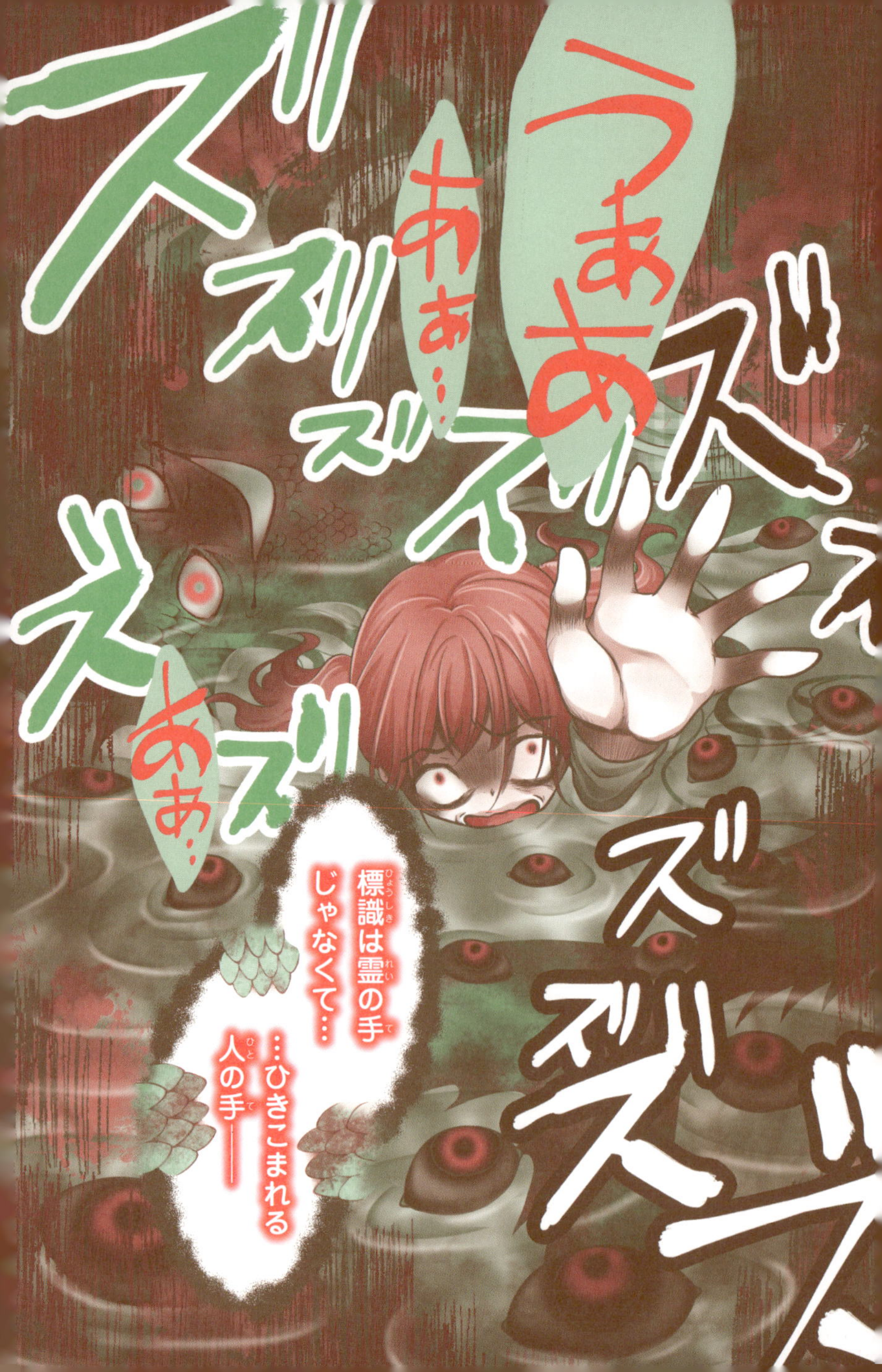

うああ
あぁ…
ズズ
ズリ
ズズ
ズズ
ズリ
あぁ…
ズズ
ズリ
ズズ
標識《ひょうしき》は霊《れい》の手《て》
じゃなくて…
…ひきこまれる
人《ひと》の手《て》——

3つのストーリーが交差《こうさ》するキョウフ…

特集《とくしゅう》マンガ ひとりかくれんぼ

これは霊《れい》を呼《よ》ぶというキケンな遊《あそ》びをして、恐怖《きょうふ》の渦《うず》に飲《の》みこまれてしまった少女《しょうじょ》たちのストーリー。くれぐれもあなたは関《かか》わりを持《も》ちませんよう…。

10話《わ》

11話《わ》

12話《わ》

ひとりかくれんぼ ＝ キケンな霊《れい》を呼《よ》ぶゲーム（降霊術《こうれいじゅつ》）

真夜中《まよなか》にたったひとりで、霊《れい》をとじこめた特別《とくべつ》なぬいぐるみとかくれんぼをします。いろいろな怪奇現象《かいきげんしょう》が起《お》こるとされています。

おおまかな手順《てじゅん》

※けっして、試《ため》そうとはしないでください。

1 ぬいぐるみを用意《ようい》（お腹《なか》を切《き》り、なかにモノをつめてぬう）

2 最初《さいしょ》は自分《じぶん》がオニになり、儀式《ぎしき》をする（ぬいぐるみを浴槽《よくそう》にしずめたり、部屋中《へやじゅう》のカギをかけ電気《でんき》を消《け》したり…）

3 ぬいぐるみを見《み》つけ、今度《こんど》はぬいぐるみをオニにする（このときぬいぐるみのお腹《なか》を刃物《はもの》でつき刺《さ》す）

4 ぬいぐるみからかくれる（このとき、ぬいぐるみが動《うご》いたり、変《へん》な音《おと》が聞《き》こえたり、TV《テレビ》に霊《れい》が映《うつ》ったり…など、なにか起《お》こるらしい）

5 かくれんぼを終《お》わらせる儀式《ぎしき》をする

10話《わ》　**絶叫《ぜっきょう》**　恐怖レベル

見《み》いつけた！

果耶《かや》（16歳《さい》）

これはゲームなんかじゃない。最初《さいしょ》から知《し》ってたら…。

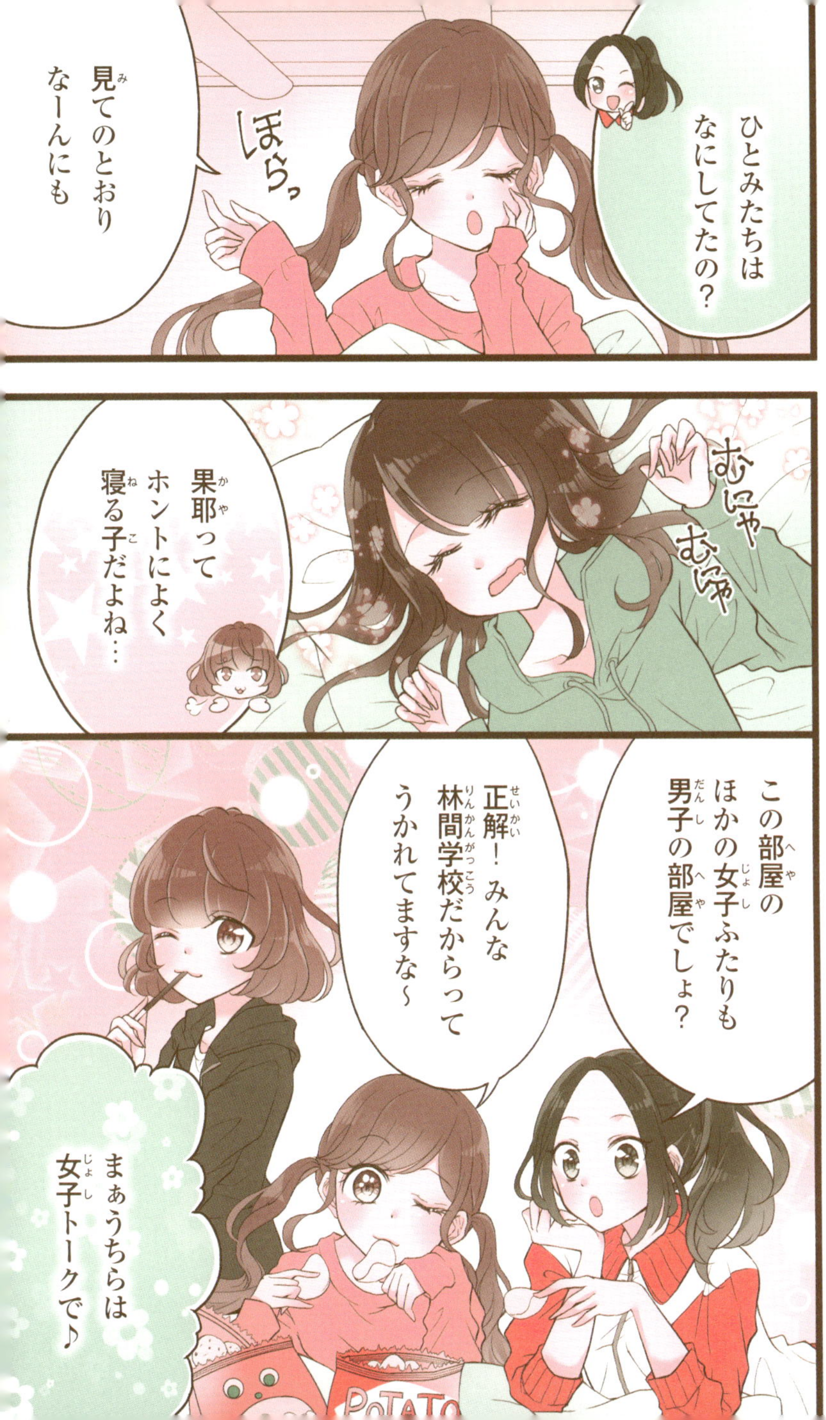
ひとみたちはなにしてたの？
ほらっ
見《み》てのとおりなーんにも
むにゃむにゃ
果耶《かや》ってホントによく寝《ね》る子《こ》だよね…
この部屋《へや》のほかの女子《じょし》ふたりも男子《だんし》の部屋《へや》でしょ？
正解《せいかい》！ みんな林間学校《りんかんがっこう》だからってうかれてますな～
まぁうちらは女子《じょし》トークで♪
POTATO

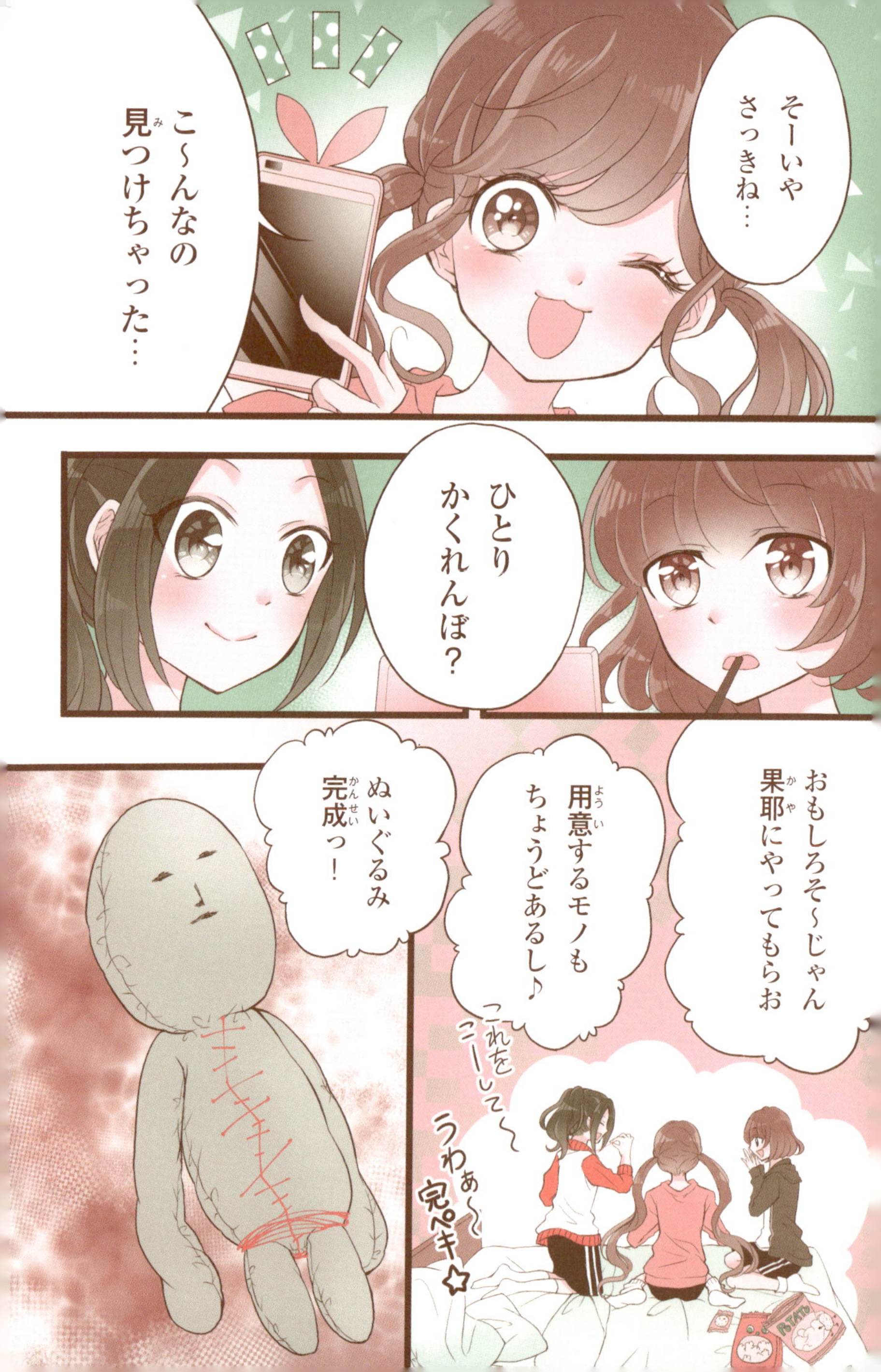
そーいや さっきね…
こ~んなの 見《み》つけちゃった…
ひとり かくれんぼ?
おもしろそ~じゃん 果耶《かや》にやってもらお
用意《ようい》するモノも ちょうどあるし♪
これを こーして~
うわぁ~ 完ペキ☆
ぬいぐるみ 完成《かんせい》っ!

ゆさゆさ
お〜い
果耶《かや》起《お》きろ〜
みんなでゲームしよ！
〝指令《しれい》ゲーム〟
果耶《かや》の番《ばん》だよ♪
なにそれ…楽《たの》しそうだね
ふああ〜
でしょ〜!!
これ全部《ぜんぶ》持《も》って
となりのコテージに
行《い》ってね〜
ふあ〜い
よくわかんないけど
行《い》けばいいんだね!?

ピロン♪
えぇ〜〜
もうなに？これ全部《ぜんぶ》やるの〜!?
最初のオニは果耶
最初のオニは果耶
最初のオニは果耶
ぬいぐるみの名前《なまえ》は
「カクレン」だから忘《わす》れないで！
①カクレンにむかって
『最初《さいしょ》のオニは果耶《かや》』って3回《かい》言《い》うよ！
↓
②バスルームへゴー！
↓
③浴槽《よくそう》に水《みず》を少《すこ》しだけはってから
カクレンをしずめよう！
↓
④しずめたら、部屋《へや》にもどってね！
↓
⑤ドアと窓《まど》のカギをすべてしめて！
↓
⑥部屋《へや》のあかりを消《け》してね！

パチッ
ピロン
ちゃんと
やってる??
やってるよぉ〜
大変《たいへん》なんですケド
部屋《へや》まっ暗《くら》だし…
ガンバレ
⑦この砂嵐《すなあらし》の動画《どうが》を見《み》て！
ザー
ザザッ
なに…これ
⑧砂嵐《すなあらし》を見《み》たら
目《め》をとじて10数《かぞ》えてね。
↓
⑨バスルームにもどって
しずめたカクレンを
とりだしてね！
1 2 3 4 5
6 7 8 9 10
もぉ〜
またぁ〜!?

⑩「カクレン見《み》ぃつけた」
こう言《い》って
⑪お腹《なか》にカッターを
つき刺《さ》して！
…ホントに？
気持《きも》ち悪《わる》い…
…カクレン
見《み》ぃつけたっ!!
グサッ

刺《さ》したケド…
くたぁ…
⑫「今度《こんど》はカクレンがオニ」
こう言《い》って、キッチンへゴー！
↓
⑬包《つつ》み紙《がみ》の塩《しお》を
コップの水《みず》にとかしてね
↓
⑭そのコップを持《も》って
どこかにかくれてね！
見《み》つかっちゃダメだよ～!!
かくれろって言《い》われても…
この部屋《へや》でいいかな…？
バタン…
…でもこれ…どんなゲームなんだろ…

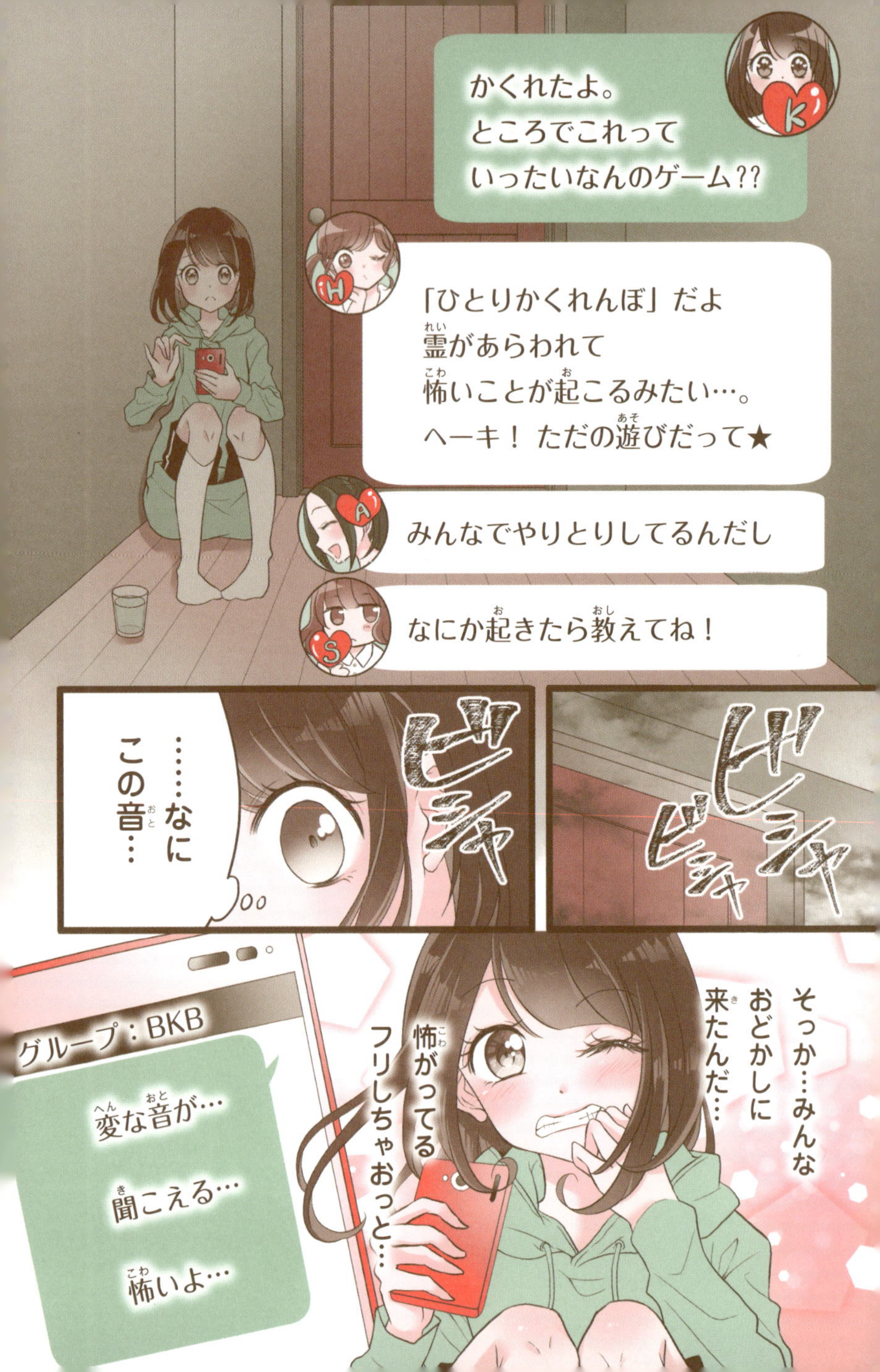
かくれたよ。
ところでこれって
いったいなんのゲーム??
「ひとりかくれんぼ」だよ
霊《れい》があらわれて
怖《こわ》いことが起《お》こるみたい…。
ヘーキ！ ただの遊《あそ》びだって★
みんなでやりとりしてるんだし
なにか起《お》きたら教《おし》えてね！
ビシャ
ビシャ
ビシャ
……なに
この音《おと》…
そっか…みんな
おどかしに
来《き》たんだ…
怖《こわ》がってる
フリしちゃおっと…
グループ：BKB
変《へん》な音《おと》が…
聞《き》こえる…
怖《こわ》いよ…

ウソでしょ…
……なにか起《お》こってるの…？
ビシャ
ビシャ
ビシャ
ビシャ
ここにかくれてるのわかってるんでしょ？早《はや》く見《み》つけてよ…
…あれ？でも部屋《へや》のカギ全部《ぜんぶ》かけた……よね

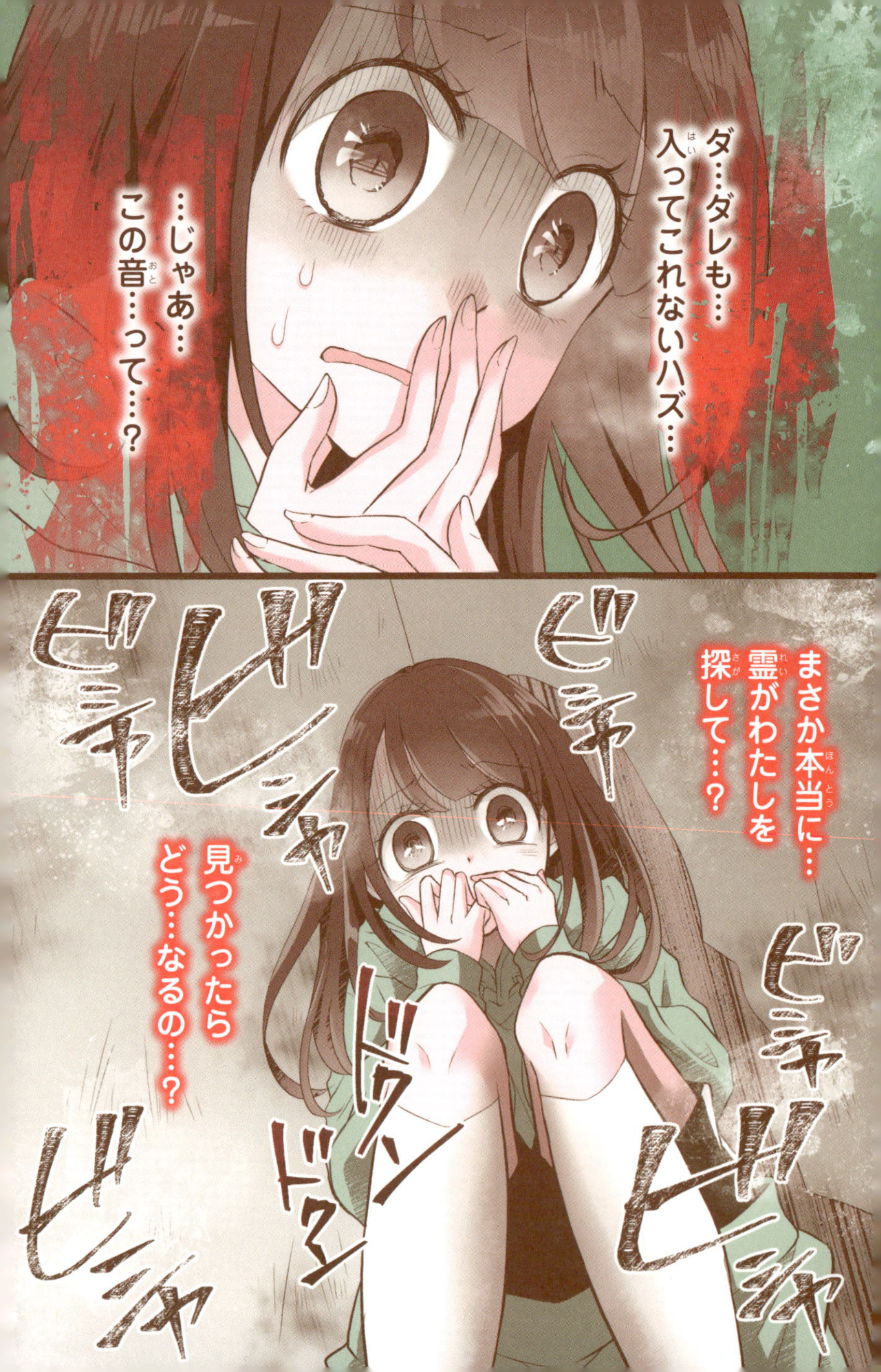
ダ…ダレも…
入《はい》ってこれないハズ…
…じゃあ…
この音《おと》…って…？
ビシャ
まさか本当《ほんとう》に…
霊《れい》がわたしを
探《さが》して…？
ビシャ
ビシャ
ビシャ
見《み》つかったら
どう…なるの…？
ドクン
ドクン
ビシャ
ビシャ
ビシャ

ドンドン
果耶《かや》っ
果耶《かや》っ!!
大丈夫《だいじょうぶ》!?
返事《へんじ》してっ!!
どうしよ…こんな遊《あそ》び
するんじゃなかった…
とにかくかくれんぼを
終《お》わらせないと…
ヤバイいんだって…
お願《ねが》い
果耶《かや》…
電話《でんわ》にでて
ピッ
果耶

トゥルル…
ビクッ
ピッ
彩香
ビシャ
ビシャ
ビシャ
ピタッ
……っ
気《き》づかれた…!?
ドクン
ドクン
ビシャ
ビシャ
…セッ
セーフ?

ビシャ
トゥルルル
トゥルルル
…っ!!
ピッ
タッ…
ピ
ドクン
ドクン
ギイイィィ

ああああ…
見《み》つけた！
あれ…

11話《わ》 ゾクッ 恐怖レベル
導《みちび》かれる…？

あず（14歳《さい》）

「ひとりかくれんぼ」は、ほんの少《すこ》しでも興味《きょうみ》を持《も》ったらダメなモノでした…。

なに？ あず
知《し》ってるの？
霊《れい》を呼《よ》ぶゲームだよ…
こっくりさんみたいな
へぇ～そうなの
けっこう
怖《こわ》いのかな？
あ…
始《はじ》まっちゃった
とりあえず
見《み》よう！
コトッ

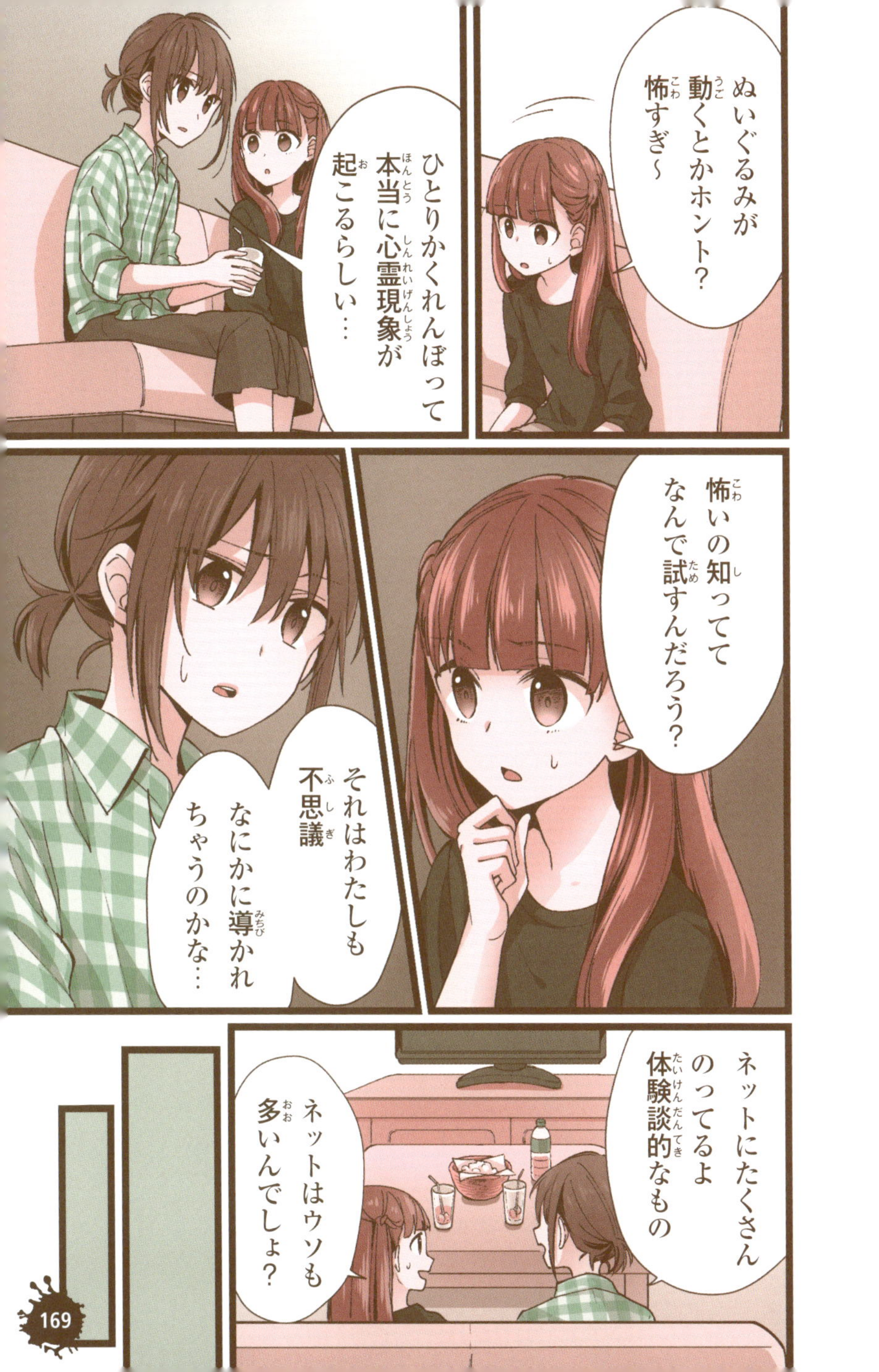
ぬいぐるみが動《うご》くとかホント？怖《こわ》すぎ～
ひとりかくれんぼって本当《ほんとう》に心霊現象《しんれいげんしょう》が起《お》こるらしい…
怖《こわ》いの知《し》っててなんで試《ため》すんだろう？
それはわたしも不思議《ふしぎ》なにかに導《みちび》かれちゃうのかな…
ネットにたくさんのってるよ体験談的《たいけんだんてき》なもの
ネットはウソも多《おお》いんでしょ？

それからわたしは塾《じゅく》が忙《いそが》しくなり
次《つぎ》に響《ひびき》と会《あ》ったのは夏休《なつやす》み明《あ》けでした
ひさしぶりに会《あ》った響《ひびき》はなんだかおかしくて…
おーい響《ひびき》ひさしぶり～！
響《ひびき》？
……
ちら…
ちょっと…なにそれ
スタスタ

待ってよ
そうだ…2組《くみ》に転校生《てんこうせい》きたんだって?
……
そう…だった……かな
どうしたの?なにか怒《おこ》ってる?
そんなこと…ないよ…
ぎゅっ
それなに?
…これ?
大切《たいせつ》にしてるの

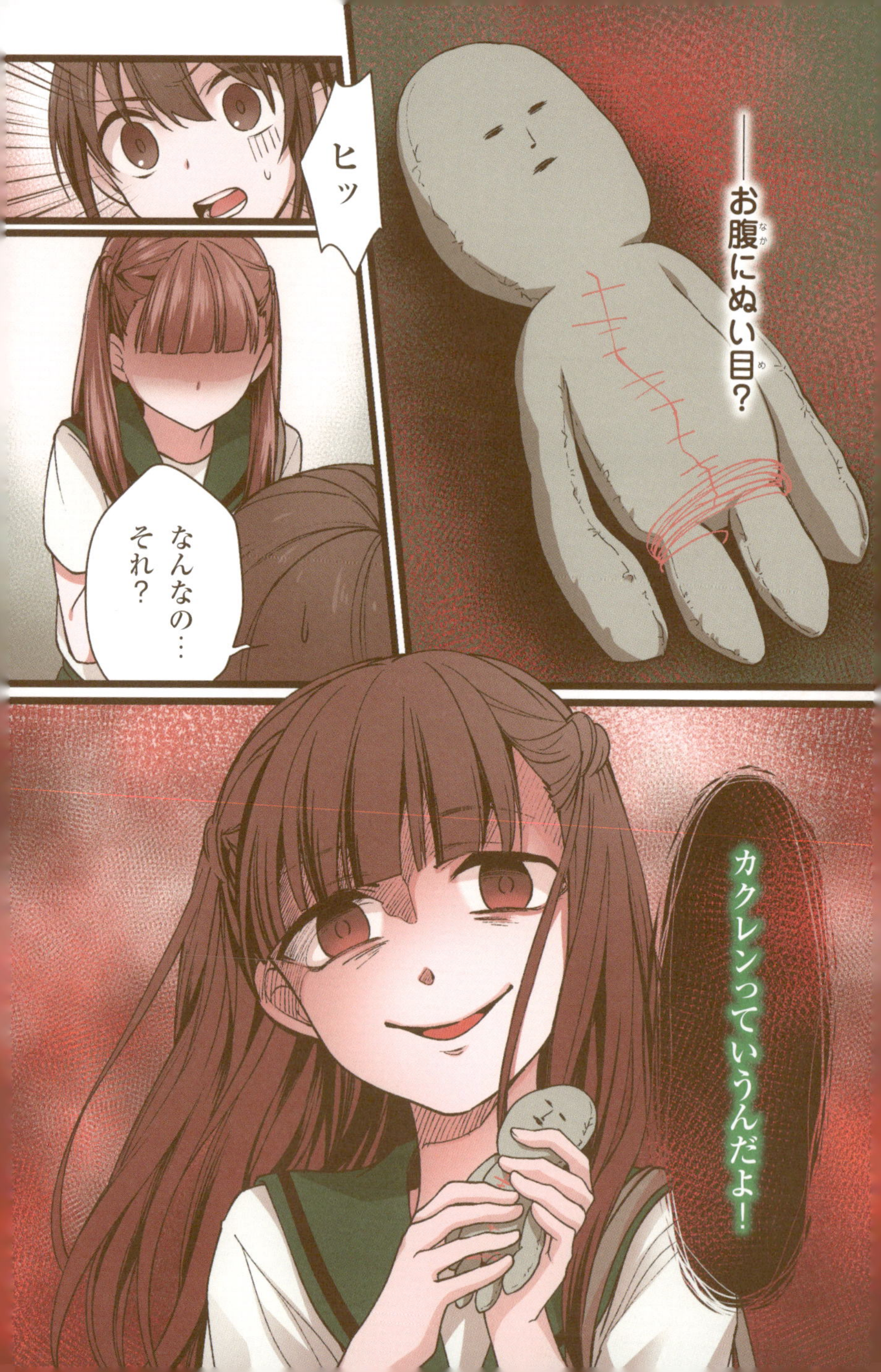
——お腹《なか》にぬい目《め》?
ヒッ
なんなの…
それ?
カクレンっていうんだよ!

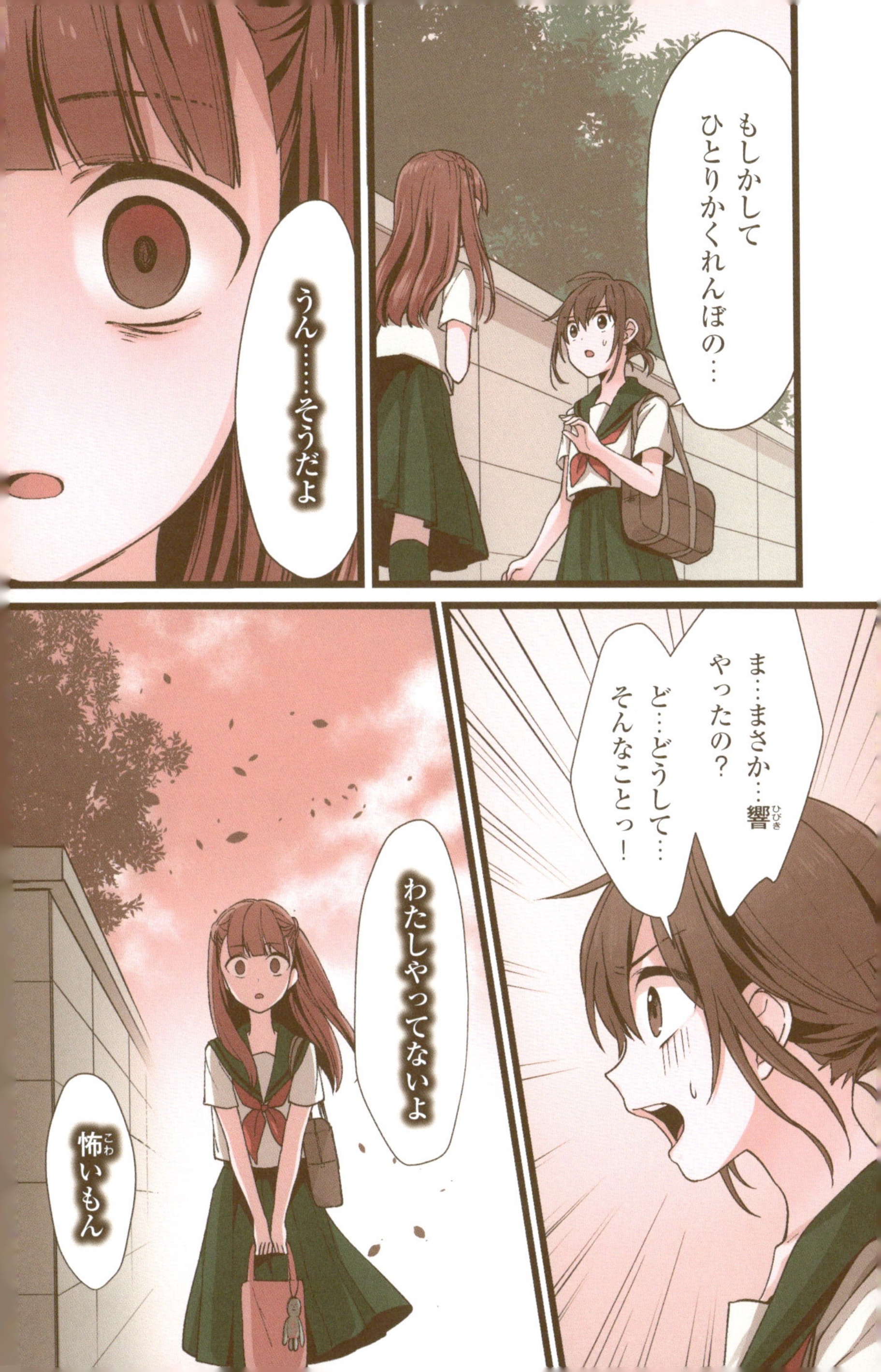

もしかして
ひとりかくれんぼの…
うん……そうだよ
ま…まさか…響《ひびき》
やったの？
ど…どうして…
そんなことっ！
わたしやってないよ
怖《こわ》いもん

気《き》になったわたしは
ぬいぐるみについて
問《と》いつめました
記憶《きおく》はところどころ
あいまいだったけど
響《ひびき》は話《はな》し始《はじ》めました
チッ
チッ
チッ
映画《えいが》怖《こわ》かったな…
でもホントにあんなこと
あるのかな？
たしか…ネットに…
カタ
カタ
ホントだ
いろいろのってる…
コンコン
夏休《なつやす》みだからって
夜《よ》ふかしダメよ
早《はや》く寝《ね》なさい
わかってる

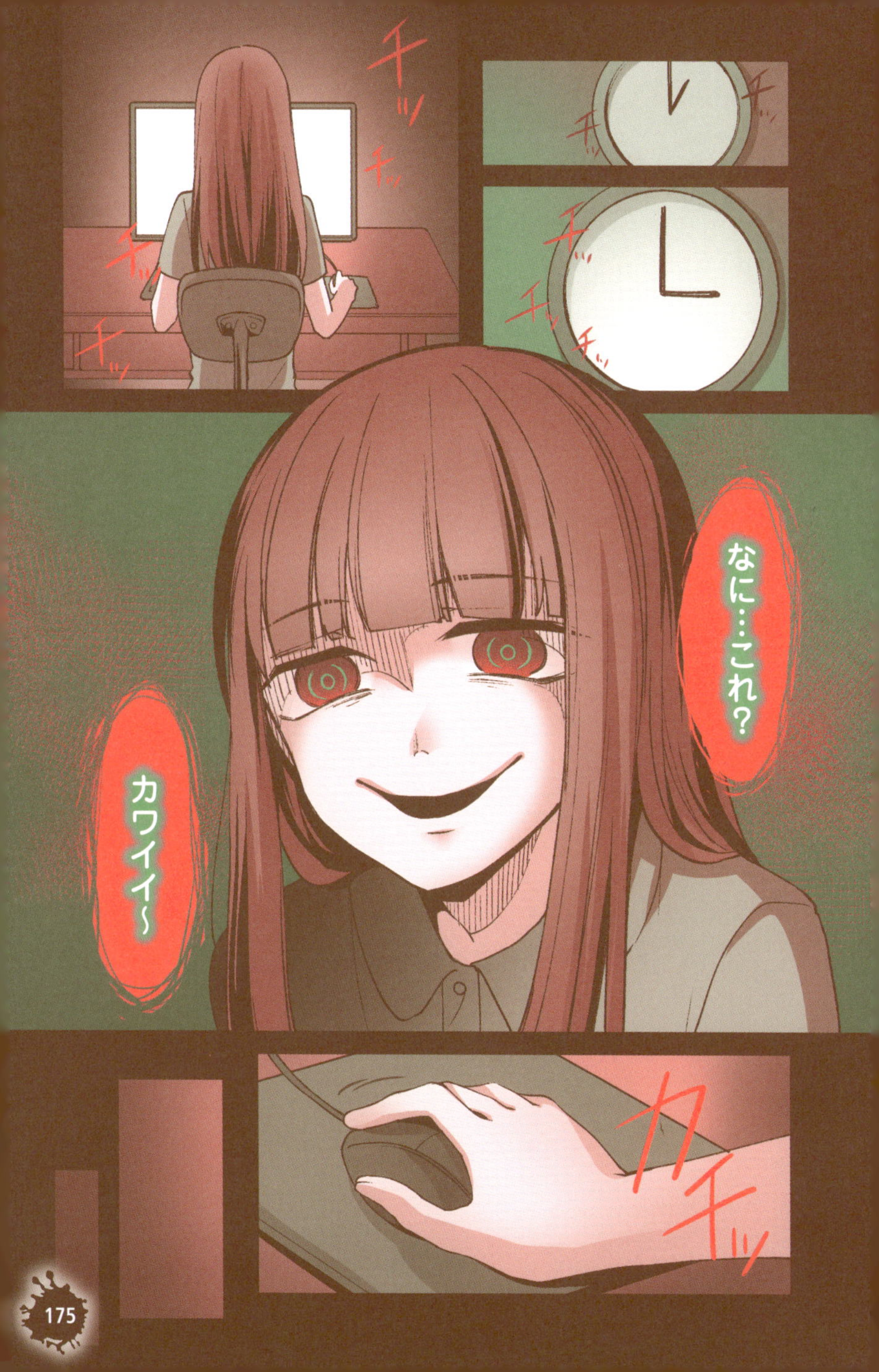
チッ
チッ
チッ
チッ
チッ
チッ
チッ
チッ
チッ
なに…これ?
カワイイ~
カチッ

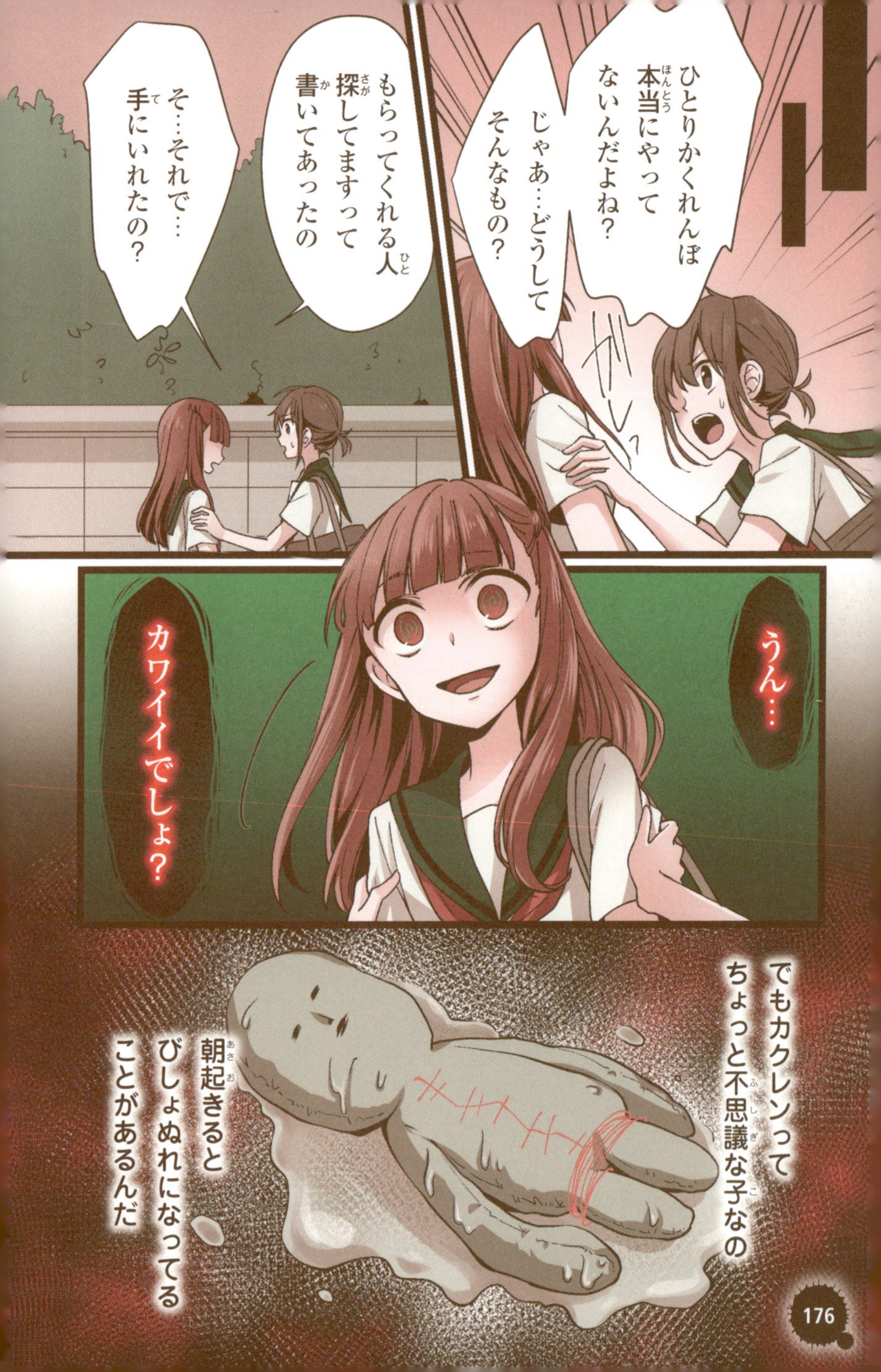
ひとりかくれんぼ
本当《ほんとう》にやって
ないんだよね？
じゃあ…どうして
そんなもの？
もらってくれる人《ひと》
探《さが》してますって
書《か》いてあったの
そ…それで…
手《て》にいれたの？
うん…
カワイイでしょ？
でもカクレンって
ちょっと不思議《ふしぎ》な子《こ》なの
朝起《あさお》きると
びしょぬれになってる
ことがあるんだ

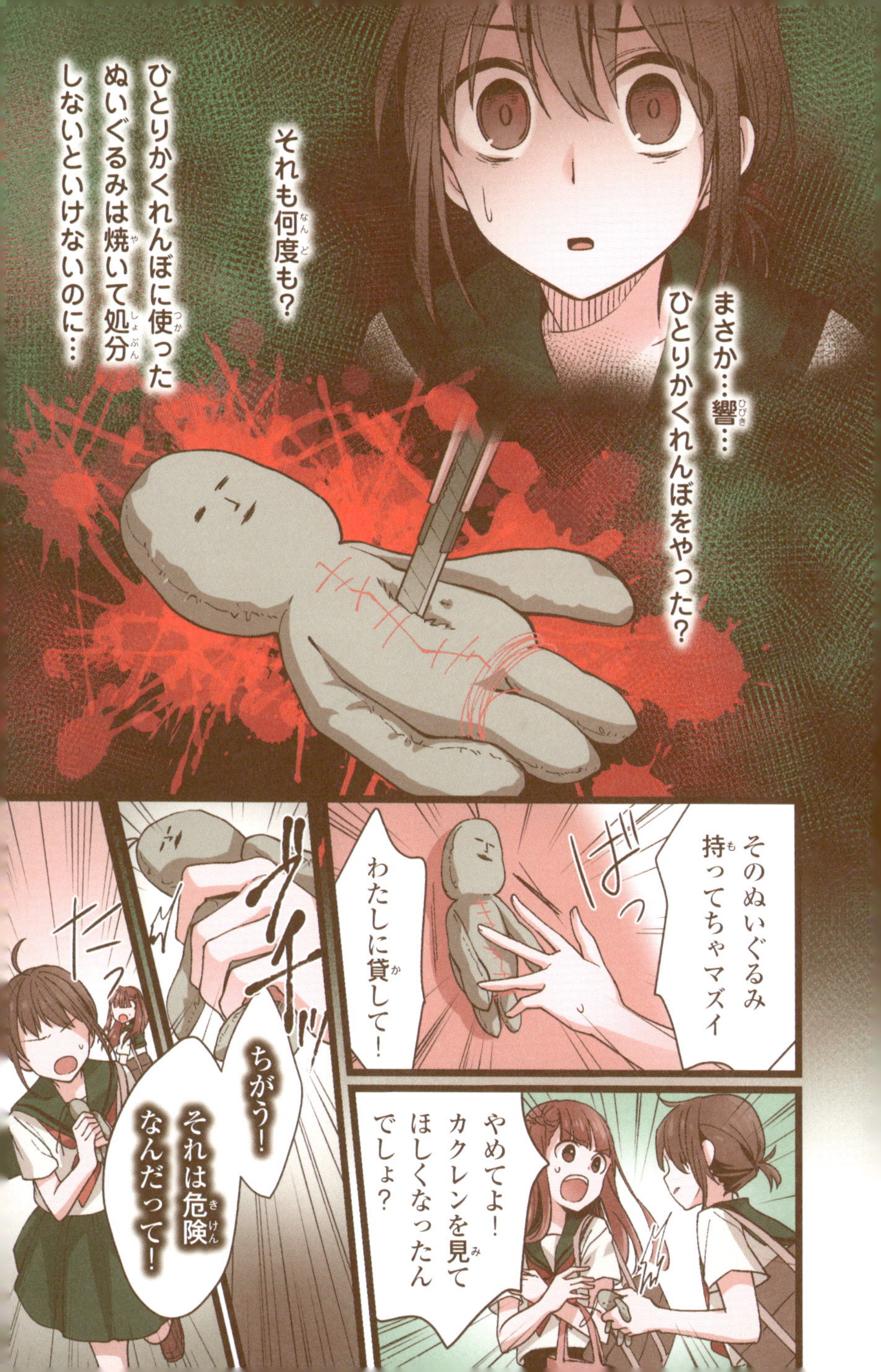
まさか…響《ひびき》…
ひとりかくれんぼをやった？
それも何度《なんど》も？
ひとりかくれんぼに使《つか》った
ぬいぐるみは焼《や》いて処分《しょぶん》
しないといけないのに…
そのぬいぐるみ
持《も》ってちゃマズイ
ばっ
わたしに貸《か》して！
やめてよ！
カクレンを見《み》て
ほしくなったん
でしょ？
グイッ
ちがう！
それは危険《きけん》
なんだって！
たっ

はぁ
はぁ
たったっ
ミ
す…すみません ライター持《も》ってますか?
あるよ
貸《か》してください!
ぼっ
これでなんとか…
ゴ…
ゴゴ…
ひどいじゃない
勝手《かって》にとるなんて
ばっ

どうしたの？ あず
おどろいた顔《かお》して

12話《わ》 ゾクッ 恐怖《きょうふ》レベル

優《やさ》しいリーダー

充希《みつき》（17歳《さい》）

手順《てじゅん》うんぬんじゃなく、やること自体《じたい》が危険《きけん》なのです…。

近所《きんじょ》の子《こ》からある相談《そうだん》を受《う》けたんだ
友《とも》だちがひとりかくれんぼをして…

霊《れい》が憑《つ》いて しまったらしい
そこでだ!
ばんっ
わが研究会《けんきゅうかい》でも本当《ほんとう》に 霊《れい》があらわれるか… ひとりかくれんぼを 調《しら》べたい!
ひとりかくれんぼとは
陰陽師《おんみょうじ》が行《おこな》っていた呪術《じゅじゅつ》の
現代《げんだい》むけ改良版《かいりょうばん》である!
ぬいぐるみのお腹《なか》にいれるもの
●米《こめ》つぶ → 「内臓《ないぞう》」をあらわす
●赤《あか》い糸《いと》 → 「血管《けっかん》」をあらわす
●ツメ → 自分《じぶん》の体《からだ》の一部《いちぶ》
※糸《いと》でぬう→近《ちか》くにいる悪霊《あくりょう》を人形《にんぎょう》のなかに
とじこめる!
夜中《よなか》の3時《じ》
↓
あの世《よ》の門《もん》が
閉《と》じる時間《じかん》

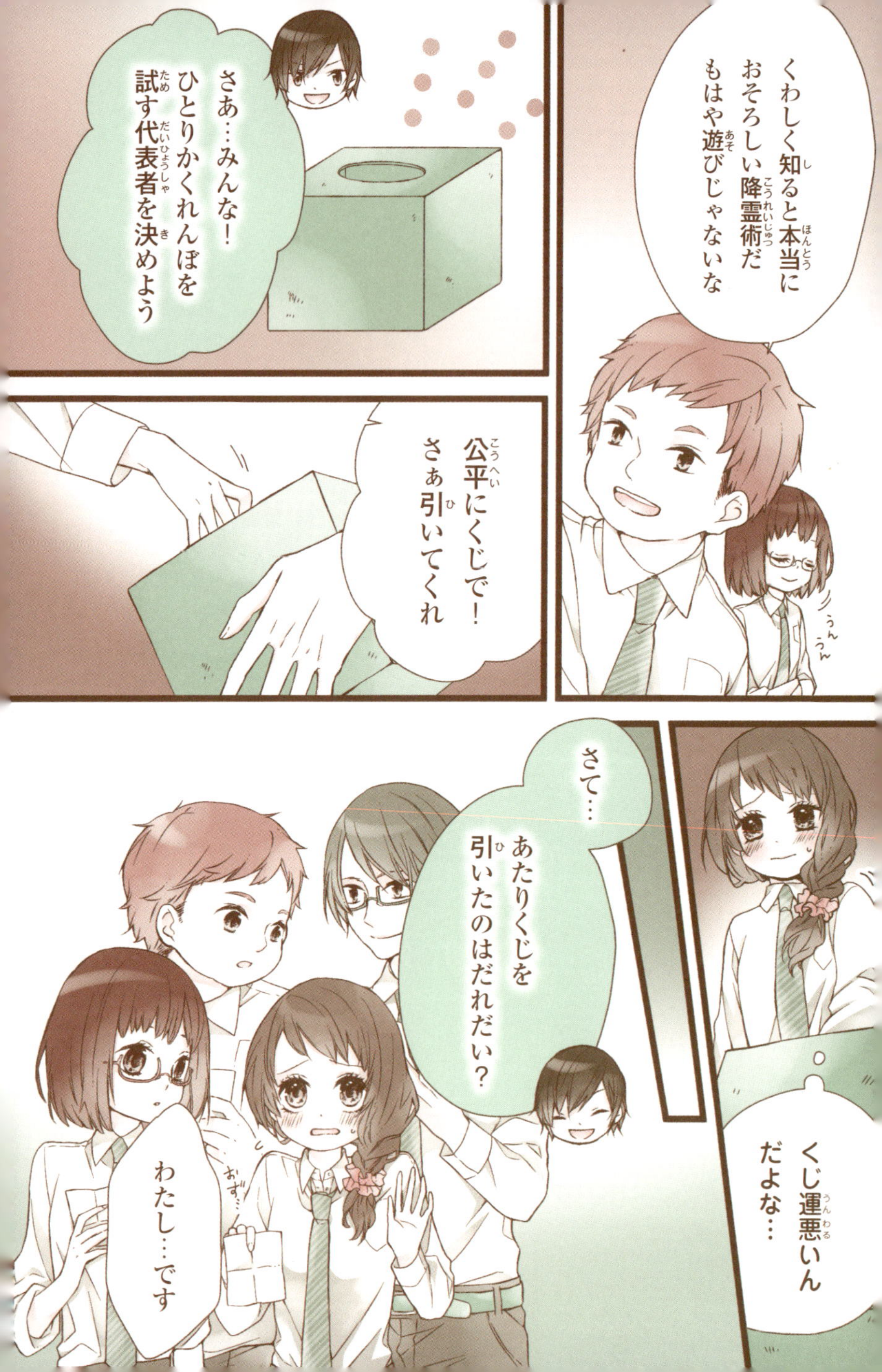
くわしく知《し》ると本当《ほんとう》に
おそろしい降霊術《こうれいじゅつ》だ
もはや遊《あそ》びじゃないな
うん うん
さあ…みんな!
ひとりかくれんぼを
試《ため》す代表者《だいひょうしゃ》を決《き》めよう
公平《こうへい》にくじで!
さぁ引《ひ》いてくれ
くじ運悪《うんわる》いんだよな…
さて…
あたりくじを
引《ひ》いたのはだれだい?
おず…
わたし…です

おや…不安《ふあん》かい？
椎名《しいな》さん
いえ…そ…そんな…ことは
そうだな…
では全員《ぜんいん》でやろう
検証結果《けんしょうけっか》はたくさんあったほうがいい
みんな楽《たの》しそうだけど…平気《へいき》なのかな…
ひとりかくれんぼのやり方《かた》はくわしくまとめておいた
自分《じぶん》の名前《なまえ》を確認《かくにん》してとってくれ
椎名さん
ひとりかくれんぼ

みんな手順《てじゅん》は守《まも》れよ終《お》わらせ方《かた》も重要《じゅうよう》だし…きちんと終《お》わらせないと危険《きけん》なんだぞ!
もちろん…ぼくが信用《しんよう》できないなら自分《じぶん》で調《しら》べ直《なお》してくれてかまわない
恩田《おんだ》さんよりもくわしくまとめられる人間《にんげん》なんていませんよ
そうですよ
本当《ほんとう》にみんなやるんだよね…
はー
やらないと…恩田《おんだ》さんになに言《い》われるか
とぼとぼ…
なにっ?やってないだと?
ギロッ

それに…わたしが
不安《ふあん》そうだったから
みんなでって提案《ていあん》して
くれたわけだし
ぺら…
準備《じゅんび》するもの
・ぬいぐるみ
・米《こめ》
・自分《じぶん》のツメ
・糸《いと》（赤色《あかいろ》）
・針《はり》
やり方《かた》をまとめてくれるなんて
本当《ほんとう》は優《やさ》しい人《ひと》なんだよね？
わたしだって
興味《きょうみ》がない
わけじゃないし…
ふむふむ…
怪奇現象《かいきげんしょう》が起《お》こったら
すぐにやめればいいよね
カァ
カァ
カァ

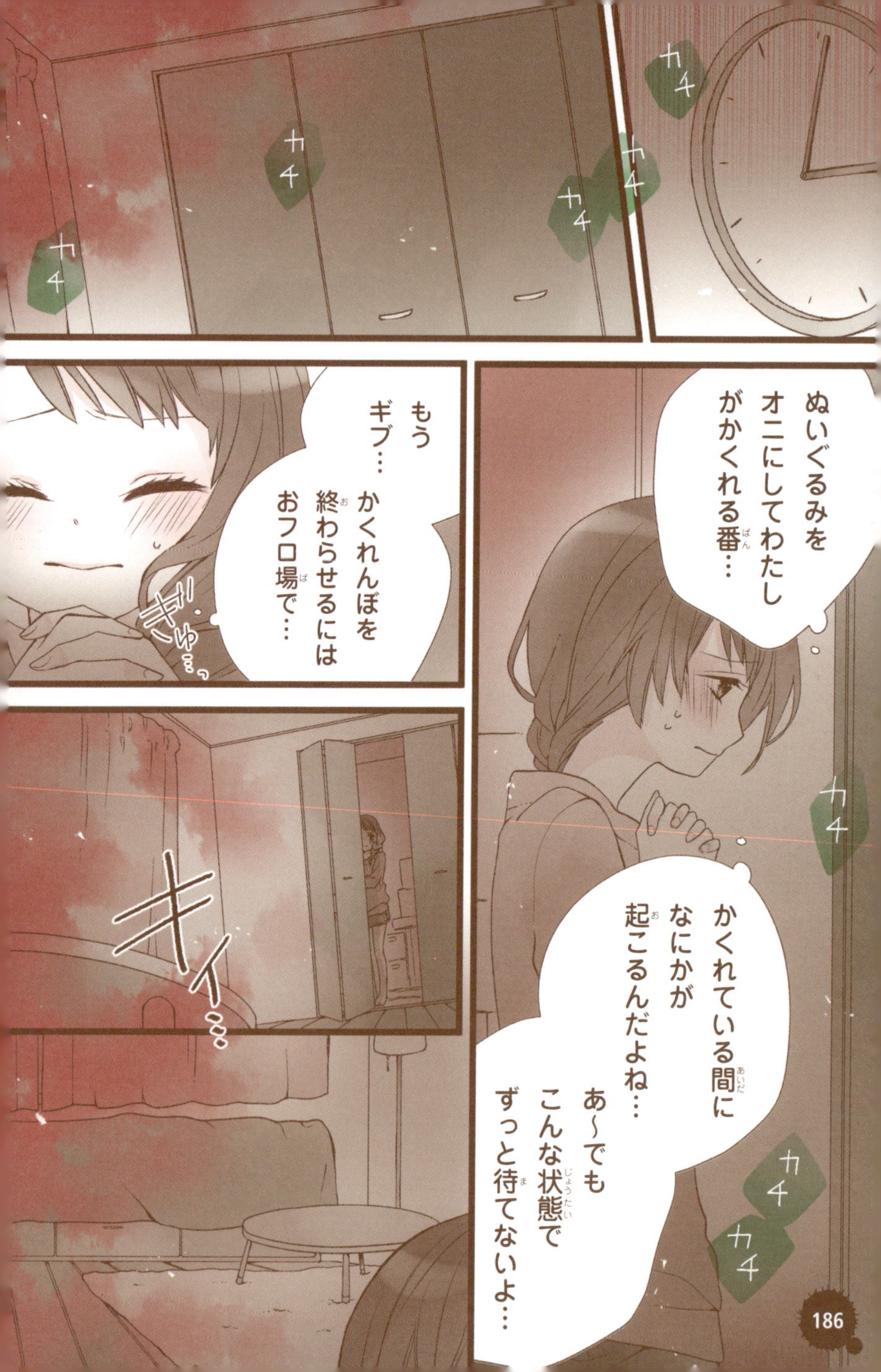
カチ
カチ
カチ
カチ
カチ
ぬいぐるみをオニにしてわたしがかくれる番《ばん》…
カチ
かくれている間《あいだ》になにかが起《お》こるんだよね…
あ～でもこんな状態《じょうたい》でずっと待《ま》てないよ…
カチ
カチ
もうギブ…
かくれんぼを終《お》わらせるにはおフロ場《ば》で…
ぎゅっ
キイ…

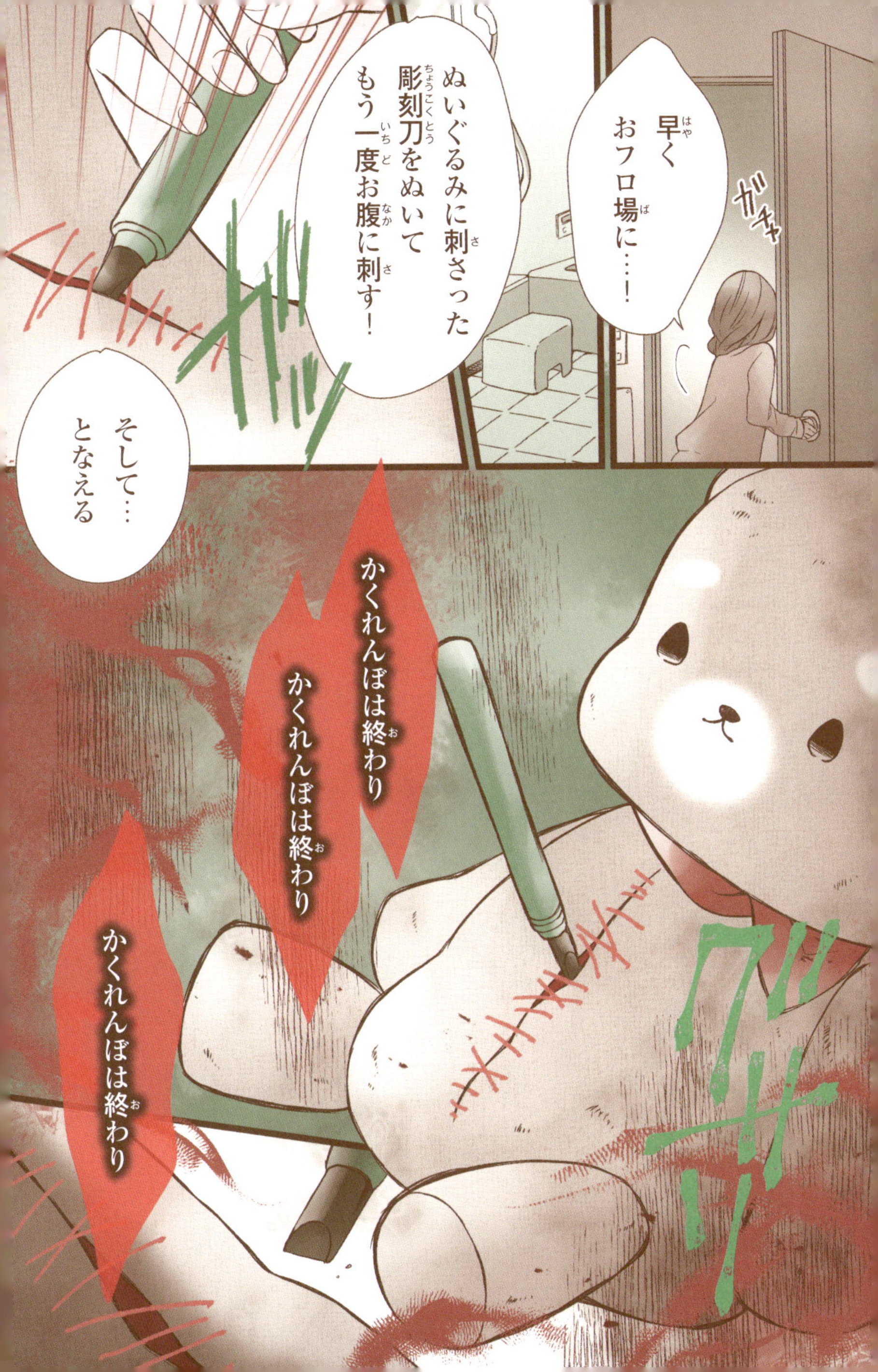
早《はや》く
おフロ場《ば》に…！
ガチャ
ぬいぐるみに刺《さ》さった
彫刻刀《ちょうこくとう》をぬいて
もう一度《いちど》お腹《なか》に刺《さ》す！
そして…
となえる
かくれんぼは終《お》わり
かくれんぼは終《お》わり
かくれんぼは終《お》わり
グサッ

は〜〜〜っ
ひとりかくれんぼは
これで終《お》わり…だ
ぺたん…
なにも
起《お》こらなくて
よかった…
かくれているとき
キッチンから
グラスの割《わ》れる
音《おと》がした…でも
ルト研究会
カシャン
ガシャン
カシャン
後《あと》で行《い》ってみたら
キッチンには
割《わ》れたグラスなんて
なかったんだ

あんなにすごい音《おと》がしたのに…
ふしぎだよな…
おフロ場《ば》にぬいぐるみを探《さが》しにいったらありませんでした…
わたしビックリして家中《いえじゅう》を探《さが》したんです
びくっ
そうしたら…ろう下《か》が水《みず》びたしになっていて…
なぜか…ぬいぐるみは玄関《げんかん》に落《お》ちていて…

ぼく…かくれんぼの最中《さいちゅう》はなにもなかったんだ
1時間《じかん》くらいかくれてからお風呂場《ふろば》に行《い》ってかくれんぼを終《お》わらせた
そのまま寝《ね》てしまって…
でも翌朝《よくあさ》…かくれていた場所《ばしょ》に…カッターがつき刺《さ》さっていた…
カッターはたしかに机《つくえ》に片《かた》づけたのに…
おおっ
あれ…市原《いちはら》くんはカッターを使《つか》ったの？

わたしだけなにも報告《ほうこく》できなくてすみません
怪奇現象《かいきげんしょう》が起《お》こるかどうかは人《ひと》それぞれ…それがリアルだ
あっ
恩田《おんだ》さんのレポートですね
パサ
さすがですねこんなに書《か》きこんで…
ひとりかくれんぼの手順《てじゅん》や終《お》わらせ方《かた》は重要《じゅうよう》だからね
……え!?
わたしの手順《てじゅん》とちがう…!!
ぬいぐるみを探《さが》
コップの残《のこ》りの
塩水《しおみず》の順《じゅん》に、
「わたしの
ば、無事《ぶじ》に

わ…わたし最後《さいご》…ぬいぐるみに塩水《しおみず》なんてかけてない…
それはマズイな かくれんぼは終《お》わってないぞ
て…手順《てじゅん》は恩田《おんだ》さんからもらったものですよ!!
椎名《しいな》さんはあたりくじを引《ひ》いた
は…はい
でもその後《あと》みんなでやろうって

くじに当《あ》たった君《きみ》には
ぼくが考《かんが》えた特別《とくべつ》な手順《てじゅん》を
書《か》いておいたんだ
バサッ
な…
なんで
そんなことっ！
まちがったやり方《かた》を
した場合《ばあい》の調査報告《ちょうさほうこく》は
どこにもないんだよ
ないなら
調《しら》べるのが
手《て》っとり早《ばや》い…
そうだろ
ずいっ

こ…この人《ひと》
ズリズリ
ズイッ
狂《くる》ってる
ドンッ
いやあああっ
バッ
あ…開《あ》かない
どうして…!?
ガチャ
ガチャ
びくっ
すごいぞ!!!
ぼくはカギなんて
かけてない!

せ…先《せん》パイ？
ビュッ
これはおまえが使《つか》った彫刻刀《ちょうこくとう》だ
どすんっ
ビンッ
カタ
カタ
カタ
カタ
ど…どうしてここに…

すう…
がくん
おまえがオレをかくれんぼで呼《よ》んだん……——だ————ろ
ビクッ
スー…
ケケ…
……さあてなにして遊《あそ》ぼうか…

キョウフは昔《むかし》も今《いま》も
語《かた》りつがれていく…

各地《かくち》に伝《つた》わる恐怖《きょうふ》バナシ

怖《こわ》い話《はなし》とは、恐怖体験《きょうふたいけん》をした人《ひと》から人《ひと》へ、また人《ひと》へと伝《つた》えられていきます。同《おな》じような話《はなし》でも地域《ちいき》や時代《じだい》によって、内容《ないよう》が変《か》わってくるのがおもしろいところ。本日《ほんじつ》は特定《とくてい》の地域《ちいき》がテーマになっていたり、その地域《ちいき》だけで伝《つた》わる恐怖《きょうふ》バナシを紹介《しょうかい》いたしましょう。モレクさまもご興味《きょうみ》がおありのようで…。

コトリバコ

これは島根県《しまねけん》の山間部《さんかんぶ》に古《ふる》くから伝《つた》わる話《はなし》で、ネットによって全国《ぜんこく》に広《ひろ》まり、小説《しょうせつ》や映画《えいが》のテーマにもなっている恐怖《きょうふ》バナシです…。

この地域《ちいき》には、明治時代《めいじじだい》の初期《しょき》ごろ「コトリバコ」と呼《よ》ばれる強力《きょうりょく》な呪術《じゅじゅつ》があったといいます。山《やま》にかこまれたある村《むら》。村人《むらびと》たちは、その地域《ちいき》の権力者《けんりょくしゃ》（庄屋《しょうや》）からひどい仕打《しう》ちを受《う》け、とても貧《まず》しい暮《く》らしをしていました。

ある日《ひ》、その村《むら》にとある事情《じじょう》で逃《に》げてきた男《おとこ》が、村人《むらびと》たちにお願《ねが》いをしました。

「どうか、わたしをかくまってください。命《いのち》を助《たす》けてくれるのであれば、庄屋《しょうや》に恨《うら》みをはらせる呪《のろ》いの箱《はこ》の作《つく》り方《かた》を教《おし》えます」

村人《むらびと》たちの庄屋《しょうや》への恨《うら》みは、長年《ながねん》にわたりそうとうにふくらんでいたため、村人《むらびと》たちは男《おとこ》を助《たす》け、呪《のろ》いの箱《はこ》の作《つく》り方《かた》を教《おし》えてもらったのです。

その作《つく》り方《かた》は、恐《おそ》ろしいものでした。箱《はこ》のなかを動物《どうぶつ》の血《ち》でいっぱいにし、幼《おさな》い子《こ》どもの体《からだ》の一部《いちぶ》を入《い》れるのです。箱《はこ》はカラクリ箱《ばこ》の構造《こうぞう》で、かんたんには開《あ》けられなかったそうです。

村人《むらびと》のひとりが、教《おそ》わったとおりにコトリバコを完成《かんせい》させました。そしてウソをつき、庄屋《しょうや》の家《いえ》に置《お》いてきたのです。

「とてもめずらしいカラクリ箱《ばこ》をさしあげます」

それが呪《のろ》いの箱《はこ》とは知《し》らない庄屋《しょうや》は、喜《よろこ》んでコトリバコを受《う》けとり、家《いえ》に飾《かざ》ったのでした。

コトリバコの効果《こうか》は恐《おそ》ろしいもので、庄屋一家《しょうやいっか》の女性《じょせい》、子《こ》どもが次々《つぎつぎ》と亡《な》くなりました。

それも内臓《ないぞう》がじょじょにちぎれ、苦《くる》しみぬいて亡《な》くなったそうです。

呪《のろ》われるのは女性《じょせい》と子《こ》どもだけ。男性《だんせい》にはかかりません。しかし結果的《けっかてき》に、その家《いえ》の子孫《しそん》はすべてとだえてしまうという呪《のろ》い。コトリバコは、漢《かん》字《じ》で「子取り箱《ことりばこ》」と書《か》きます。箱《はこ》を作《つく》るときに子《こ》どもの体《からだ》の一部《いちぶ》を入《い》れること、家《いえ》の子孫《しそん》をうばうことから、この名《な》がついたのでしょうか。またコトリバコは、その呪《のろ》いが強力《きょうりょく》すぎるため、作《つく》った本人《ほんにん》も命《いのち》を落《お》としたと言《い》われています。

この箱《はこ》はいくつも作《つく》られ、呪《のろ》いは広《ひろ》がっていきました。しかし、そのあまりにも強力《きょうりょく》なコトリバコの呪《のろ》い効果《こうか》に、村人《むらびと》たちは自分《じぶん》の身《み》の危険《きけん》を感《かん》じるようになったのです。

そして、その呪《のろ》いがとけるまで、地域《ちいき》の古《ふる》い神《じん》社《じゃ》にひとつ残《のこ》らず保管《ほかん》することにしました。けっして人目《ひとめ》にふれないよう、封印《ふういん》をしたのです。

コトリバコを封印《ふういん》してから数年後《すうねんご》、村《むら》の子《こ》どもがそのひとつを知《し》らずに持《も》ち帰《かえ》ってしまいました。すると、その日《ひ》のうちに、家《いえ》の女性《じょせい》と子《こ》どもが亡《な》くなってしまったそうです。コトリバコの呪《のろ》いはまったく消《き》えていなかったのです。

近年《きんねん》になって、ある神社《じんじゃ》の蔵《くら》からコトリバコを持《も》ちだした人間《にんげん》がいるそうです。そしてそのコトリバコは、今《いま》も行方知《ゆくえし》れずのまま…。

もしコトリバコを見《み》ても、家《いえ》に持《も》ち帰《かえ》ってはいけません。強力《きょうりょく》な呪《のろ》いは今《いま》も消《き》えず、あなたにふりかかるかもしれないのです。

ファイル NO.2

黒《くろ》いセーターの女《おんな》

埼玉県《さいたまけん》に伝《つた》わるハナシ

これは昭和《しょうわ》52年《ねん》に埼玉県《さいたまけん》で起《お》こった話《はなし》。幽霊《ゆうれい》が自分《じぶん》の死体《したい》のありかを伝《つた》えたハナシです…。

ある日《ひ》の深夜《しんや》。タクシーの運転手《うんてんしゅ》さんが、人気《ひとけ》のない道《みち》を走《はし》っていると、道《みち》ばたに黒《くろ》いセーターを着《き》た女性《じょせい》がうずくまっていたそうです。

「こんな時間《じかん》にひとりで。具合《ぐあい》が悪《わる》いのかな？」

ただごとではないと思《おも》った運転手《うんてんしゅ》さんは、車《くるま》を停《と》めて、女性《じょせい》に声《こえ》をかけることにしました。

「あ……あの、どうかされましたか？」

「…………。」数秒《すうびょう》の沈黙《ちんもく》があった後《あと》、その女性《じょせい》はゆっくりと頭《あたま》をあげました。

うあわあああああああああああああ。

なんとその顔《かお》は、原型《げんけい》をとどめぬほどにくさり、ドロドロに溶《と》けていたのです。

黒《くろ》いセーターの女性《じょせい》の霊《れい》は、多《おお》くの人《ひと》に目撃《もくげき》されるようになり、付近《ふきん》には「オバケがでる」と書《か》かれた石《いし》が置《お》かれるまでに。石《いし》はだれもさわっていないのに、毎日《まいにち》場所《ばしょ》が変《か》わったそうです。

騒《さわ》ぎが拡大《かくだい》したころ、その近《ちか》くにあった貯水槽《ちょすいそう》から、女性《じょせい》の死体《したい》が見《み》つかりました。その死体《したい》は、すでにくさっていて、顔《かお》はドロドロに溶《と》け、黒《くろ》いセーターを着《き》ていたそうです。霊《れい》が自分《じぶん》の死体《したい》のありかを教《おし》えていたのでしょうか。

ファイル

NO.3 八《はっ》尺《しゃく》様《さま》

???に
伝《つた》わるハナシ
?

有名《ゆうめい》なオカルトサイトに書《か》きこまれ、一気《いっき》に都《と》市《し》伝説《でんせつ》化《か》した「八尺様《はっしゃくさま》」のハナシ。この話《はなし》が生《う》まれたのは、東北《とうほく》、山陰《さんいん》、北陸地方《ほくりくちほう》…といろいろな説《せつ》があります。また、青森県《あおもりけん》に「八尺堂《はっしゃくどう》」という地区《ちく》がありますが、関係《かんけい》があるのかは不明《ふめい》です。

だれかの作《つく》り話《ばなし》だろうともウワサされますが、埼玉県《さいたまけん》のみうりん♥さんの体験談《たいけんだん》（P261）のように、実際《じっさい》に八尺様《はっしゃくさま》を見《み》たという話《はなし》も、絶《た》えず報告《ほうこく》されているのです。

八尺様《はっしゃくさま》とは、ある村《むら》に封印《ふういん》されていた妖怪《ようかい》のようなもの。八尺《はっしゃく》（約《やく》2ｍ40㎝）もの身長《しんちょう》があり、白《しろ》いワンピースを着《き》て、大《おお》きな帽子《ぼうし》をかぶっている女性《じょせい》だそうです。

男《おとこ》のような声《こえ》で「ぽぽぽぽ…ぽぽぽぽ」と不気味《ぶきみ》な音《おと》をだし、気《き》にいった男性《だんせい》につきまとい、数日《すうじつ》のうちにとり殺《ころ》してしまうといいます。

ぽぽぽぽぽぽ

そんな恐《おそ》ろしい妖怪《ようかい》の犠牲者《ぎせいしゃ》をなくすために、村人《むらびと》たちは東西南北《とうざいなんぼく》にお地蔵《じぞう》さまを置《お》き、結界《けっかい》を作《つく》ることで、八尺様《はっしゃくさま》を封印《ふういん》しました。

しかし、そのお地蔵《じぞう》さまが壊《こわ》れてしまったことで結界《けっかい》が解《と》け、八尺様《はっしゃくさま》がその村《むら》を出《で》てしまった可《か》能性《のうせい》があります。その結果《けっか》、全国《ぜんこく》で八尺様《はっしゃくさま》の目撃《もくげき》情報《じょうほう》がウワサされるように。「ぽぽぽ…ぽぽぽ」という不気味《ぶきみ》な音《おと》には、どうかご注意《ちゅうい》を…。

ファイル NO.4

きさらぎ駅《えき》

静岡県《しずおかけん》に伝《つた》わるハナシ

これは2004年《ねん》、夜《よる》の11時《じ》すぎに「はすみ」と名《な》のる女性《じょせい》によって、有名《ゆうめい》なオカルトサイトに書《か》きこまれた相談《そうだん》から始《はじ》まるハナシです。

はすみさんは、仕事帰《しごとがえ》り、静岡県《しずおかけん》浜松市《はままつし》にある新浜松駅《しんはままつえき》から23時《じ》40分《ぷん》の電車《でんしゃ》に乗《の》って、家《いえ》にむかっていました。しかし、その日《ひ》はいつもとなにかが、ちがっていたのです。

（え？…なにが…起《お》こっているの？）

はすみさんは少《すこ》しでも自分《じぶん》を落《お》ちつかせるため、オカルトサイトに書《か》きこみをしたのです。

『気《き》のせいかもしれませんが、よろしいですか？先《さき》ほどからある電車《でんしゃ》に乗車《じょうしゃ》しているのですが、様《よう》子《す》がおかしいのです。いつもは7～8分《ぷん》で停車《ていしゃ》する電車《でんしゃ》が、20分《ぷん》くらい駅《えき》に停《と》まりません。わたしのほかに5人《にん》いますが、みんな寝《ね》ています』

書《か》きこみを見《み》た人《ひと》が、次々《つぎつぎ》に書《か》きこみをしてくれたので、彼女《かのじょ》は少《すこ》しだけ気《き》がまぎれました。

『まちがえて特急《とっきゅう》に乗《の》ったんじゃないの？』

『そうですね。もう少《すこ》しガマンしてみます』

『車掌室《しゃしょうしつ》に運転手《うんてんしゅ》さんを見《み》に行《い》ったら？』

『車掌室《しゃしょうしつ》の窓《まど》はブラインドがかかっていて、運転《うんてん》手《しゅ》さんは見《み》えません。窓《まど》をたたいてみたのですが、返事《へんじ》はなかったです』

そのとき、電車《でんしゃ》が停《と》まりました。

『今《いま》きさらぎ駅《えき》に停車中《ていしゃちゅう》です。降《お》りるべきでしょうか？　聞《き》いたことも見《み》たこともない駅《えき》です』

降《お》りたほうがいいという書《か》きこみに背中《せなか》を押《お》されて、はすみさんはその駅《えき》に降《お》りました。あたりは真《ま》っ暗《くら》で、もちろんホームに人《ひと》はいません。

(う〜ん。電車《でんしゃ》にもどったほうがいいかな？)

相談《そうだん》の書《か》きこみをしているうちに、ドアはしまり、電車《でんしゃ》は発車《はっしゃ》してしまいました。

(行《い》っちゃった。駅《えき》から出《で》てタクシーさがそう)

駅《えき》からでると、タクシーどころかなにもない場《ば》所《しょ》でした。とほうにくれたはすみさんは、家族《かぞく》に電話《でんわ》をして、迎《むか》えを頼《たの》むことにしました。

『迎《むか》えを頼《たの》んだのですが、駅《えき》の場《ば》所《しょ》がわからないそうです。地図《ちず》でよく調《しら》べてからきてくれるそうですが、なんだか怖《こわ》いです』

彼女《かのじょ》はサイトの人《ひと》たちのアドバイスを受《う》け、線《せん》路《ろ》を歩《ある》き、あらわれたトンネルをぬけました。そして、出口《でぐち》の先《さき》に人影《ひとかげ》を見《み》つけたのです！

『ご心配《しんぱい》おかけしました。親切《しんせつ》な方《かた》が近《ちか》くの駅《えき》まで車《くるま》で送《おく》ってくれることになりました』

しかし彼女《かのじょ》が乗《の》った車《くるま》は、どんどんと山道《やまみち》にむかいます。彼女《かのじょ》は不安《ふあん》になり、たずねました。

「こんな山奥《やまおく》に駅《えき》なんてあるんですかね…？」

「……+@ギ×△ゲ……、プペジ……」

『この人《ひと》、意味不明《いみふめい》な言葉《ことば》をつぶやきだしました…。電池《でんち》がピンチです。いざというときのために、これを最後《さいご》の書《か》きこみにします』

これを最後《さいご》に、はすみさんからの書《か》きこみはいっさいとだえました。

彼女《かのじょ》のその後《ご》は、だれにもわかりません。

彼女《かのじょ》はこの世《よ》に存在《そんざい》しない駅《えき》に降《お》りてしまったのでしょうか。そして、出会《であ》った人物《じんぶつ》は本当《ほんとう》に人間《にんげん》だったのでしょうか？

13話《わ》
絶《ぜっ》叫《きょう》
恐怖レベル
顔《かお》認《にん》識《しき》
ハイチーズ！
カシャッ
カシャッ
も～写真《しゃしん》
撮《と》りすぎ～
カシャッ

いーじゃん せっかくお姉《ねえ》ちゃんから 借《か》りてきたんだもん
顔認識《かおにんしき》でキレイに 写《うつ》るんだって！
顔認識《かおにんしき》？
カチッ
ほら！ 人《ひと》の顔《かお》を カメラが認識《にんしき》するの
へえ～
カシャ☆
悪霊の館

見てあれ～
キモーイ!!
アハハ…
そうだ！カメラ貸《か》して
おばけ屋敷《やしき》のなかは撮影《さつえい》禁止《きんし》だよ
はい
平気《へいき》だって！だからこそ撮《と》るの
怖《こわ》がるポーズとかしてよ！
それそれ！撮《と》るよ～
…あれ？

顔認識《かおにんしき》が反応《はんのう》しない…
早《はや》く撮《と》ってよ
う…うん
どうしてこんな位置《いち》に…
えっ？
えっ!?

いやあああ
ああああっ

時《とき》の巻《ま》きもどし

運命《うんめい》の砂時計《すなどけい》

9月《がつ》10日《か》　17時《じ》25分《ふん》――屋根裏部屋《やねうらべや》

（……な…なんなの…この人《ひと》たち…。時間《じかん》を巻《ま》きもどすって、どういうこと……？）

「ちょっと、モレク。どうしてこの子《こ》、まるで変《へん》なものを見《み》ているみたいな顔《かお》をしてるわけ？」

「ペネム。人間《にんげん》には、きちんと説明《せつめい》してあげなきゃ、わからないんだって…」

わたしの目《め》の前《まえ》にとつじょあらわれた、女《おんな》の子《こ》と男《おとこ》の子《こ》。ふたりはなにやら小声《こごえ》で話《はな》している。

「…ったく、もぉ～めんどくさすぎ」

「え～と君《きみ》は、木村咲紀《きむらさき》ちゃんだね。今《いま》から話《はな》すことは一度《いちど》しか言《い》わないから、よ～く聞《き》いてね」

「どうしてわたしの名前《なまえ》を？　それに、あ…あなたたちは、いつからここに？　わたし、さっきここに閉《と》じこめられてしまったんです。は、早《はや》くここから、だしてくださいっ！」

「……ぼくたちは、君《きみ》が持《も》つ砂時計《すなどけい》に導《みちび》かれて、ここにきたんだ。でも、ごめん。君《きみ》をここからだすことはできないんだ…」

時間《じかん》を巻《ま》きもどせるとしたら――
どうする？
モレク
ペネム

「どうしてよっ‼　さっき、助《たす》けにきたって？」

「そうだよ。君《きみ》が強《つよ》く助《たす》けを求《もと》めたから…」

「だったら、今《いま》すぐここからだしなさいよ！」

「あ～もう。生意気《なまいき》なやつ」

「ダメだよ、ペネム。そんなこと言《い》っちゃ…」

「モレクはだいたい、優《やさ》しすぎなの…。わたしたちは、時《とき》を巻《ま》きもどすことができる。アンタがそれを望《のぞ》むなら、かなえてあげるって言《い》ってるの。アンタ、困《こま》ってるんでしょ？　さっさと決《き》めないなら、わたしたち帰《かえ》るから…」

「ちょ…ちょっと、待《ま》って。帰《かえ》らないで！」

（……時《とき》を巻《ま》きもどす、か。この人《ひと》たちの言《い》っていることが本当《ほんとう》なら、時間《じかん》を巻《ま》きもどせば、この状況《じょうきょう》から助《たす》かるってことよね。それに、わたしをこんなところに閉《と》じこめた、アイツらに仕返《しかえ》ししなきゃ、気《き》がすまない……）

「咲紀《さき》ちゃん。もちろん、〝時《とき》を巻《ま》きもどさない〟っていう、選択《せんたく》もできるんだよ。君《きみ》にとって大切《たいせつ》な選択《せんたく》になるから、よく考《かんが》えて」

（大切《たいせつ》な選択《せんたく》？　…よくわかんないけど、時間《じかん》を巻《ま》きもどして、アイツらに仕返《しかえ》ししてやる……）

「ほらっ、さっさと決《き》めてってば！」

「わ、わかった。決《き》めたわ。お願《ねが》い！　時間《じかん》を巻《ま》きもどしてちょうだい！」

「フフッ。そうよね、それが賢《かしこ》い選択《せんたく》よね～。それで、時間《じかん》はいつにもどせばいい？　あなたの好《す》きな時間《じかん》にもどしてあげるわよ」

「いつにもどりたい……か…。ちょ、ちょっと待《ま》って、今考《いまかんが》えるから……」

9月《がつ》9日《か》 7時《じ》40分《ぷん》――通学路《つうがくろ》

「あっ、咲紀《さき》ちゃん、おはよ～」

「あ～萌香《もえか》。おはよう」

「あのさ、咲紀《さき》ちゃんって、2組《くみ》の溝口淳《みぞぐちじゅん》くんと幼《おさな》なじみなんだよね…」

「チビ淳《じゅん》と？　うん、そうだよ～。家《いえ》が近所《きんじょ》で、保育園《ほいくえん》からいっしょ。それがどうかした？」

「……咲紀《さき》ちゃんは、淳《じゅん》くんのスキな女《おんな》の子《こ》とか知《し》ってたりするのかな～って思《おも》って…」

「え～淳《じゅん》のスキな子《こ》？　小《ちい》さいころはわたしのことスキって言《い》ってたかな…ハハ。でもなんで？」

「…え!?　あ、うん。それは……」

「ウソ？　まさか、萌香《もえか》。淳《じゅん》のことスキなの？」

「ちょっと、咲紀《さき》ちゃん。声大《こえおお》きいって！」

萌香《もえか》は困《こま》ったように人差《ひとさ》し指《ゆび》を口《くち》にあてる。その顔《かお》は、真《ま》っ赤《か》になっていた。

「……うん、そう。委員会《いいんかい》でいっしょになって、よく話《はな》すようになったんだ。だから淳《じゅん》くんって、スキな女《おんな》の子《こ》とかいるのか、気《き》になっちゃって」

「へぇ～。あのチビ淳《じゅん》をね～。あんなやつ、どこがいいわけ？　全然《ぜんぜん》カッコよくもないじゃ～ん」

「じ、淳《じゅん》くんはカッコイイよ…」

「はいはい。しょうがないな～。それとなく淳《じゅん》に聞《き》いておいてあげるから」

「咲紀《さき》ちゃん、本当《ほんとう》に？　ありがとう！」

そしてわたしはさっそく、次《つぎ》の休《やす》み時間《じかん》に淳《じゅん》をろう下《か》に呼《よ》びだした。

「咲紀《さき》、なんだよ～。どうしたんだ？」

「うん、淳《じゅん》にちょっと聞《き》きたいことがあってさ。淳《じゅん》って、今《いま》スキな女《おんな》の子《こ》とかいるの？」

「えっ⁉　い、いきなりなんの話《はなし》だよ！」

淳《じゅん》は顔《かお》を真《ま》っ赤《か》にする。わかりやすいやつだ。

「へぇ〜いるんだ。で、それってダレ？」

「べつにオレ、いるって答《こた》えてないだろ〜」

「わたしにウソつこうとしても、ムリだから」

「……あ…あぁ。まぁ、咲紀《さき》にならいいか。ダレにも言《い》うなよ。1組《くみ》のさ…倖田《こうだ》さんだよ」

「……うわっ……それマジで⁉」

「……なんだよ。マ、マジだけど…」

（なに？　このふたり、両想《りょうおも》いじゃん‼）

「…で、萌香《もえか》のどんなところがスキなわけ？」

「委員会《いいんかい》で仲《なか》よくなったんだけどさ、なにをやるにも一生懸命《いっしょうけんめい》なところがいいなって。この前《まえ》なんかさ、委員会《いいんかい》の後《あと》にオレが模造紙《もぞうし》の束《たば》を……」

（……こんな淳《じゅん》、初《はじ》めて見《み》るかも。なによ、ちっちゃなころは、わたしがスキって言《い》ってたくせに…）

「わかったから、もういいよ。わたしがキューピッドになってあげるから！」

「本当《ほんとう》か？　咲紀《さき》に話《はな》してよかったよ！」

楽《たの》しそうに萌香《もえか》の話《はなし》をする淳《じゅん》を見《み》て、わたしはおもしろくなかった。淳《じゅん》なんてスキでもなんでもないけれど、なんだかひどくイライラした…。

「あ〜どこ行《い》ってたの？　おもしろい話《はなし》があるから、咲紀《さき》ちゃんを待《ま》ってたんだよ」

「うん、ちょっとね。なに〜おもしろい話《はなし》って」

「2丁目《ちょうめ》に空《あ》き家《や》があるでしょ？　あの庭《にわ》が広《ひろ》いお屋敷《やしき》。あそこ、霊《れい》がでるんだってさ……」

「今《いま》、中学《ちゅうがく》で流行《はや》ってるウワサらしいよ」
「え～また、怖《こわ》い話《はなし》？　みんな好《す》きだよね～」
「空《あ》き家《や》には屋根裏部屋《やねうらべや》があって、そこには女《おんな》の人《ひと》の霊《れい》があらわれるみたい。屋根裏部屋《やねうらべや》には、2階《かい》のいちばん奥《おく》の部屋《へや》から、はしごで昇《のぼ》るらしいんだけど、この部屋《へや》にカップルで入《はい》ると、そのふたりは別《わか》れちゃうんだって…」
「カップルで部屋《へや》に入《はい》ると、別《わか》れちゃう？」
「うん……。大好《だいす》きなカレにうらぎられて亡《な》くなった人《ひと》の霊《れい》みたいだよ。実際《じっさい》にカップルで行《い》って、その後《あと》別《わか》れたっていう話《はなし》が続出《ぞくしゅつ》してるの…。その女《おんな》の人《ひと》のノロイじゃないかって…」
「だったらカップルで行《い》かなきゃいいじゃん…」
「それはそうなんだけど…。その女《おんな》の人《ひと》、亡《な》くなった後《あと》ずっと発見《はっけん》されなくて、屋根裏部屋《やねうらべや》でミイラになってたんだって。夜《よる》になると、女《おんな》の人《ひと》のうめき声《ごえ》が聞《き》こえてくるみたい。ひとりでさみしいから、カップルを呼《よ》びよせて、好《この》みの男《おとこ》の人《ひと》を見《み》つけてるって話《はなし》だけど…」
「ふ～ん。うまくできた話《はなし》だね～」
「ウソじゃないよ。お姉《ねえ》ちゃんが言《い》ってたもん」
「はいはい。ウソじゃないね。怖《こわ》いよね～」
「もぉ～咲紀《さき》は、いつも怖《こわ》い話《はなし》バカにする～」
「みんな～。なんの話《はなし》してるの？」
そのとき、萌香《もえか》がやってきた。
「うん、怖《こわ》い話《はなし》。でも、もう終《お》わり」
「そうだ～萌香《もえか》ちゃん。前《まえ》から聞《き》こうと思《おも》ってたんだけどさ…。萌香《もえか》ちゃんって、2組《くみ》の溝口《みぞぐち》くんのことスキなの？」
萌香《もえか》がハッとし、わたしをキッとにらんだので、わたしは頭《あたま》を横《よこ》にふり、サインを送《おく》った。
（わ…わたしはダレにも言《い》ってない）
「委員会《いいんかい》のとき、話《はな》すふたりを見《み》てて思《おも》ったの。ふたりはスキ同士《どうし》に見《み》えたけどな〜」
「え〜すご〜い。萌香《もえか》ちゃん、両想《りょうおも》いなの〜?」
「いや…わたし…そんな」
「いいじゃん、かくさなくたって〜。ふたりはもう、つきあってるわけ?」
「そ…そんな、つきあうなんて。まだ、告白《こくはく》だってしてないのに…」
萌香《もえか》はしまったと、口《くち》をおさえた。
「ほら〜やっぱ、スキなんじゃ〜ん。ゼッタイ両《りょう》想《おも》いだから、告《こく》っちゃいなよ〜!」
「いいな〜両想《りょうおも》い。カレカノか〜」
「ちょ、ちょっと、みんなやめてってば‼」

やめてと言《い》いながらも、萌香《もえか》はなんだかとってもうれしそうだった。
「でもさ、うちのクラスのカレカノ第一号《だいいちごう》は、咲《さ》紀《き》かと思《おも》ってたのにな〜。ちがったか〜」
「わたしもそう思《おも》ってた。咲紀《さき》ってなんでもいちばんだし、前《まえ》に筒井《つつい》くんにも告《こく》られてたし…」
（……なによ、萌香《もえか》のやつ。みんなにチヤホヤされて、いい気《き》になっちゃって。わたしはなんだって、いちばんなんだから…）
「わたし淳《じゅん》の幼《おさな》なじみだから、萌香《もえか》に協力《きょうりょく》するって、話《はな》してたんだよね〜」
わたしは萌香《もえか》にむかって、ニコッと笑《わら》った。
「そうなの。咲紀《さき》ちゃん協力《きょうりょく》してくれるって!」
「え〜いいじゃん! それって心強《こころづよ》いじゃん!」
（……わたしより目立《めだ》つなんて、ゆるさない）

← このお話《はなし》は310ページへ続《つづ》きます…。

読《よ》みごたえたっぷり
ロングストーリー
14話《わ》
ゾクッ
恐怖レベル
ゆびきりげんまん

白百合《しらゆり》先《せん》パイと御影《みかげ》先《せん》パイよ！
今《いま》からお帰《かえ》りかしら
ごきげんよう
ごきげんよう
おふたりとも美人《びじん》で成績優秀《せいせきゆうしゅう》
スポーツ万能《ばんのう》そして性格《せいかく》もいい
白百合《しらゆり》さんはミス西英学園《さいえいがくえん》だしあこがれよね～
白百合《しらゆり》 美冬《みふゆ》
御影《みかげ》 琴音《ことね》

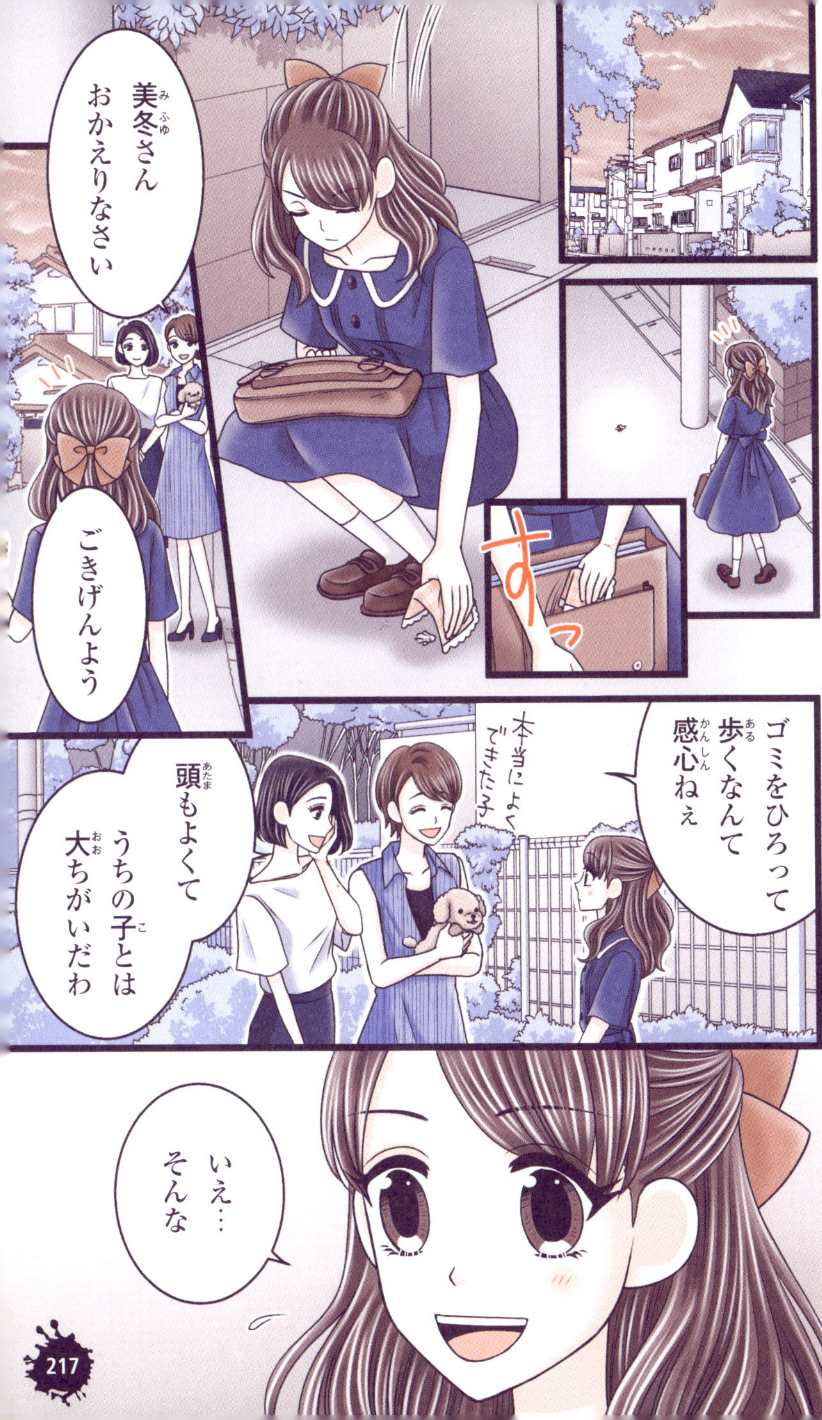
すっ
美冬《みふゆ》さん おかえりなさい
ごきげんよう
ゴミをひろって歩《ある》くなんて感心《かんしん》ねぇ
本当によくできた子
頭《あたま》もよくて うちの子《こ》とは大《おお》ちがいだわ
いえ… そんな

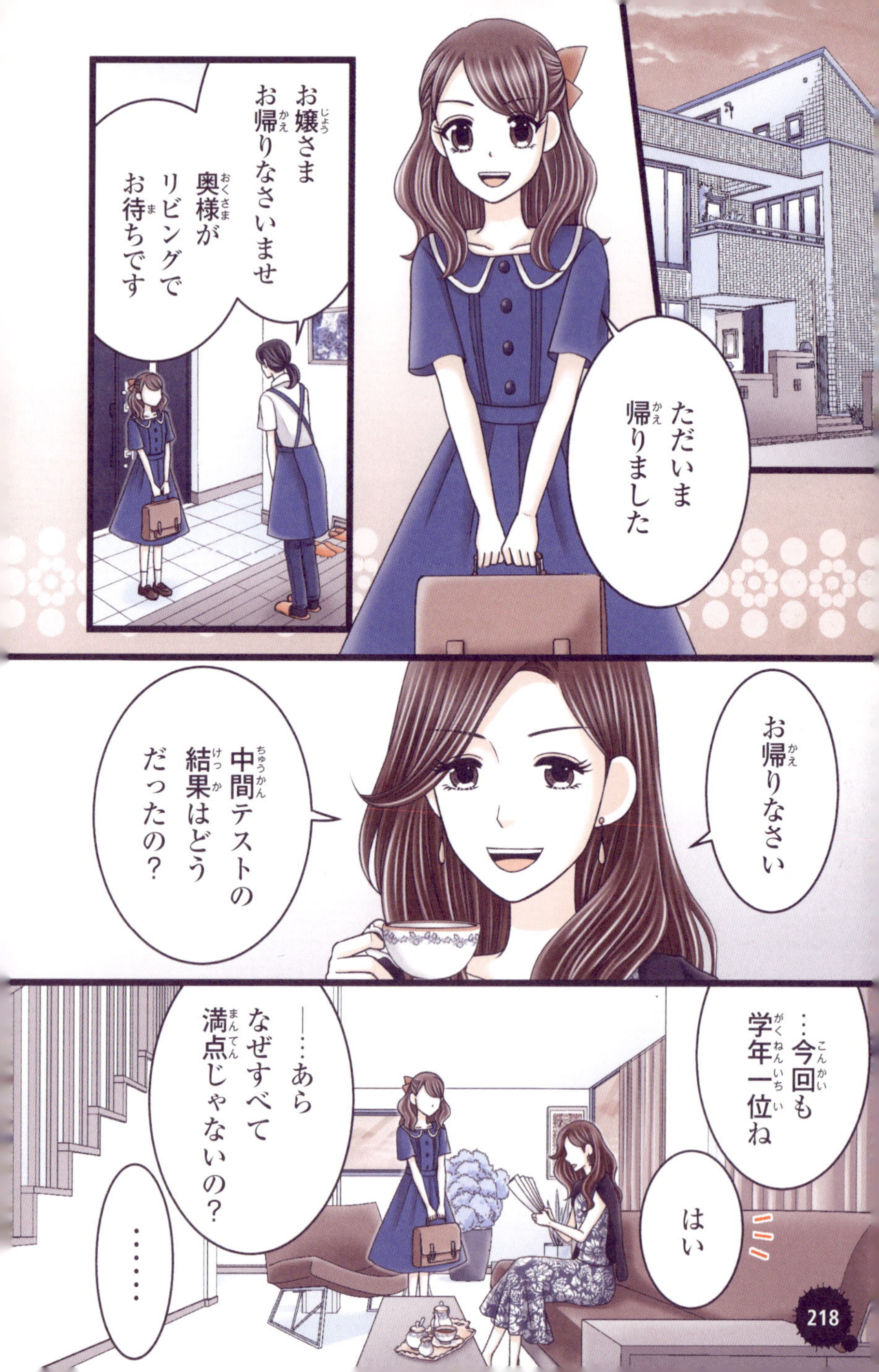
ただいま帰《かえ》りました
お嬢《じょう》さま
お帰《かえ》りなさいませ
奥様《おくさま》が
リビングで
お待《ま》ちです
お帰《かえ》りなさい
中間《ちゅうかん》テストの
結果《けっか》はどう
だったの？
……今回《こんかい》も
学年一位《がくねんいちい》ね
はい
――……あら
なぜすべて
満点《まんてん》じゃないの？
……

数学《すうがく》が96点《てん》だなんて
はーっ
ごめんなさい
白百合家《しらゆりけ》の名《な》に恥《は》じぬようになさい
お姉《ねえ》さまも3年間《ねんかん》ずっと学年一位《がくねんいちい》だったのだから
…はいお母《かあ》さま
にっこり
この次《つぎ》は大丈夫《だいじょうぶ》ですわ

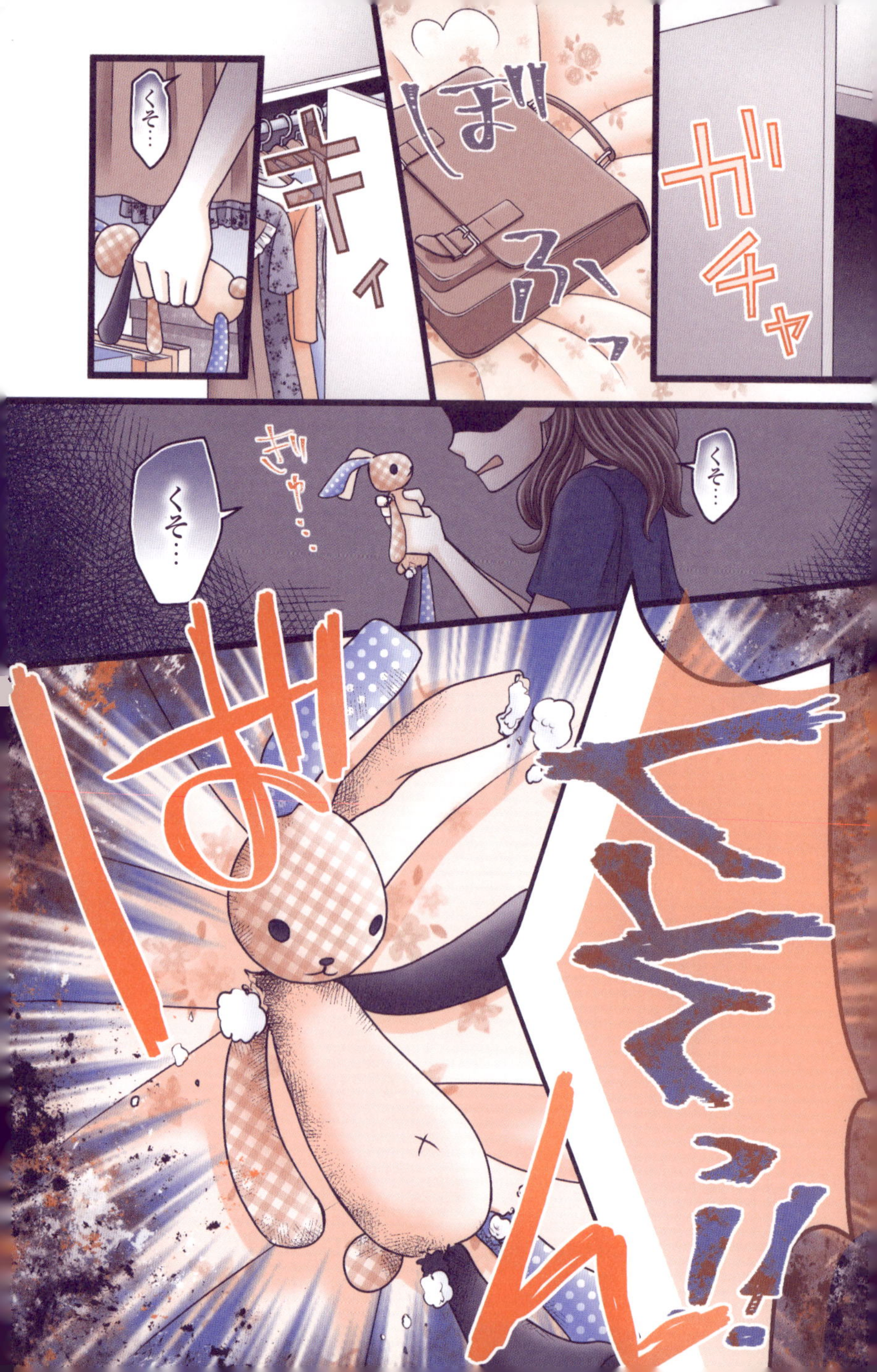

ガチャ
ぼふっ
キィ
くそ…
くそ…
ぎゅ…
くそ…
くそっ!!
ぼん!!

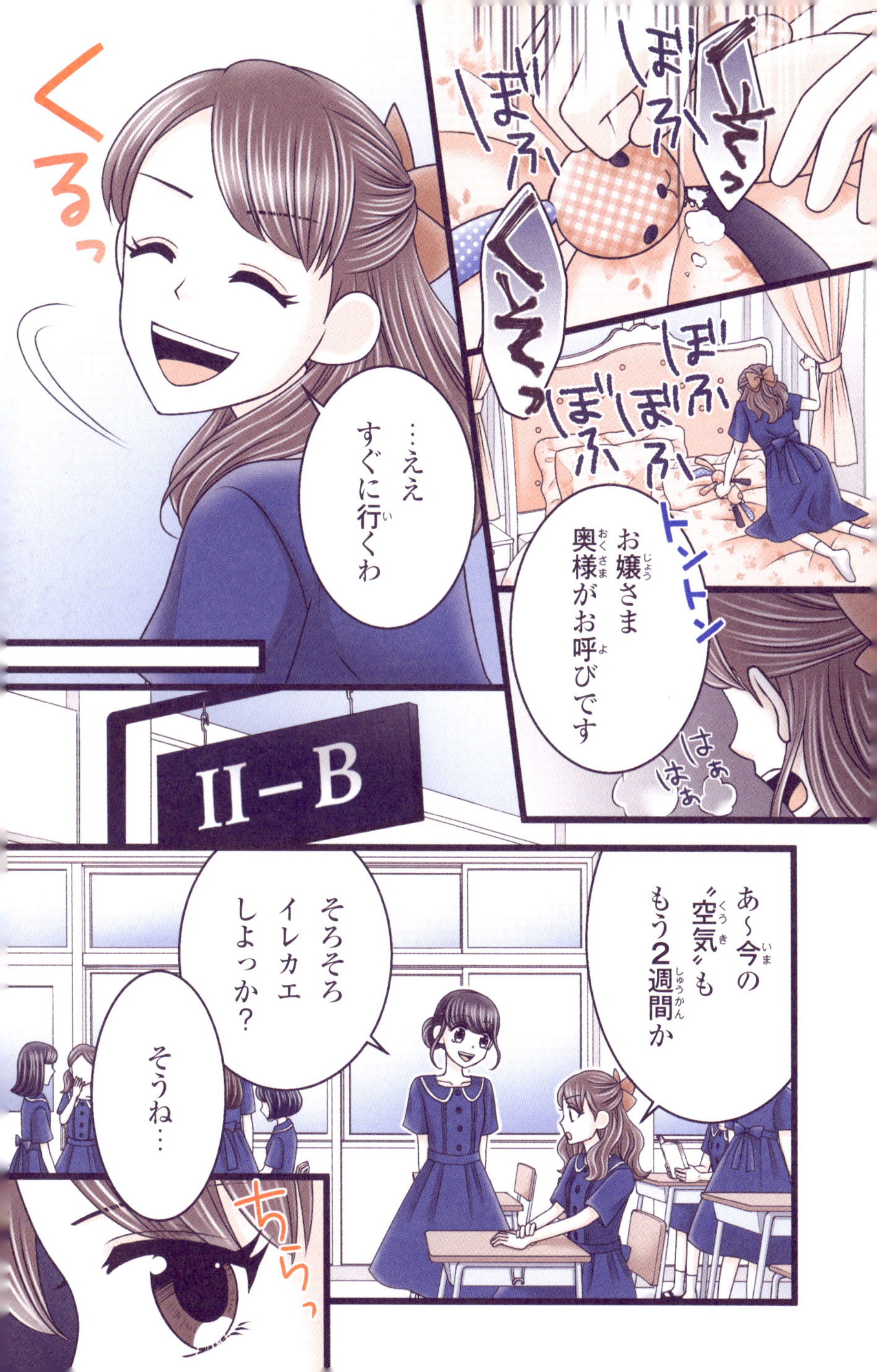
ぐさっ
ぼふ
ぼふ
ぐさっ
ぼふ
ぼふ
ぼふ
トントン
お嬢《じょう》さま 奥様《おくさま》がお呼《よ》びです
はぁ はぁ
…ええ すぐに行《い》くわ
くるっ
II-B
あ～今《いま》の〝空気《くうき》〟も もう2週間《しゅうかん》か
そろそろ イレカエ しよっか？
そうね…
ちらっ

しなきゃね！
空気《くうき》のイレカエ!!
びくっ
ガタッ
ダレにしようかな
小松《こまつ》さんかな～
え…
さっき授業《じゅぎょう》で先生《せんせい》にほめられてたし！
そ…そんな…
え～と今《いま》から小松《こまつ》さんは空気《くうき》でーす
小松《こまつ》さん…わたしたち

ストレス発散《はっさん》しないと
ガツ
いたっ
いい子《こ》でなんかいられないのよね――!!
――数日後《すうじつご》
転校生《てんこうせい》の上本玲香《うえもとれいか》さんです

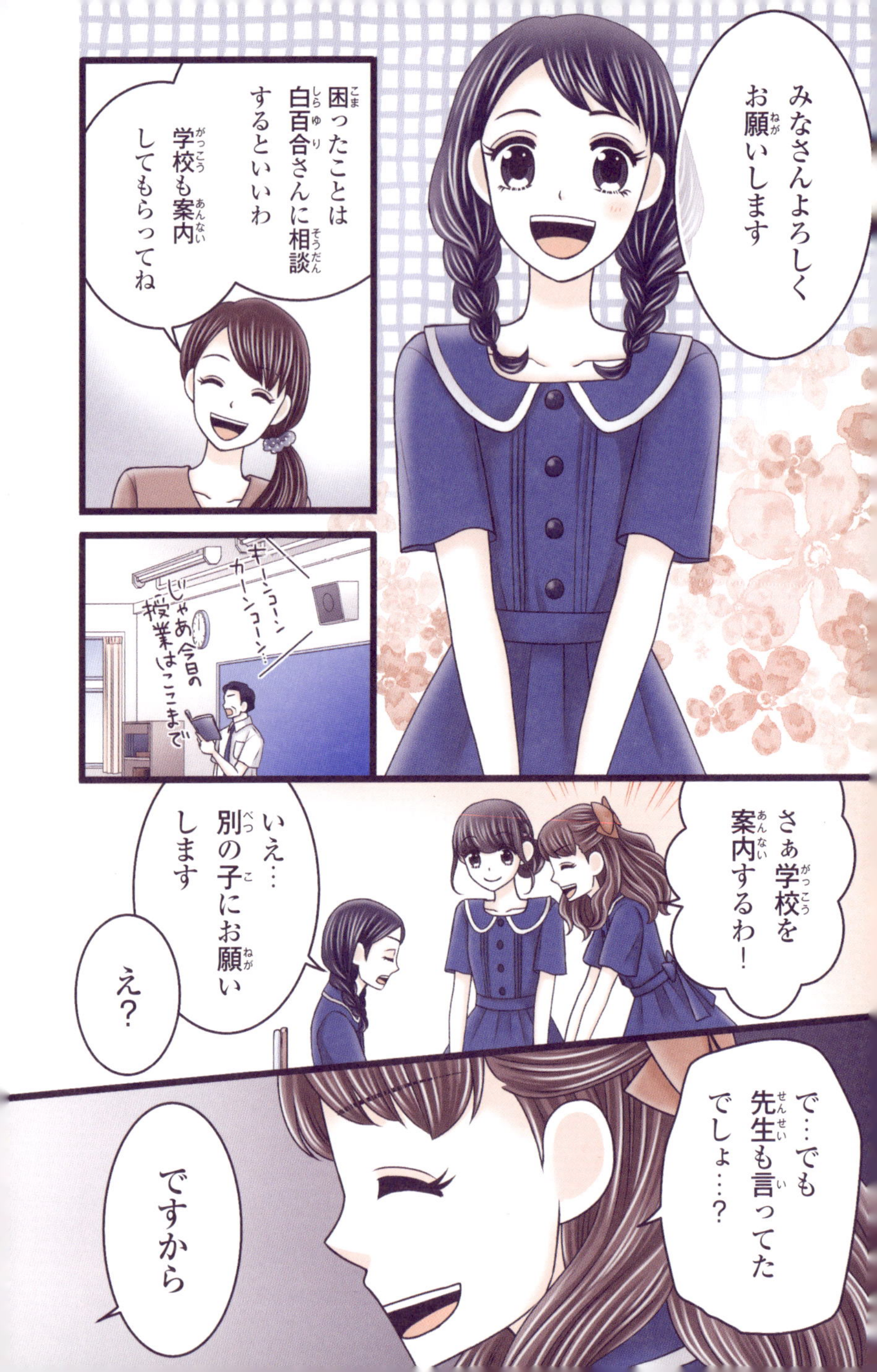
みなさんよろしく
お願《ねが》いします
困《こま》ったことは
白百合《しらゆり》さんに相談《そうだん》
するといいわ
学校《がっこう》も案内《あんない》
してもらってね
ギーンコーン
カーンコーン…
じゃあ今日の
授業はここまで
さぁ学校《がっこう》を
案内《あんない》するわ!
いえ…
別《べつ》の子《こ》にお願《ねが》い
します
え?
で…でも
先生《せんせい》も言《い》ってた
でしょ…?
ですから

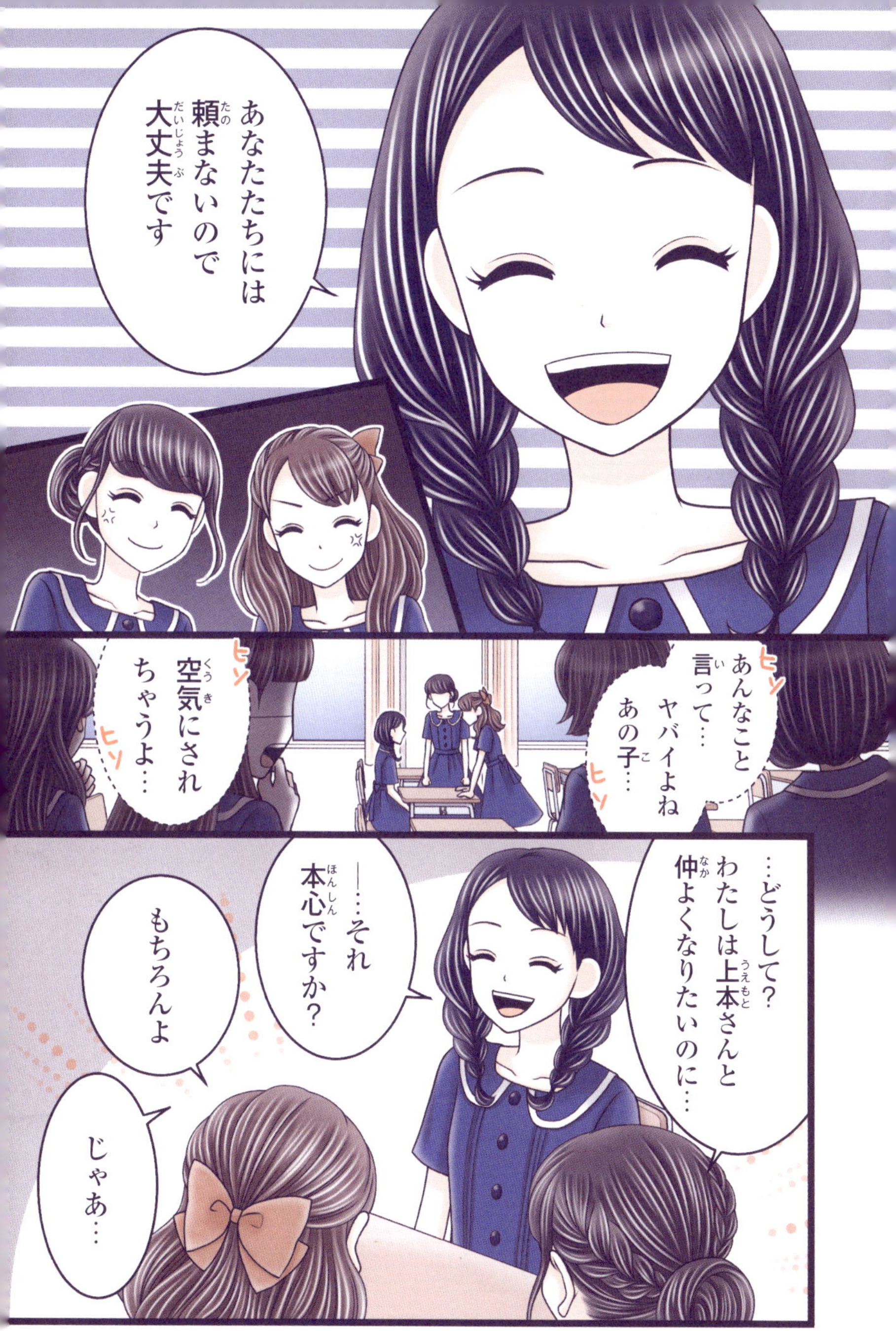
あなたたちには頼《たの》まないので大丈夫《だいじょうぶ》です
ヒソ
あんなこと言《い》って…ヤバイよねあの子《こ》…
ヒソ
ヒソ
空気《くうき》にされちゃうよ…
ヒソ
…どうして？わたしは上本《うえもと》さんと仲《なか》よくなりたいのに…
――…それ本心《ほんしん》ですか？
もちろんよ
じゃあ…

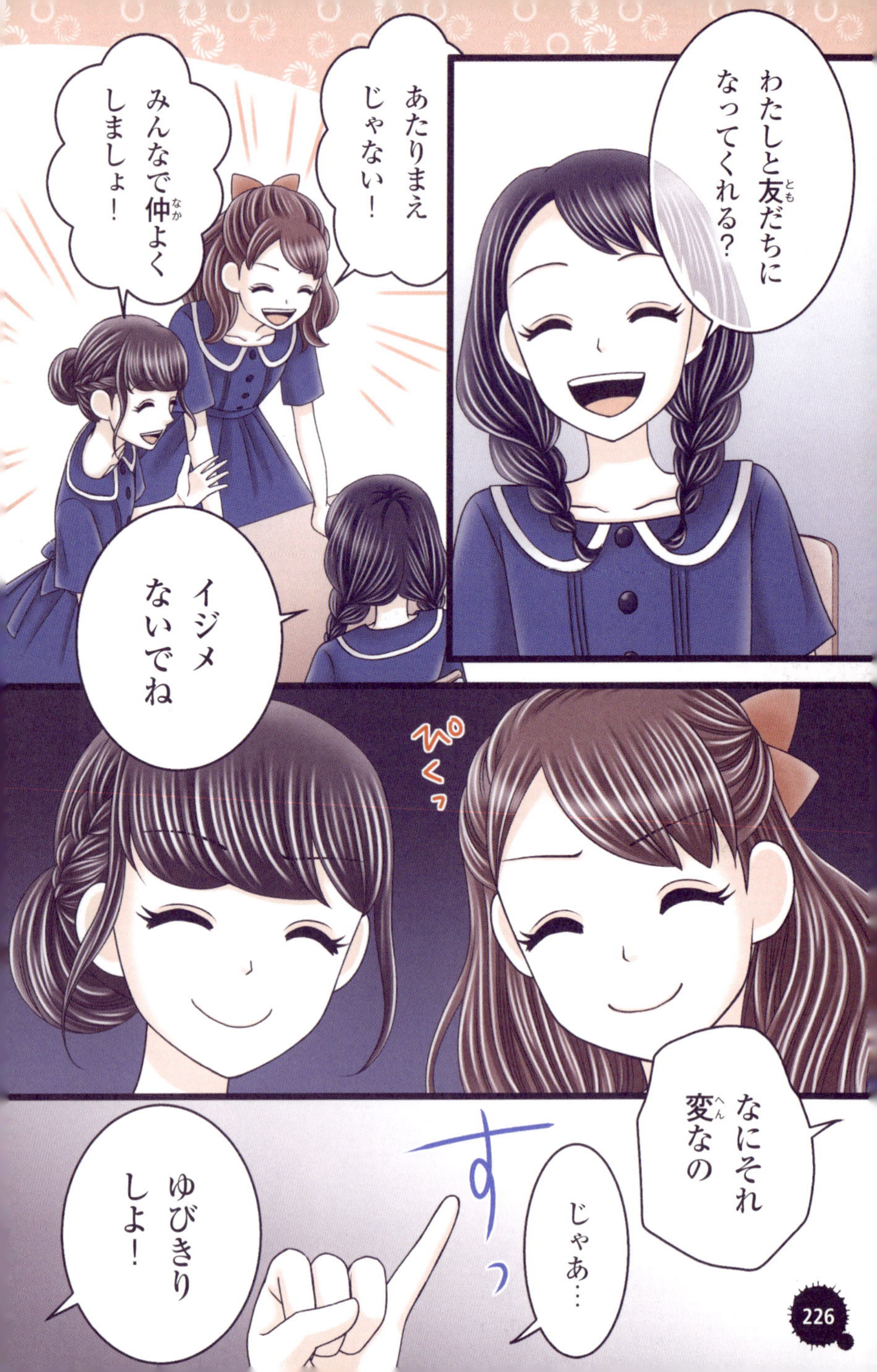
わたしと友《とも》だちになってくれる？
あたりまえじゃない！
みんなで仲《なか》よくしましょ！
イジメないでね
ぴくっ
なにそれ変《へん》なの
じゃあ…
すっ
ゆびきりしよ！

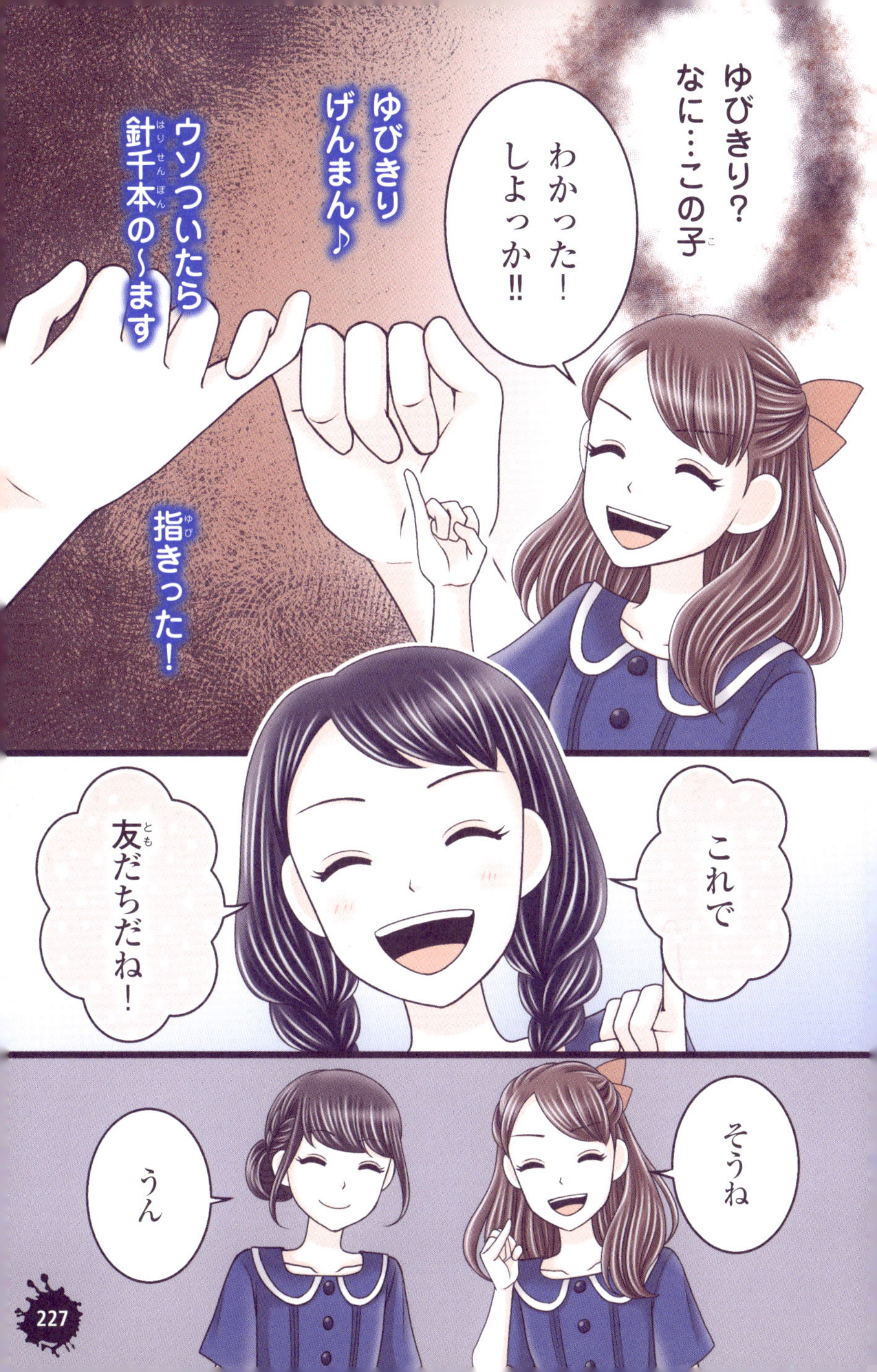
ゆびきり？なに…この子《こ》
わかった！しよっか!!
ゆびきりげんまん♪
ウソついたら針《はり》千《せん》本《ぼん》の〜ます
指《ゆび》きった！
これで
友《とも》だちだね！
そうね
うん

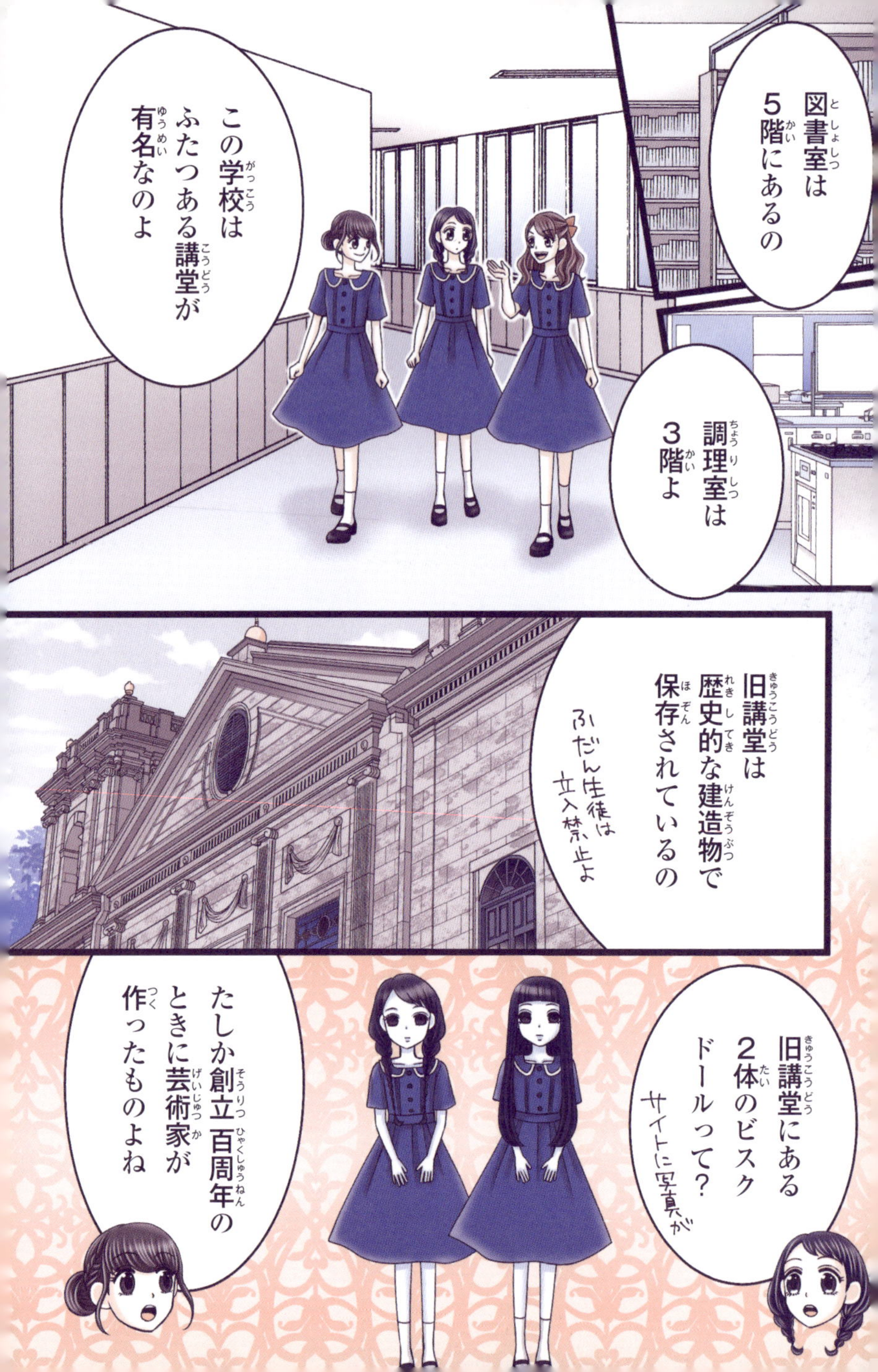
図書室《としょしつ》は5階《かい》にあるの
調理室《ちょうりしつ》は3階《かい》よ
この学校《がっこう》はふたつある講堂《こうどう》が有名《ゆうめい》なのよ
旧講堂《きゅうこうどう》は歴史的《れきしてき》な建造物《けんぞうぶつ》で保存《ほぞん》されているの
ふだん生徒は立入禁止よ
旧講堂《きゅうこうどう》にある2体《たい》のビスクドールって?
サイトに写真が
たしか創立《そうりつ》百周年《ひゃくしゅうねん》のときに芸術家《げいじゅつか》が作《つく》ったものよね

その人形《にんぎょう》は別名《べつめい》「復讐人形《ふくしゅうにんぎょう》」って呼《よ》ばれてるんでしょ？
なにそれ？知《し》らない…ホラー系《けい》の話《はなし》？
復讐《ふくしゅう》したい人物《じんぶつ》の名《な》を人形《にんぎょう》に告《つ》げると
人形《にんぎょう》にしたことが復讐相手《ふくしゅうあいて》にも実際《じっさい》に起《お》こる…
人形《にんぎょう》の腕《うで》を折《お》ればその人《ひと》の腕《うで》も折《お》れちゃうとかね…
ククク…
でも人気者《にんきもの》のふたりは
うらまれることなんてないから関係《かんけい》ないよね！
にこっ

オハヨー
空気《くうき》はしゃべりかけないで
え…!?
なれなれしいんだよ…バ～カ
人形《にんぎょう》のキモイ話《はなし》とかもマジムリ
わ…わたしたちゆびきりしたよね…?
ハッ
小学生《しょうがくせい》じゃあるまいし
ガタッ
今日《きょう》から永遠《えいえん》に空気《くうき》の人《ひと》で～す
すっ
ぽん
それ…まだやってるんだ

は？
覚《おぼ》えてないんだね
わたしのこと…
——4年前《ねんまえ》
白百合《しらゆり》さん
御影《みかげ》さん
ふたりがクラスで
イジメをしてるって
本当《ほんとう》なの？
わたしたち
イジメなんて
していません！
岸田《きしだ》さん
ひどい！
そ…そうよね
まさかふたりが
そんな…
わたし
ウソなんて…
…岸田《きしだ》さんは
みんなとうまく
いってなくて…
それは
イジメでは
なく……
でもみんなが
仲《なか》のよいクラス
でないとダメ
ですよね…

先生《せんせい》…ごめんなさ…
…白百合《しらゆり》さん…！
ぶわっ
岸田《きしだ》さん…わたしが仲《なか》よしになるから！
もう心配《しんぱい》いらないよ
ねっ！ゆびきりしよっ！
先生《せんせい》…
ほらっ岸田《きしだ》さんも手《て》をだして
ゆびきりげんまん♪
ウソついたら針千本《はりせんぼん》の～ます
指《ゆび》きった！

よかったわねー
フッ…
大人なんてチョロイよ
へぇ…アンタ岸田玲香《きしだれいか》だったんだ
イジメが辛《つら》くて…学校《がっこう》に行《い》けなくなった
その間に親が離婚して名字が変わったの
あなたたち…あれからずっと同《おな》じことくり返《かえ》してきたのね…
他人《たにん》の気持《きも》ちなんて考《かんが》えたこともないでしょ？
そんなことないずっと後悔《こうかい》してたの…仲直《なかなお》りできないかな？
旧講堂《きゅうこうどう》の人形《にんぎょう》の前《まえ》で二度《にど》とイジメなんてしないと誓《ちか》うわ…

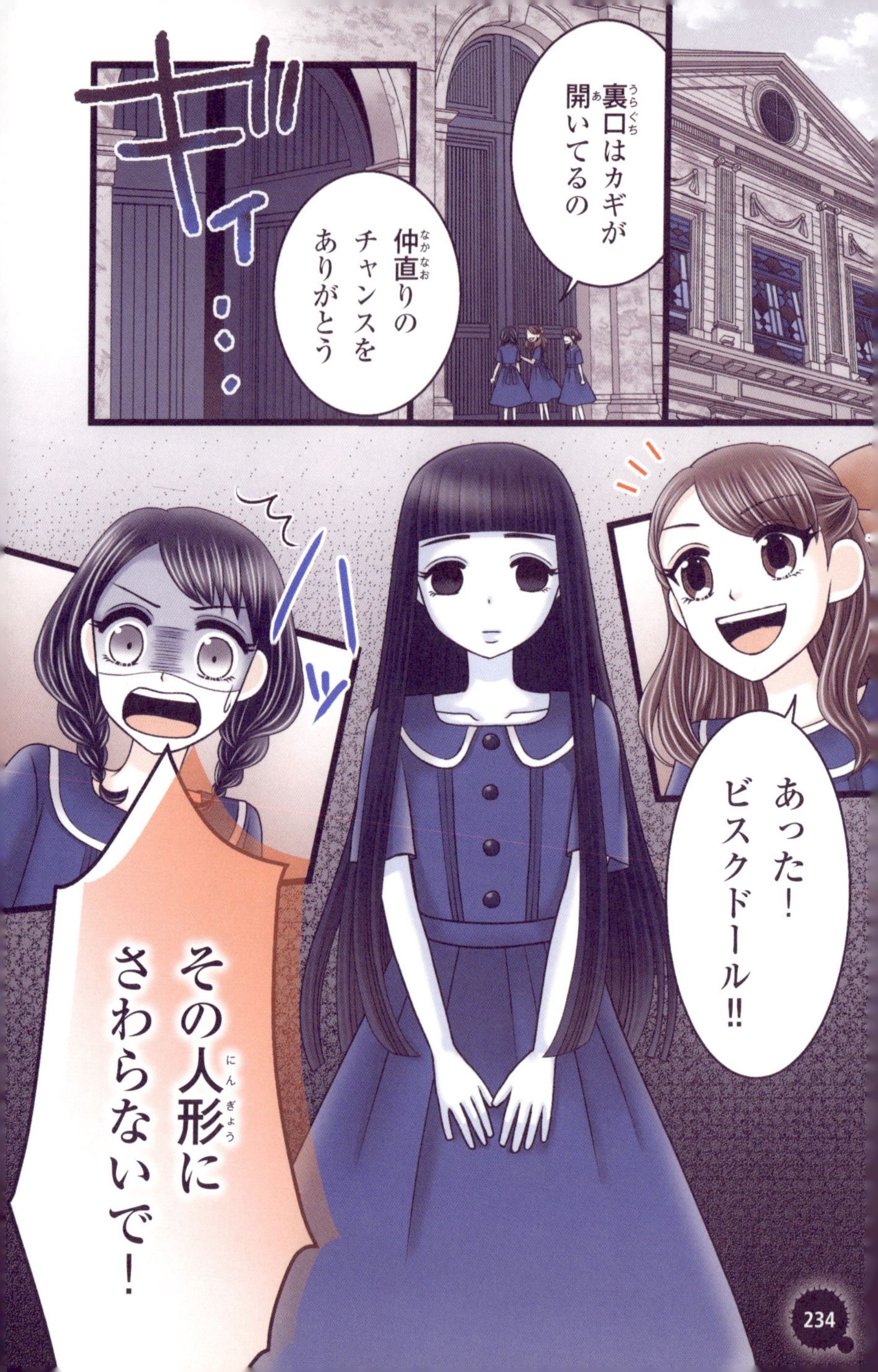
裏口《うらぐち》はカギが開《あ》いてるの
仲直《なかなお》りのチャンスをありがとう
ギィ…
あった!ビスクドール!!
その人形《にんぎょう》にさわらないで!

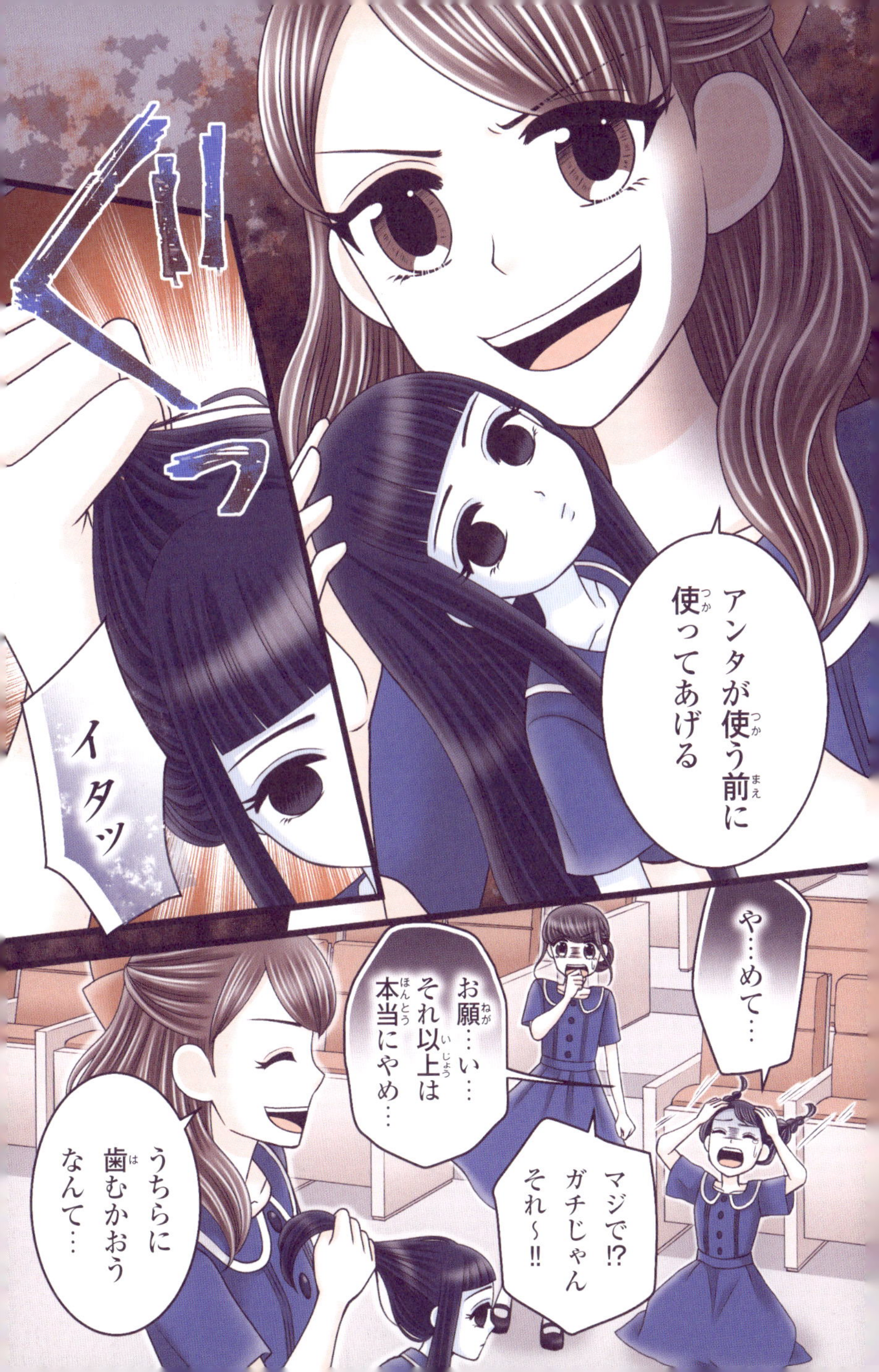
ぐっ
アンタが使《つか》う前《まえ》に使《つか》ってあげる
イタッ
や…めて…
お願《ねが》…い…それ以上《いじょう》は本当《ほんとう》にやめ…
マジで⁉ガチじゃんそれ～‼
うちらに歯《は》むかおうなんて…

するからだよ!!
ぶ!!
ぢっ
ぎゃあああああ
アハハハ
いい気味《きみ》!!
…!? なによ
腕痛《うでいた》くないの?
フフ…
2体《たい》のうち
そっちは
ただの人形《にんぎょう》
こっちの子《こ》が
ごそっ…
本物《ほんもの》の
復讐人形《ふくしゅうにんぎょう》よ!!

…だって
さっきは……
フッ…
それは演技《えんぎ》よ…
アンタたちが
お得意《とくい》のね
白百合《しらゆり》美冬《みふゆ》に
復讐《ふくしゅう》を…
イタタタ…
いじめられてたとき
わたしに似《に》たこの子《こ》に
毎日《まいにち》お願《ねが》いしていたの…
そしたら人形《にんぎょう》に
本当《ほんとう》に呪《のろ》いの力《ちから》が
宿《やど》ったみたい…

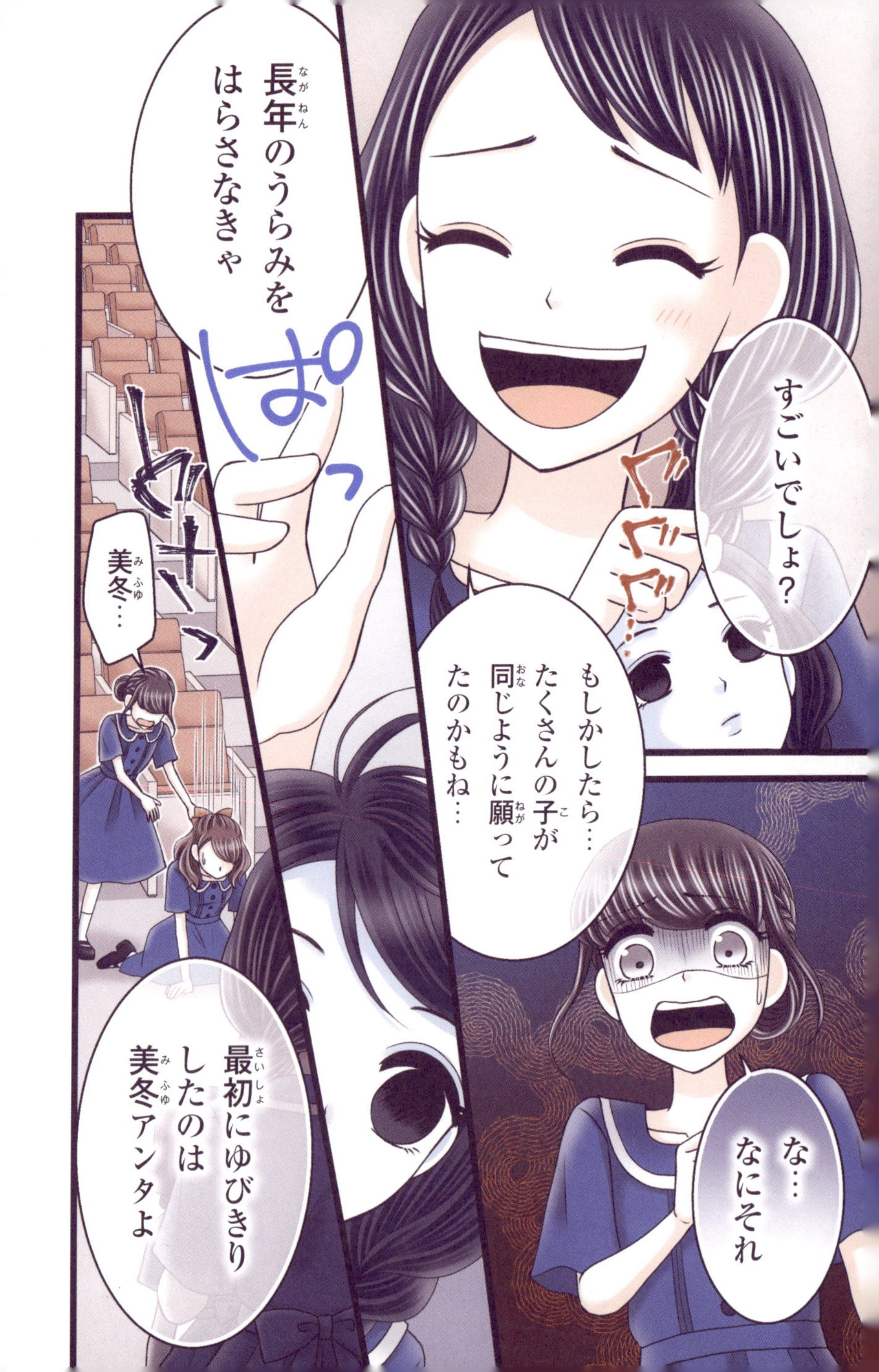
すごいでしょ?
ビビビ…
もしかしたら…たくさんの子が同《おな》じように願《ねが》ったのかもね…
長年《ながねん》のうらみをはらさなきゃ
ぱっ
美冬《みふゆ》…
な…なにそれ
最初《さいしょ》にゆびきりしたのは美冬《みふゆ》アンタよ

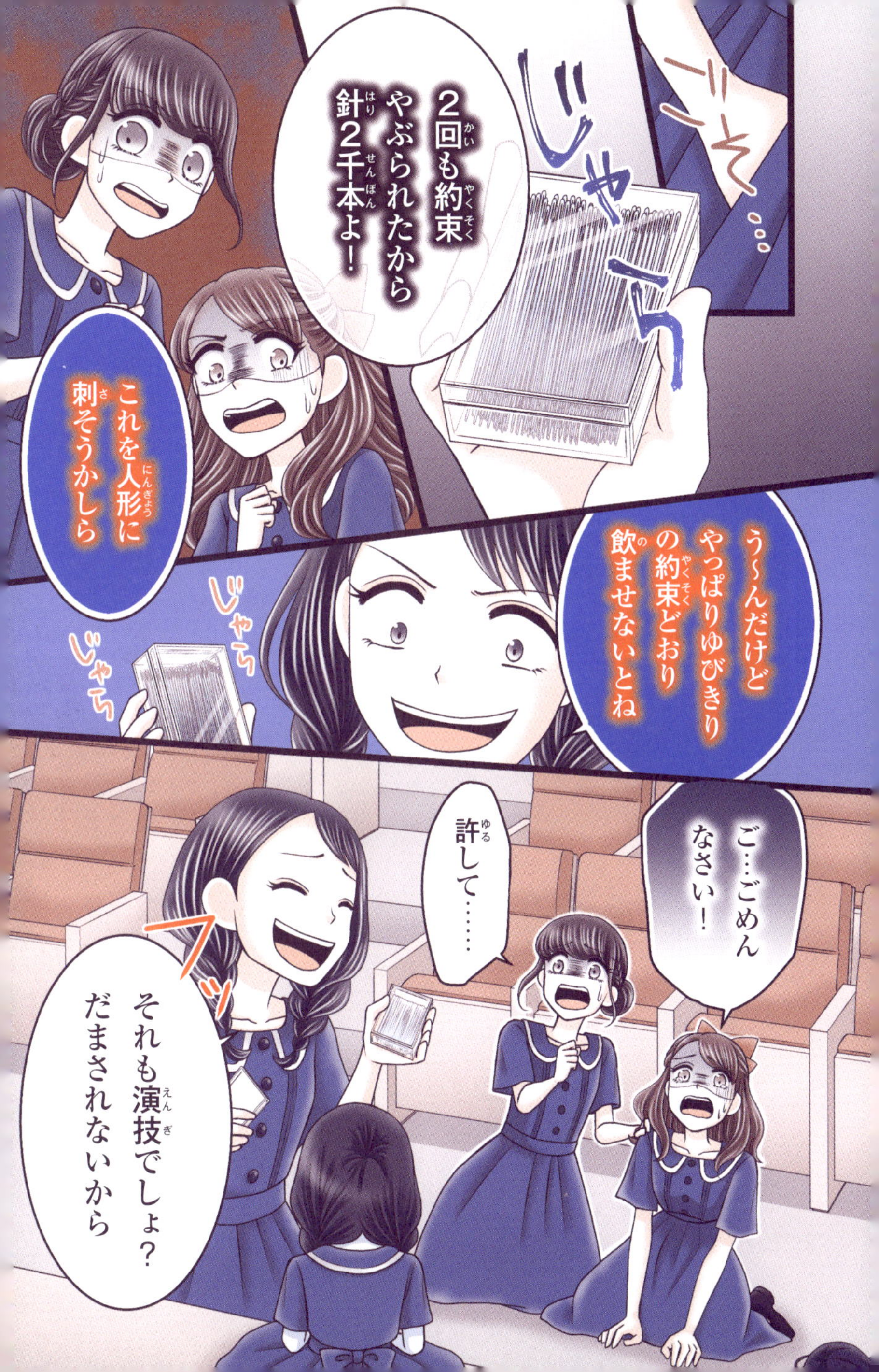
ごそ…
じゃら
2回《かい》も約束《やくそく》やぶられたから針《はり》2千本《せんぼん》よ！
これを人形《にんぎょう》に刺《さ》そうかしら
う〜んだけどやっぱりゆびきりの約束《やくそく》どおり飲《の》ませないとね
じゃら
じゃら
ご…ごめんなさい！
許《ゆる》して……
フッ
それも演技《えんぎ》でしょ？だまされないから

やっぱり
一気《いっき》にいくのがいいわね
ザばっ
ゆびきり
げんまん♪
ウソついたから
針《はり》二《に》千《せん》本《ぼん》の〜ます

ホラーストーリーテラー
志月《しづき》かなでさん
実《じつ》話《わ》怪《かい》談《だん》

15話《わ》 ゾクッ 恐怖レベル

ウワサの小《しょう》劇《げき》場《じょう》

ハンガーってこれで全部《ぜんぶ》ですよね？
うん そうだよ
志月《しづき》かなで

―これは今《いま》から3年前《ねんまえ》わたしが出演《しゅつえん》した舞台《ぶたい》でのお話《はなし》です
ある小劇場《しょうげきじょう》で実際《じっさい》に起《お》こった不思議《ふしぎ》な出来事《できごと》なのですが…
おつかれ～
良太《りょうた》さんおつかれです
この劇場《げきじょう》マジででるのにな～
ハァー……
でるって…霊《れい》ですか？
どこにでもそういうウワサありますよね
ここはかなりヤバイんだって…
神棚《かみだな》がないのも変《へん》だろ？

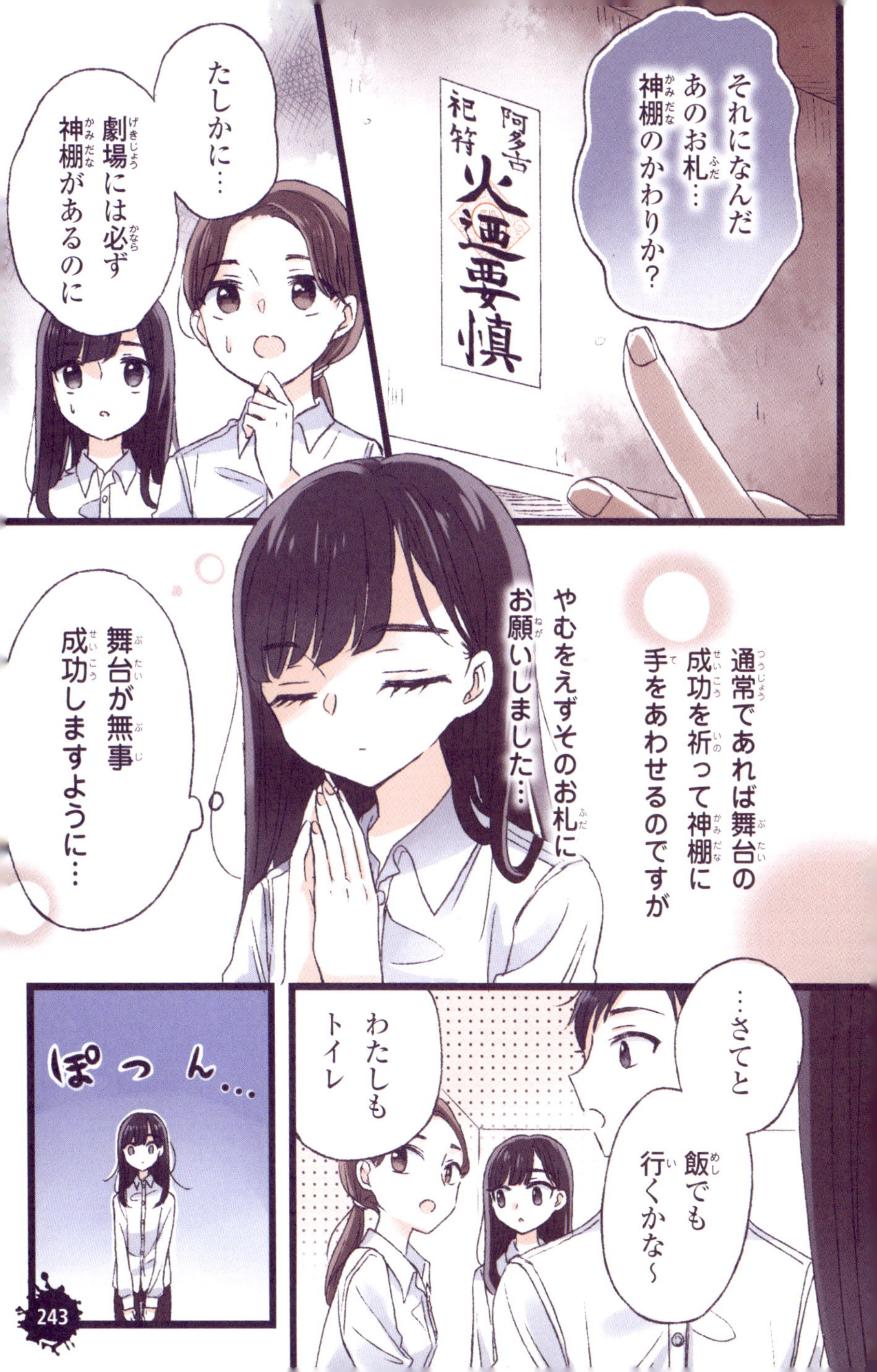
それになんだ
あのお札《ふだ》…
神棚《かみだな》のかわりか？
阿多古
祀符
火迺要慎
たしかに…
劇場《げきじょう》には必《かなら》ず
神棚《かみだな》があるのに
通常《つうじょう》であれば舞台《ぶたい》の
成功《せいこう》を祈《いの》って神棚《かみだな》に
手《て》をあわせるのですが
やむをえずそのお札《ふだ》に
お願《ねが》いしました…
舞台《ぶたい》が無事《ぶじ》
成功《せいこう》しますように…
…さてと
飯《めし》でも
行《い》くかな～
わたしも
トイレ
ぽつん…

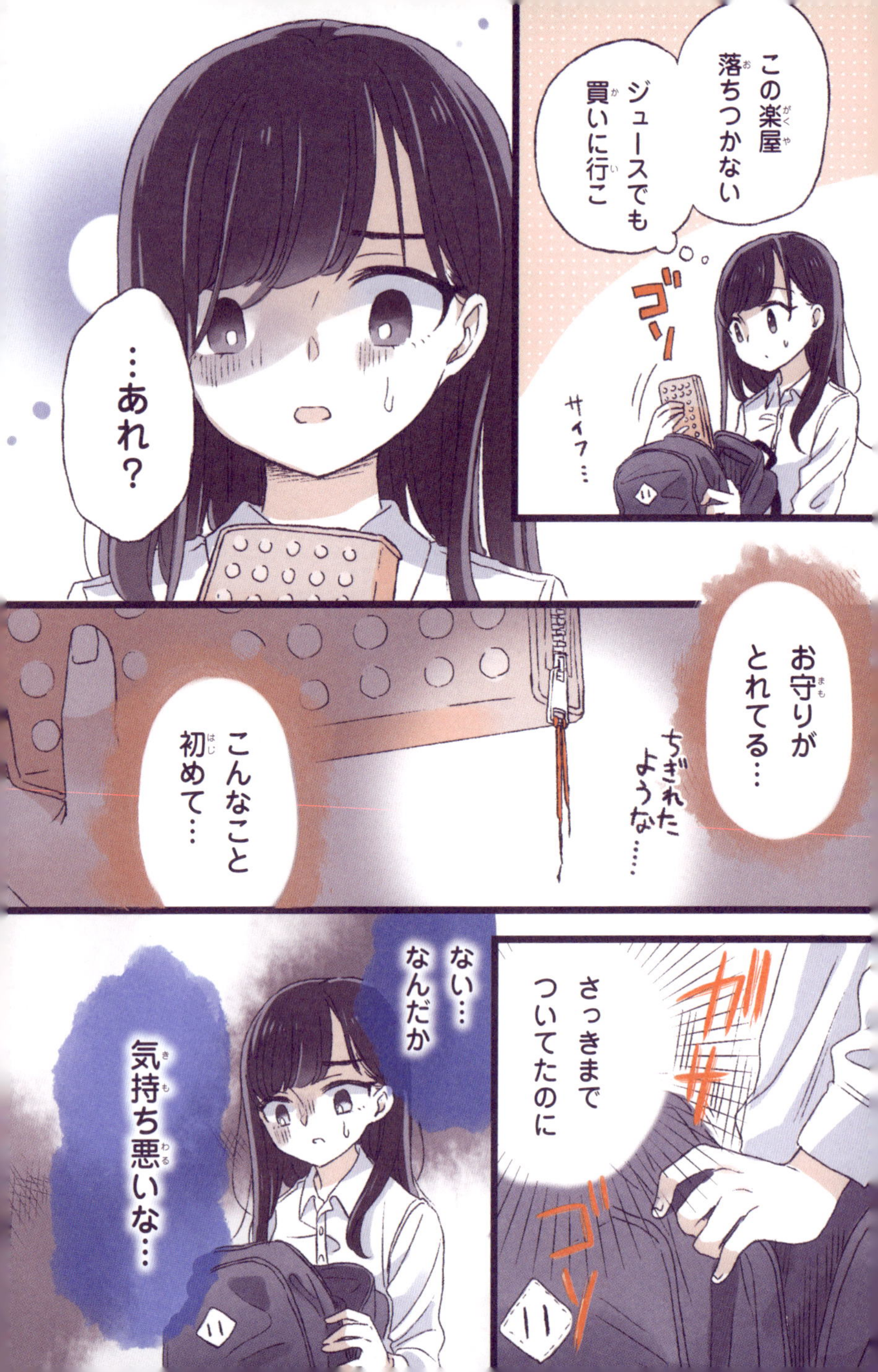
この楽屋《がくや》落《お》ちつかない ジュースでも買《か》いに行《い》こ
ゴソ
サイフ…
…あれ？
お守《まも》りがとれてる…
ちぎれたような……
こんなこと初《はじ》めて…
ガサ
さっきまでついてたのに
ゴソ
ない…なんだか
気持《きも》ち悪《わる》いな…

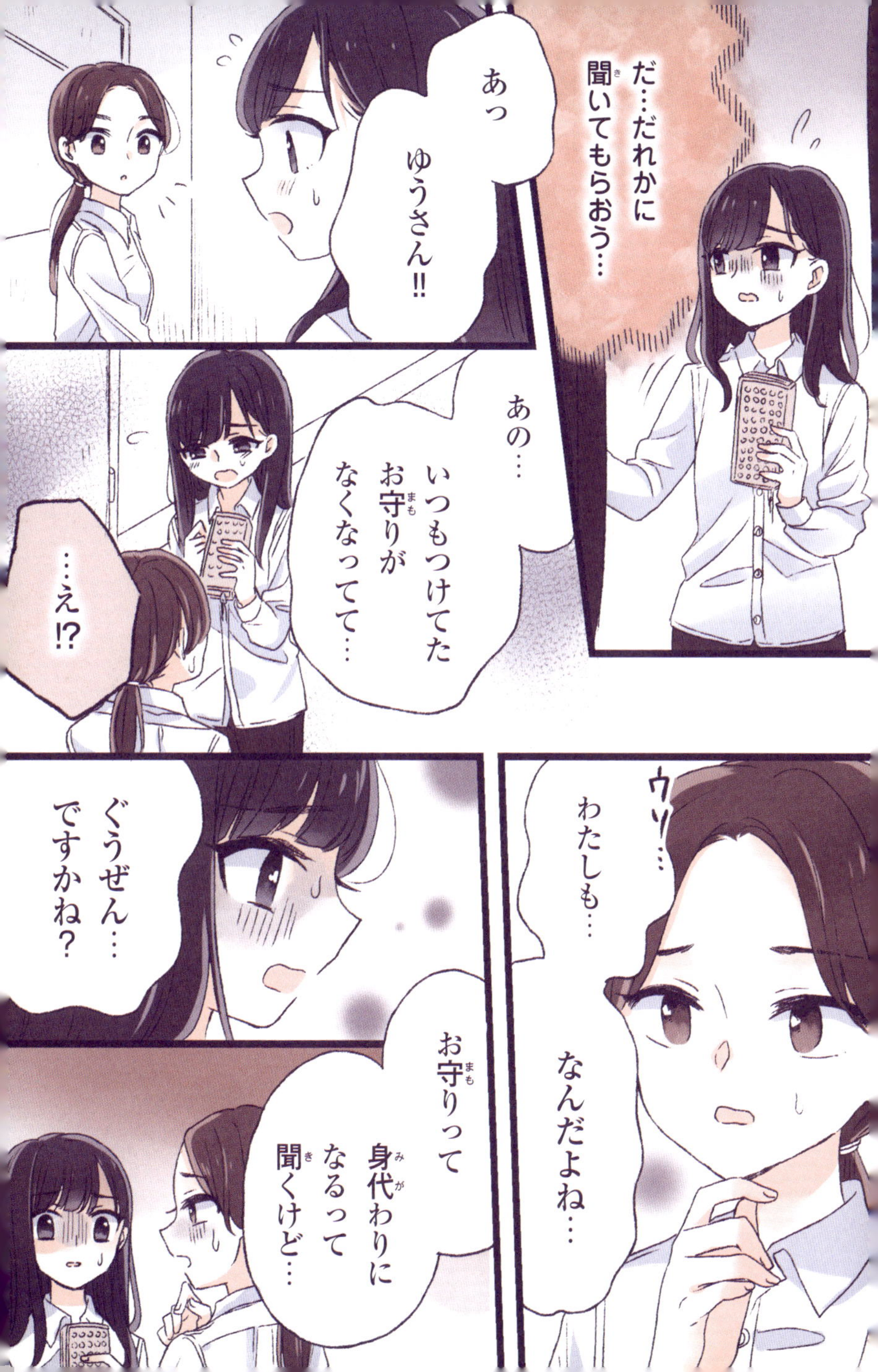
だ…だれかに聞《き》いてもらおう…
あっ
ゆうさん‼
あの…
いつもつけてたお守《まも》りがなくなってて…
…え⁉
ウソ…
わたしも…
なんだよね…
ぐうぜん…ですかね？
お守《まも》りって身《み》代《が》わりになるって聞《き》くけど…

じつは今回《こんかい》の舞台《ぶたい》…
公演《こうえん》の2週間前《しゅうかんまえ》にとつぜん会場《かいじょう》が変更《へんこう》になったのです
ふつうはこんなことありません
なんだかわたしたちは
この劇場《げきじょう》に呼《よ》ばれた気《き》がしてなりませんでした…
良太《りょうた》さんがしてたこの劇場《げきじょう》に霊《れい》がでるって話《はなし》…
本当《ほんとう》なのかも…

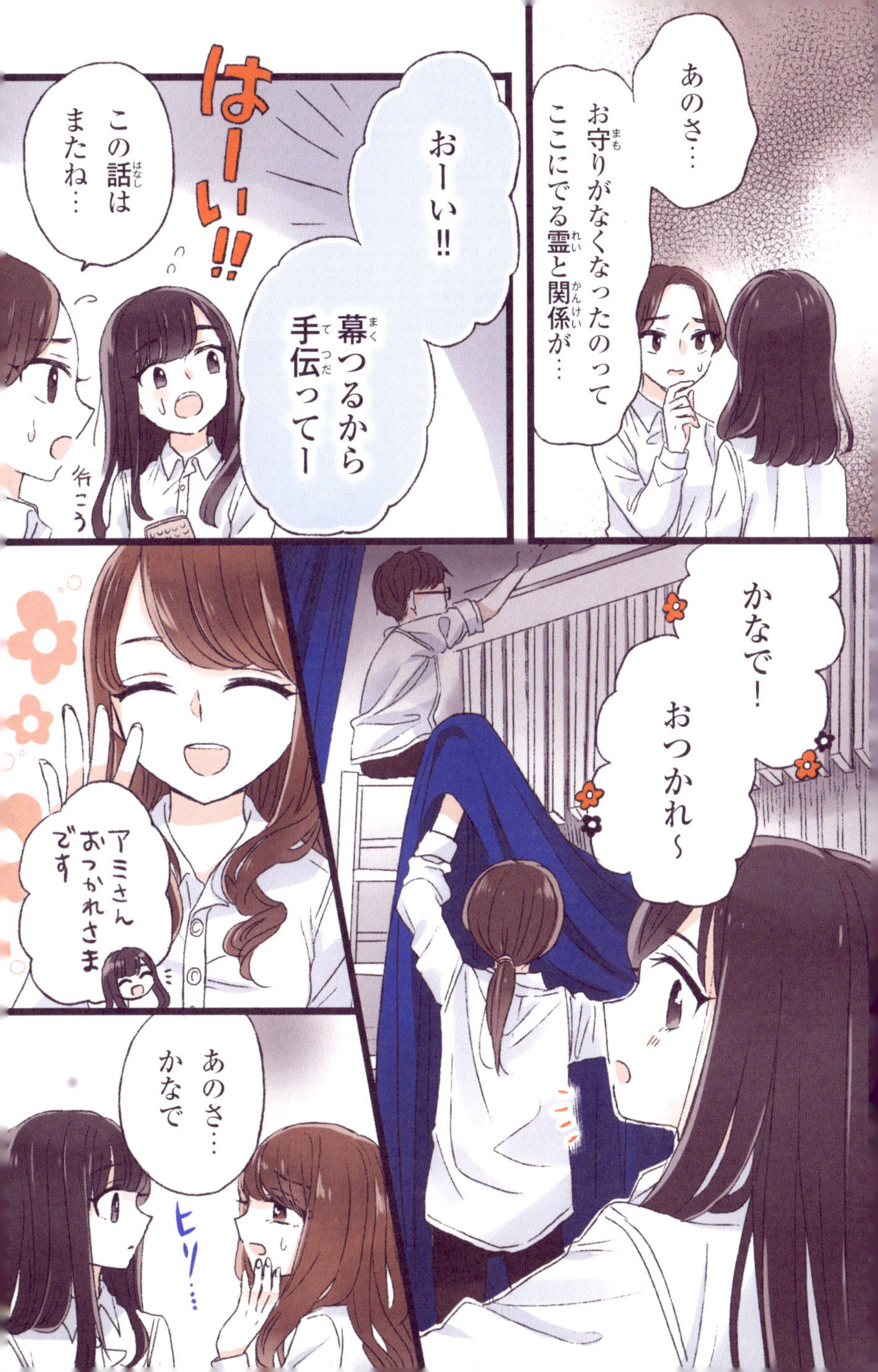
あのさ…
お守《まも》りがなくなったのって
ここにでる霊《れい》と関係《かんけい》が…
おーい!!
幕《まく》つるから
手伝《てつだ》ってー
はーい!!
この話《はなし》は
またね…
行こう
かなで!
おつかれ~
アミさん
おつかれさま
です
あのさ…
かなで
ヒソ…

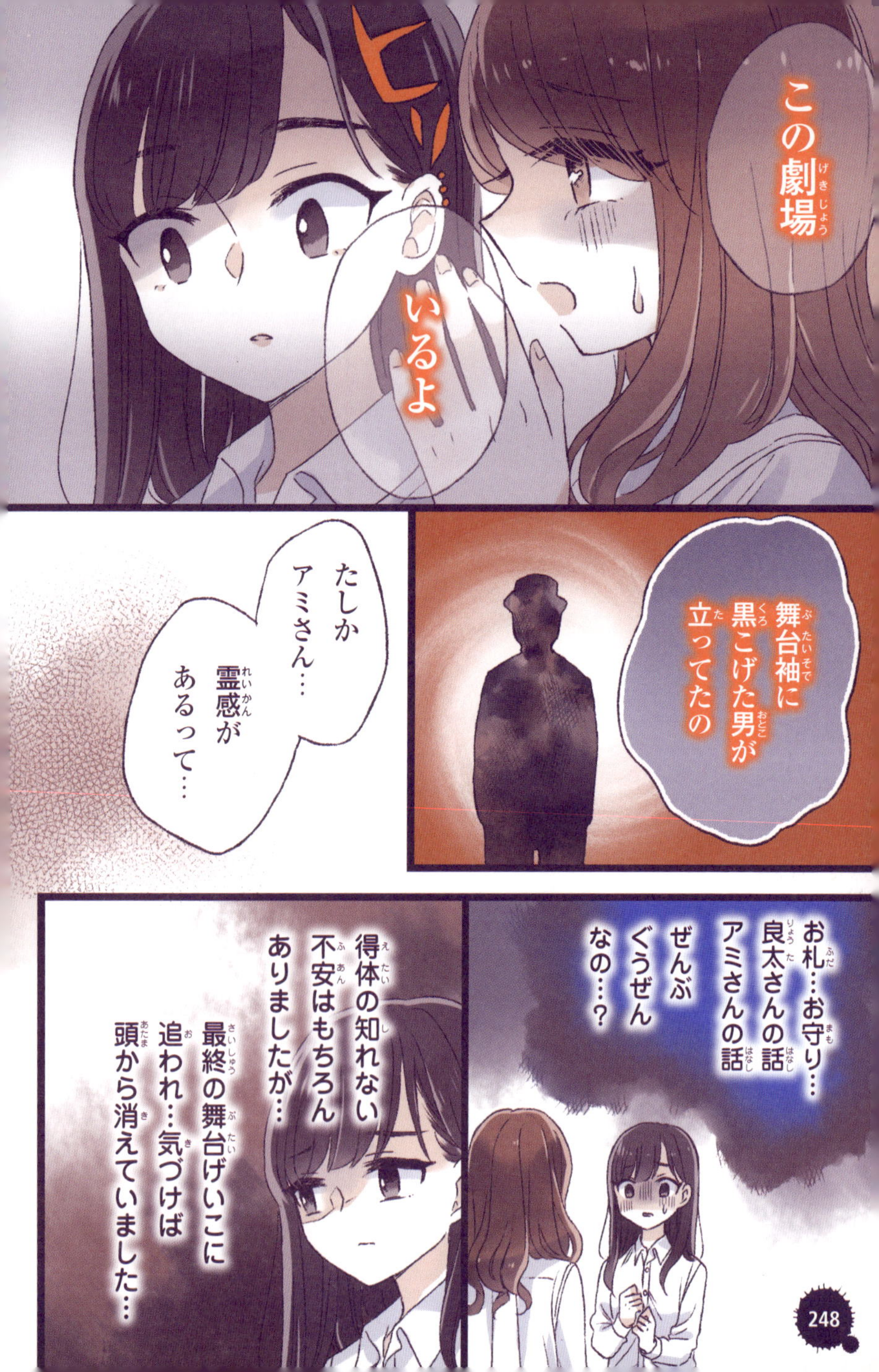
この劇場《げきじょう》
いるよ
舞台袖《ぶたいそで》に黒《くろ》こげた男《おとこ》が立《た》ってたの
たしかアミさん…霊感《れいかん》があるって…
お札《ふだ》…お守《まも》り…良太《りょうた》さんの話《はなし》アミさんの話《はなし》ぜんぶぐうぜんなの…？
得体《えたい》の知《し》れない不安《ふあん》はもちろんありましたが…最終《さいしゅう》の舞台《ぶたい》げいこに追《お》われ…気《き》づけば頭《あたま》から消《き》えていました…

――そして
本番初日《ほんばんしょにち》
ザワ
ザワ
おはようございます
あの…どうしたんですか?
いやーさっきいきなり照明《しょうめい》が割《わ》れてさ
破片をひろってて…
そんなことって…

気味《きみ》が悪《わる》かったものの
舞台《ぶたい》はキレイにされ…
昼《ひる》の公演《こうえん》が
スタートしました
みんなオツカレ～
うまくいったね！
ねえ
夜《よる》の公演《こうえん》まで
外《そと》でダンスの
練習《れんしゅう》しようよ！
拍手大きかったねー
うん
やったねー
み
みなさん
あの…

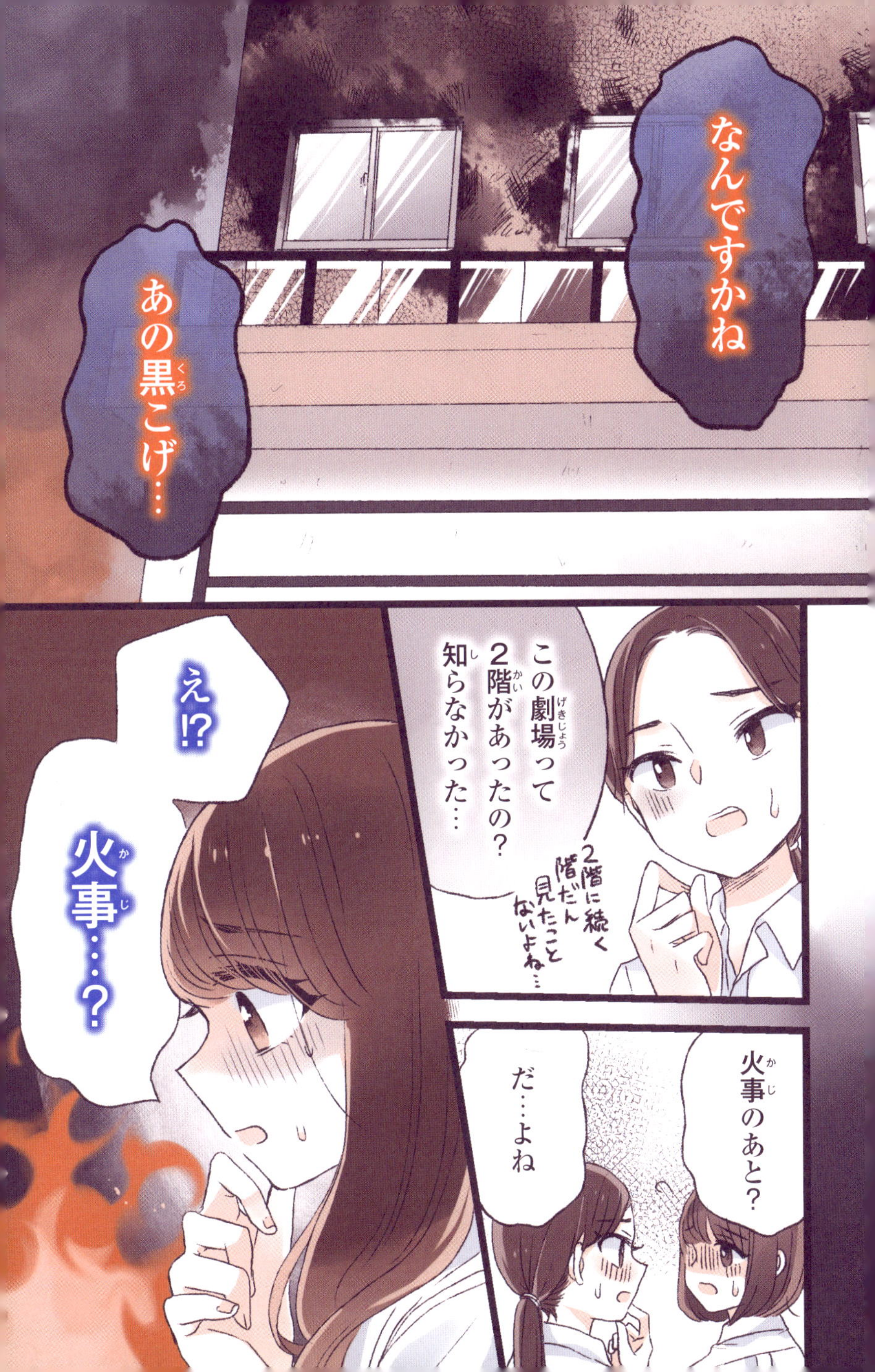
なんですかね
あの黒《くろ》こげ…
この劇場《げきじょう》って2階《かい》があったの？知《し》らなかった…
2階に続く階だん見たことないよね…
火事《かじ》のあと？
だ…よね
え!?
火事《かじ》…？

黒《くろ》こげた男性《だんせい》の霊《れい》
照明《しょうめい》の破損《はそん》
すすけた2階《かい》
そして楽屋《がくや》のお札《ふだ》は…
阿多古 祀符 火廼要慎
火事除《かじよ》けのものでした——
すすけた2階《かい》とお札《ふだ》は この劇場《げきじょう》で火事《かじ》があった証拠《しょうこ》
そしてその火事《かじ》で男性《だんせい》が亡《な》くなった？
黒《くろ》こげた男性《だんせい》は この劇場《げきじょう》にずっといて…
自分《じぶん》の存在《そんざい》を知《し》らせようとしているのかも…

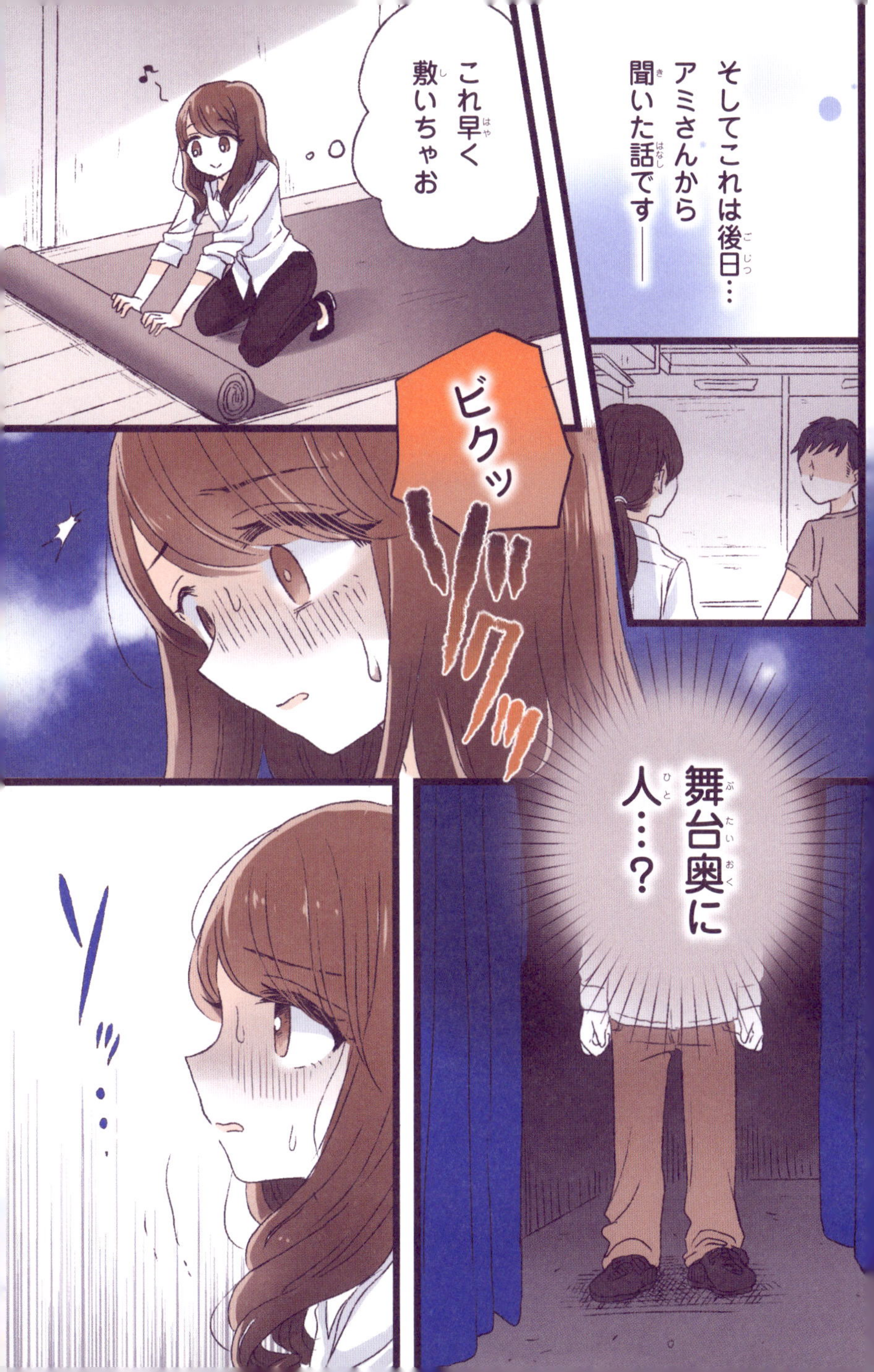

そしてこれは後日《ごじつ》…アミさんから聞《き》いた話《はなし》です――
これ早《はや》く敷《し》いちゃお
ビクッ
ゾクッ
舞台奥《ぶたいおく》に人《ひと》…？
ソッ…

ボゥ…
人間《にんげん》じゃ…
ない…
ギロッ!

うわっ!!
…アミさん
大丈夫《だいじょうぶ》…
そんなふうに
おどろくとみんなに
気《き》づかれちゃうから
気《き》をつけないと…
ヒソ…
………
そのプロデューサーも
霊感《れいかん》があり…
見《み》えていたのです
そしてアミさんは公演中《こうえんちゅう》
ある役者《やくしゃ》さんになぜか
さわれなくなって
しまったそうです
バチン

え？
どうして
彼《かれ》に…
黒《くろ》こげの男《おとこ》…
公演《こうえん》が終《お》わった
数《すう》か月後《げつご》に
会《あ》った彼《かれ》には…
まだあの霊《れい》が
憑《つ》いたまま
だったそうです

みんなのおたより紹介《しょうかい》ページ

あなたのまわりの怖いストーリー MEGA アップデート UPDATE

みなさまからお送《おく》りいただく体験談《たいけんだん》や小説《しょうせつ》。ご自身《じしん》でも小説《しょうせつ》を書《か》かれるモレクさまはとても楽《たの》しみながら、読《よ》んでおられます。なかでもモレクさまが興味深《きょうみぶか》いと感《かん》じた作品《さくひん》をセレクトして、みなさまにお届《とど》けいたします。

今宵《こよい》の恐怖《きょうふ》メニュー

- キョウフ体験談《たいけんだん》 4通《つう》
- ホラー小説《しょうせつ》 2通《つう》
- コミカライズ（小説《しょうせつ》をマンガ化《か》） 1通《つう》

ゆっくりとご堪能《たんのう》ください…

あの子《こ》に起《お》こった不思議《ふしぎ》な出来事《できごと》…

キョウフ体験談《たいけんだん》

体験談《たいけんだん》
その1

あらわれた白《しろ》いモヤ…

大阪府《おおさかふ》 HIYORIさん

これはわたしが実際《じっさい》に体験《たいけん》した話《はなし》です。ある日《ひ》の晩《ばん》に「本当《ほんとう》に怖《こわ》いストーリー 亡霊《ぼうれい》の叫《さけ》び」を読《よ》み終《お》えてふとんに入《はい》ったところ、急《きゅう》に体《からだ》がゾクッとしたのです。わたしは頭《あたま》までかぶっていたふとんを、おそるおそるずらしました…。

すると目《め》の前《まえ》には、部屋《へや》のなかを飛《と》ぶ白《しろ》いモヤが！　そしてその白《しろ》いモヤは、人《ひと》の形《かたち》へと変《か》わっていくのです！！

わたしは怖《こわ》くなり、リビングにいるママに話《はな》しました。

「なに言《い》ってるの。それは目《め》の錯覚《さっかく》。見《み》まちがいよ」

ママはこう言《い》いましたが、その晩《ばん》は怖《こわ》くて、眠《ねむ》れませんでした。

そして翌日《よくじつ》の下校中《げこうちゅう》。今度《こんど》は友《とも》だちの後《うし》ろから白《しろ》いモヤがスーッとあらわれたのです！　その瞬間《しゅんかん》、昨晩《さくばん》と同《おな》じように体《からだ》がゾクッとしました。

わたしは霊感《れいかん》があるので、モヤが見《み》えたのでしょうか…？

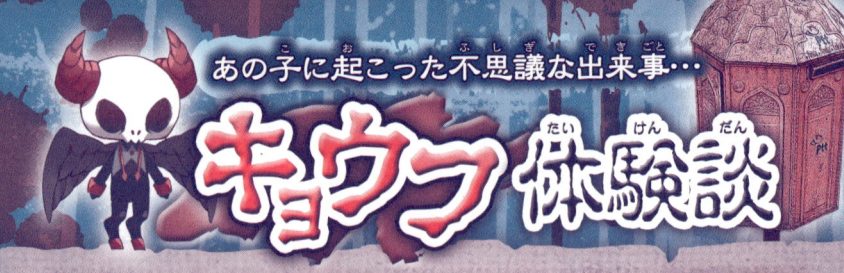

体験談《たいけんだん》
その2

人気者《にんきもの》のNちゃんが…

住所不明《じゅうしょふめい》　しんしんさん

学校行事《がっこうぎょうじ》の合宿《がっしゅく》の写真《しゃしん》が、学年掲示板《がくねんけいじばん》に貼《は》られたときの話《はなし》。

たくさんの写真《しゃしん》のなかに、合宿《がっしゅく》1日目《にちめ》に行《おこな》われたきもだめしで撮《と》った写真《しゃしん》があったのですが、Nちゃんの後《うし》ろに、小人《こびと》のようなものが写《うつ》っていたのです！　そのブキミな小人《こびと》は、Nちゃんのひざくらいの身長《しんちょう》で、とがった帽子《ぼうし》をかぶっていました。

彼女《かのじょ》は明《あか》るくておしゃれで、スポーツも成績《せいせき》も優秀《ゆうしゅう》な人気者《にんきもの》。

不思議《ふしぎ》な写真《しゃしん》のウワサは、一気《いっき》に広《ひろ》まりました。

そして次《つぎ》の日《ひ》。Nちゃんの雰囲気《ふんいき》はまるで別人《べつじん》のようでした。地味《じみ》な洋服《ようふく》を着《き》て、いつもはツインテールの髪《かみ》も、なにもせずそのまま。そして下《した》をむき、ひとりなにかしゃべっているのです。

ボソボソ ブツ…ブツ ボソボソ…ブツ ブツ……ボソ。

写真《しゃしん》の「なにか」のシワザ？

「Nちゃん…どうしたんだろ？」

正直怖《しょうじきこわ》かったのですが、わたしはいつもどおり「おはよう」とあいさつしました。しかし、Nちゃんは返事《へんじ》すらしてくれません。

時間《じかん》がたった現在《げんざい》も、Nちゃんはおかしな様子《ようす》のままです。

写真《しゃしん》の「なにか」にとり憑《つ》かれてしまったのでしょうか…？

体験談《たいけんだん》
その3

真《ま》夜《よ》中《なか》の足《あし》音《おと》…

千葉県《ちばけん》 KOUKUNNさん

ぼくはその日《ひ》、夜《よ》中《なか》2時《じ》ごろに目《め》がさめてしまい、トイレにむかいました。するとろう下《か》の暗《くら》闇《やみ》から、足《あし》音《おと》が聞《き》こえてきたのです。

「お父《とう》さんか、お母《かあ》さんが起《お》きたのかな……？」

ぼくはリビングのドアを開《あ》けてみました。しかし、部《へ》屋《や》は静《しず》まり返《かえ》り、だれもいません。トイレに行《い》っても、だれもいません。

部《へ》屋《や》にもどりベッドに入《はい》ったのですが、眠《ねむ》れませんでした。しばらくすると、ろう下《か》からまた足《あし》音《おと》が聞《き》こえてきたのです。

………ヒタ…。ヒタ…。ヒタ…。ヒタ…。ヒタ………。

部《へ》屋《や》の前《まえ》で足《あし》音《おと》がピタリと止《と》まりました。そして、ドアノブをまわす音《おと》が！！　ガチャガチャ。次《つぎ》にバンバンとドアをたたかれたので、ぼくは思《おも》わずふとんをかぶりました。それから少《すこ》しして、ガチャリとドアが開《ひら》き、足《あし》音《おと》がベッドの前《まえ》で止《と》まったのです…。

「だ…だれか助《たす》けて！」

おそるおそる顔《かお》をだすと、そこには血《ち》まみれの女《おんな》の人《ひと》が！！

うわあああああああ

悲《ひ》鳴《めい》をあげた瞬《しゅん》間《かん》、女《おんな》の人《ひと》は消《き》えましたが、ぼくが見《み》たアレは、いったいなんだったのでしょうか？

正《しょう》体《たい》は今《いま》もわからない…

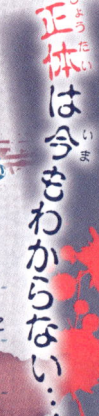

体験談《たいけんだん》
その4

八尺様《はっしゃくさま》？

埼玉県《さいたまけん》　みうりん♥さん

霊感《れいかん》をもっているわたしが、小学《しょうがく》5年生《ねんせい》のときに遭遇《そうぐう》した恐怖《きょうふ》体験《たいけん》を聞《き》いてください。

ある夜《よる》、トイレに起《お》きてしまったわたし。トイレからでると、いつもとはちがう、とてもいやな気配《けはい》がしたのです。急《いそ》いで部屋《へや》へもどろうとすると、視界《しかい》のすみになにかが横切《よこぎ》りました。

それは白《しろ》いワンピースを着《き》て、大《おお》きな帽子《ぼうし》をかぶった女《おんな》の人《ひと》。おかしなことに天井《てんじょう》につきそうなほど、背《せ》が高《たか》いのです！

わたしは急《いそ》いでふとんにもぐりこみました。しかし女《おんな》の人《ひと》がこないようにと、ずっと震《ふる》えているうちに寝《ね》てしまいました。

それから1週間後《しゅうかんご》。お母《かあ》さんと妖怪《ようかい》の番組《ばんぐみ》を見《み》ていると、「八《はっ》尺様《しゃくさま》」という妖怪《ようかい》が紹介《しょうかい》されました。八尺様《はっしゃくさま》は身長《しんちょう》が２m以上《いじょう》あり、白《しろ》いワンピースを着《き》て帽子《ぼうし》をかぶっているそうです。

「あ…あの夜《よる》に見《み》た、女《おんな》の人《ひと》…」

わたしは青《あお》ざめました。見《み》たのはたしかに、八尺様《はっしゃくさま》だったから…。

これは後《あと》から知《し》ったことですが、八尺様《はっしゃくさま》は気《き》にいったカッコイイ男《おとこ》の人《ひと》をさらうそうです。わたしは女《おんな》の子《こ》でよかったなと思《おも》いました。

あの子《こ》が書《か》いたゾクッとするお話《はなし》…

ホラー小説《しょうせつ》

小説《しょうせつ》
その1

赤《あか》い服《ふく》と白《しろ》い服《ふく》の人《ひと》…

東京都《とうきょうと》　夜空《よぞら》さん

　わたしはまひる、中《ちゅう》3。もうすぐ修学旅行《しゅうがくりょこう》があるんだけど、グループ行動《こうどう》する班《はん》のメンバーを聞《き》いて、ワクワクしていたところ。だって、スキな人《ひと》と、仲《なか》よしの友《とも》だちが全員《ぜんいん》そろっていたから！

　班決《はんぎ》めから数日後《すうじつご》、仲《なか》よしの美桜《みお》ちゃんが話《はな》しかけてきた。

「ねぇ、知《し》ってる？　宿泊《しゅくはく》する旅館《りょかん》のウワサ。夜《よる》にちゃんと寝《ね》ていなかったり、ひとりで遊《あそ》んでいたりすると、赤《あか》い服《ふく》を着《き》た女《おんな》の人《ひと》と、白《しろ》い服《ふく》を着《き》た女《おんな》の人《ひと》がでてくるんだって！　そしてこう聞《き》かれるらしいよ。『赤《あか》と青《あお》と黄色《きいろ》……どれが好《す》き？』って」

　美桜《みお》ちゃんは、ひそひそ声《ごえ》で続《つづ》ける。

「３つの色《いろ》のうち、正解《せいかい》はひとつ。不正解《ふせいかい》の色《いろ》を選《えら》ぶと、質問《しつもん》をしてきた女《おんな》の人《ひと》と入《い》れかわっちゃうんだって…。でもね、その部《へ》屋《や》にまた寝《ね》ていない子《こ》があらわれたとき、同《おな》じ質問《しつもん》をして、その子《こ》がまちがえたら、今度《こんど》はその子《こ》と入《い》れかわれるらしいけど…」

　そう言《い》って、美桜《みお》ちゃんはニヤニヤしていた。

「そんな話《はなし》、ゼッタイにウソ……」

　わたしがそう言《い》いかけると美桜《みお》ちゃんがギロリと、すごい顔《かお》で

にらんできた。しかし、すぐにニコリと笑顔《えがお》になった。少《すこ》し怖《こわ》かったけど、わたしは気《き》にしないことにした。

――そして1週間後《しゅうかんご》、待《ま》ちに待《ま》った修学旅行《しゅうがくりょこう》がやってきた！

1日目《にちめ》の夜《よる》、わたしは消灯時間《しょうとうじかん》がすぎても、興奮《こうふん》して寝《ね》つけずひとり起《お》きていた。寝《ね》ようかとトイレに行《い》ってもどってくると、そこに見知《みし》らぬ女《おんな》の人《ひと》たちが、うつむいたまま立《た》っていた。

「ん？　ダレ？　赤《あか》い服《ふく》……白《しろ》い服《ふく》の女《おんな》の人《ひと》………………！」

その瞬間《しゅんかん》、わたしは美桜《みお》ちゃんの話《はなし》を思《おも》いだした。

『赤《あか》と青《あお》と黄色《きいろ》……どれが好《す》き？』

白《しろ》い服《ふく》を着《き》た女《おんな》の人《ひと》が、うつむいたままボソリとつぶやく。

「ウソ。ウ…ウワサどおりだ。たしか正解《せいかい》しないと……。赤《あか》、青《あお》、黄色《きいろ》………あぁ…正解《せいかい》なんて、わかるわけないっ！」

あせったわたしは、自分《じぶん》の好《す》きな青色《あおいろ》と答《こた》えた。

その瞬間《しゅんかん》、白《しろ》い服《ふく》を着《き》た女《おんな》の人《ひと》がうれしそうにニヤリと笑《わら》った気《き》がした。

―― わたしは今《いま》、この部屋《へや》で白《しろ》い服《ふく》を着《き》ている。そしてあの日《ひ》からずっと、美桜《みお》への復讐《ふくしゅう》ばかりを考《かんが》えている。

「い…いつか…美桜《みお》を赤《あか》い服《ふく》を着《き》た女《おんな》にしてやる…」

小説《しょうせつ》
その2

真《ま》夜《よ》中《なか》のテレビ番《ばん》組《ぐみ》

東《とう》京《きょう》都《と》 R.Wさん

　怖《こわ》いもの好《ず》きなぼくは、いつも図《と》書《しょ》館《かん》で怖《こわ》い本《ほん》ばかり借《か》りる。

「う〜ん…。ダメだ。これはあんまり、怖《こわ》くないな…」

　怖《こわ》い本《ほん》を借《か》りるとき、最《さい》初《しょ》のページを読《よ》んだりして、慎《しん》重《ちょう》に選《えら》ぶことにしている。それくらい、ぼくは怖《こわ》いものが好《す》きなのだ。

「よ〜し決《き》めた！　今日《きょう》はこの本《ほん》を借《か》りることにしよう！」

　怪《かい》奇《き》現《げん》象《しょう》がたくさん紹《しょう》介《かい》されている本《ほん》を借《か》りたぼくは、家《いえ》につくなり自《じ》分《ぶん》の部《へ》屋《や》で本《ほん》を読《よ》み始《はじ》めた。

『——夜《よ》中《なか》の２時《じ》にテレビをつけると、本《ほん》来《らい》の放《ほう》送《そう》ではない、“怖《こわ》い”というタイトルの番《ばん》組《ぐみ》が、あらわれることがあります。

　その番《ばん》組《ぐみ》が映《うつ》ってしまった場《ば》合《あい》、けっして物《もの》音《おと》を立《た》ててはいけません。もし少《すこ》しでも物《もの》音《おと》を立《た》ててしまうと、その番《ばん》組《ぐみ》は終《しゅう》了《りょう》してしまいます。この“怖《こわ》い”という番《ばん》組《ぐみ》の内《ない》容《よう》がどんなものなのかは、よくわかっていません』

「う〜ん？　これって、どういうことなんだ？」

　ぼくは、ある部《ぶ》分《ぶん》が気《き》になった。

『内《ない》容《よう》がどんなものなのかは、よくわかっていません』

「内《ない》容《よう》がわからない番《ばん》組《ぐみ》なんて、おもしろくないじゃん！」

　でも、ぼくはその“怖《こわ》い”という番《ばん》組《ぐみ》が妙《みょう》に気《き》になってしまい、その夜《よる》に試《ため》してみることにしたのだ。

「よし、もうすぐ2時《じ》になる。テレビをつけるぞ…」

ゴクリ…。息《いき》をのむ。そしてリモコンの電源《でんげん》ボタンを押《お》した。

ザザザ…！　ザザザ…！　ザザザ…！　ザザザ…！

画面《がめん》には砂嵐《すなあらし》が映《うつ》り、かなり大《おお》きなノイズ音《おん》が部屋《へや》に響《ひび》く。

ぼくはあわてて、テレビの音量《おんりょう》を下《さ》げた。そして少《すこ》しの間《あいだ》、画《が》面《めん》に映《うつ》るこの砂嵐《すなあらし》をずっと見《み》つめていた。

「…おや………いらっしゃ……い」

しゃがれた声《こえ》におそるおそるふり返《かえ》ると、そこには見《み》たこともないおばあさんが立《た》っていた！

「わたしはハシモトレイナ……。あなたの名前《なまえ》は？」

お母《かあ》さんを呼《よ》びたいのに、ノドがかたまってしまい、まったく声《こえ》がでない。体《からだ》も動《うご》かない。

「だから…君《きみ》の名前《なまえ》は……な…んて…言《い》……うの？」

「は……い。い…石田原《いしだはら》です」

ここから逃《に》げだしたいと思《おも》う気持《きも》ちとは反対《はんたい》に、ぼくはおばあさんにむかって答《こた》えていた。

「石田原《いしだはら》くん、よう…こそ。地《じ》獄《ごく》の国《くに》へいっしょに……行《い》こうね。ところで君《きみ》の将来《しょうらい》の夢《ゆめ》は、いったいなにかな？？」

「はい。ぼくの将来《しょうらい》の夢《ゆめ》は、マンガ家《か》……です」

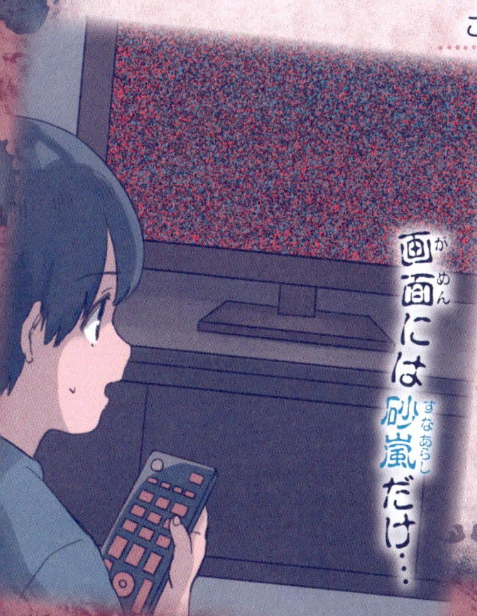

（また口《くち》が勝手《かって》に動《うご》いてしまう。た……助《たす》けてくれ！）

「へえ…いい夢《ゆめ》だね。フエタ、フエタ。トモダチフエタ！」

（いやだ。助《たす》けて！　う………うわあああああああ）

とつぜんナイフが空中《くうちゅう》にあらわれ、ぼくの体《からだ》につき刺《さ》さる。

ギャアアアアアアアアアアアアア

2時《じ》につけたテレビ。砂嵐《すなあらし》とノイズだけだったあの画面《がめん》こそが、“怖《こわ》い”という番組《ばんぐみ》だったのだ。

遠《とお》のいていく意識《いしき》のなかで、テレビから声《こえ》が聞《き》こえてきた。

この番組《ばんぐみ》を見《み》たら最後《さいご》
地《じ》獄《ごく》の国《くに》へ連《つ》れていかれる…

「コノテレビハ……ゴランノ…
スポンサーデ…オオクリシマシタ。
ツギハダレガ…ワタシタチヲ…
ヨンデクレルノ…カナ？」

コミカライズ
（小説《しょうせつ》をマンガ化《か》）

16話《わ》 ゾクッ 恐怖レベル

ゆめ・・・・・・・・・・？

東京都《とうきょうと》 uみnさん

フフッ
ドレスもヘアもいい感《かん》じね♪
あっ！ もうこんな時間《じかん》 そろそろ出《で》ないと 海芳《うみか》を待《ま》たせちゃう

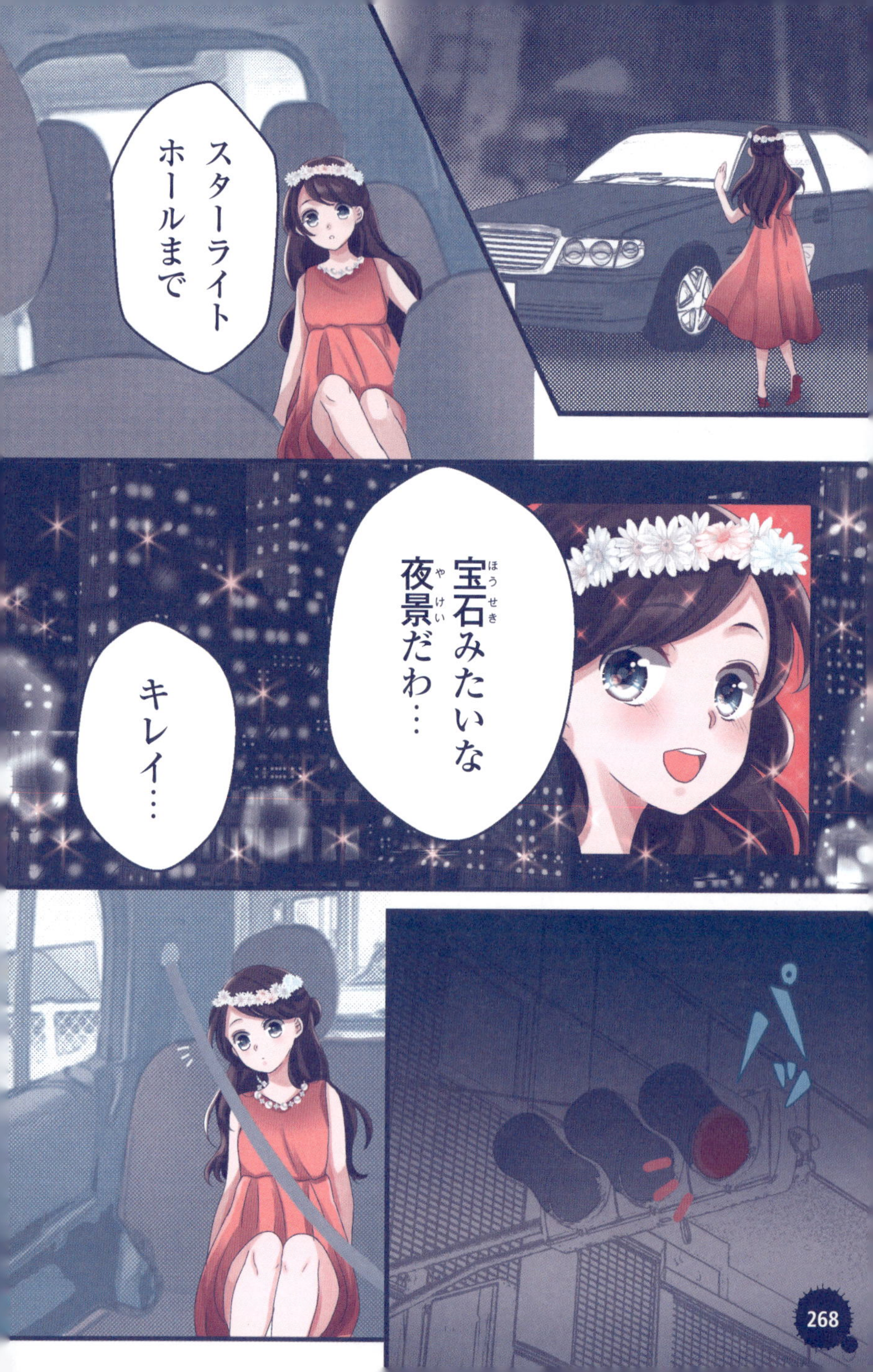
スターライトホールまで
宝石《ほうせき》みたいな夜景《やけい》だわ…
キレイ…

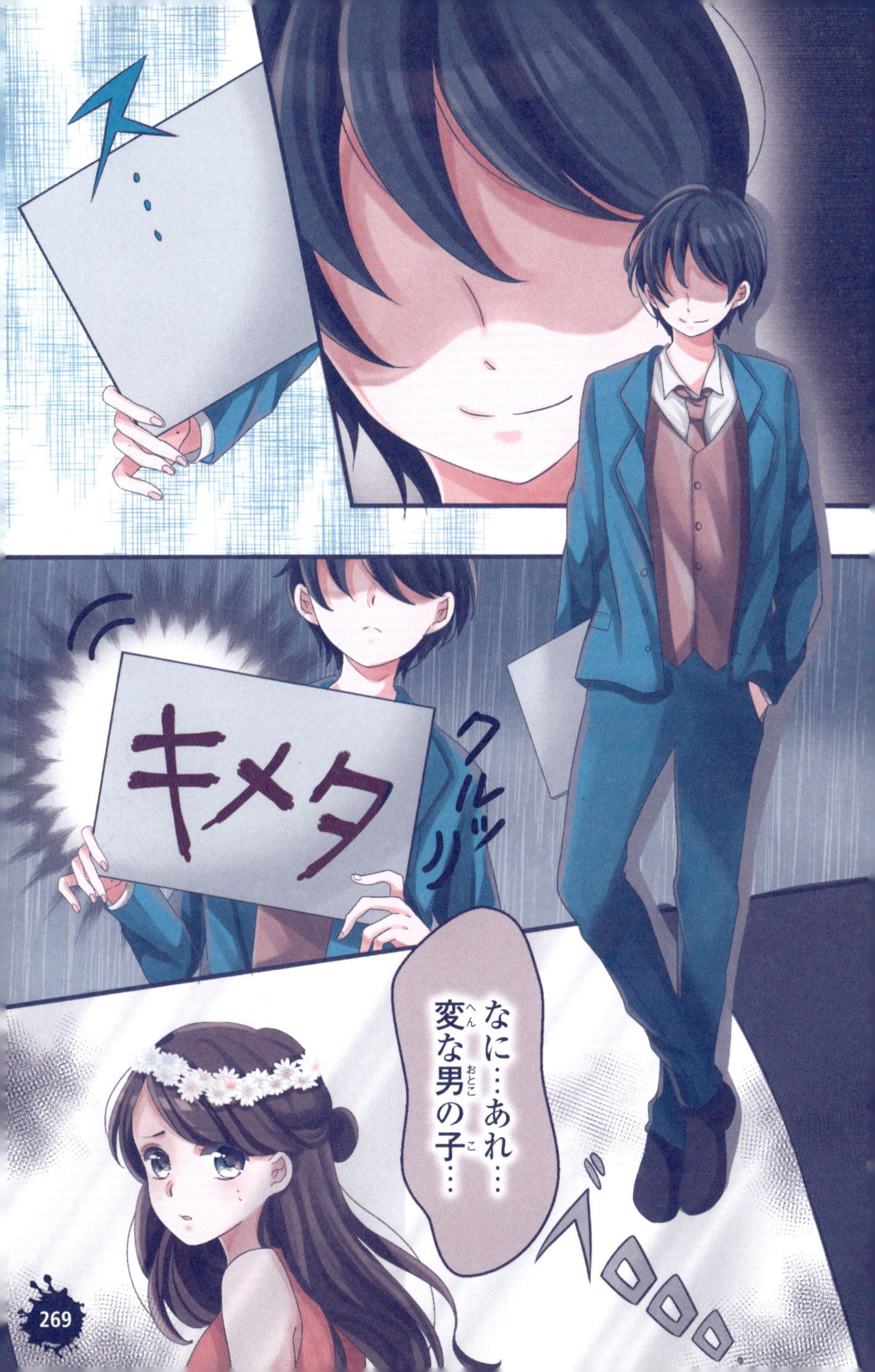

ス
…
キメタ
クルッリ
なに…あれ…
変《へん》な男《おとこ》の子《こ》…
ゾ…

う～ん海芳《うみか》はどこにいるかしら
ビュッフェの料理《りょうり》をなにか食《た》べながら待《ま》とうかしら
これおいしそう♥
あ これも…
ねぇ…そこの君《きみ》…いっしょにおどろうよ

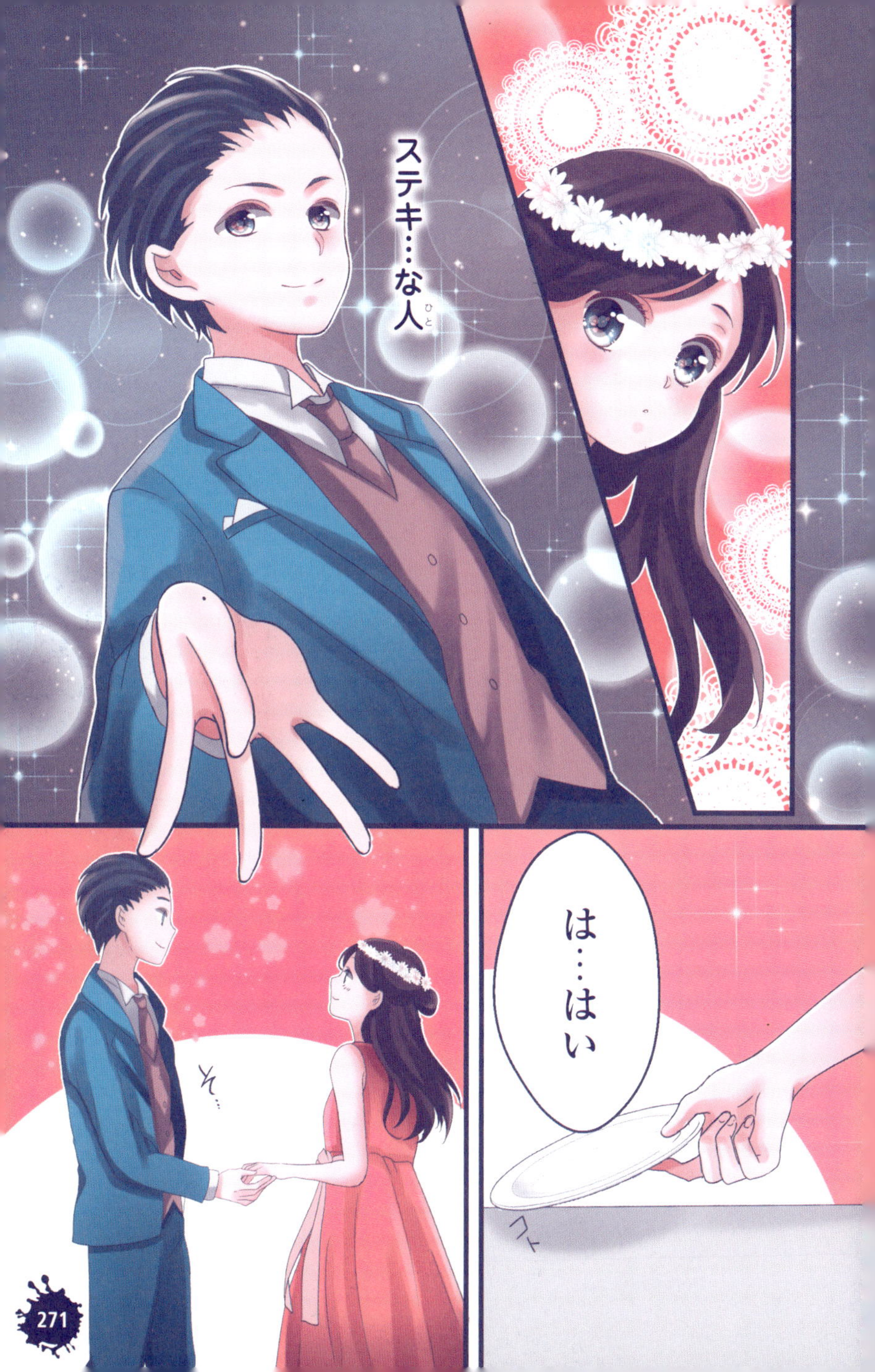
ステキ…な人《ひと》
は…はい
コト
そ…

あの…
あなたの名前《なまえ》は…？
アキトだよ君《きみ》は？
わたしはナナよ
……——やっぱりねえ

なに？
いいや…
ギュウウ
——それより
ぼくたち…
ずっとずっと
おどっていようね

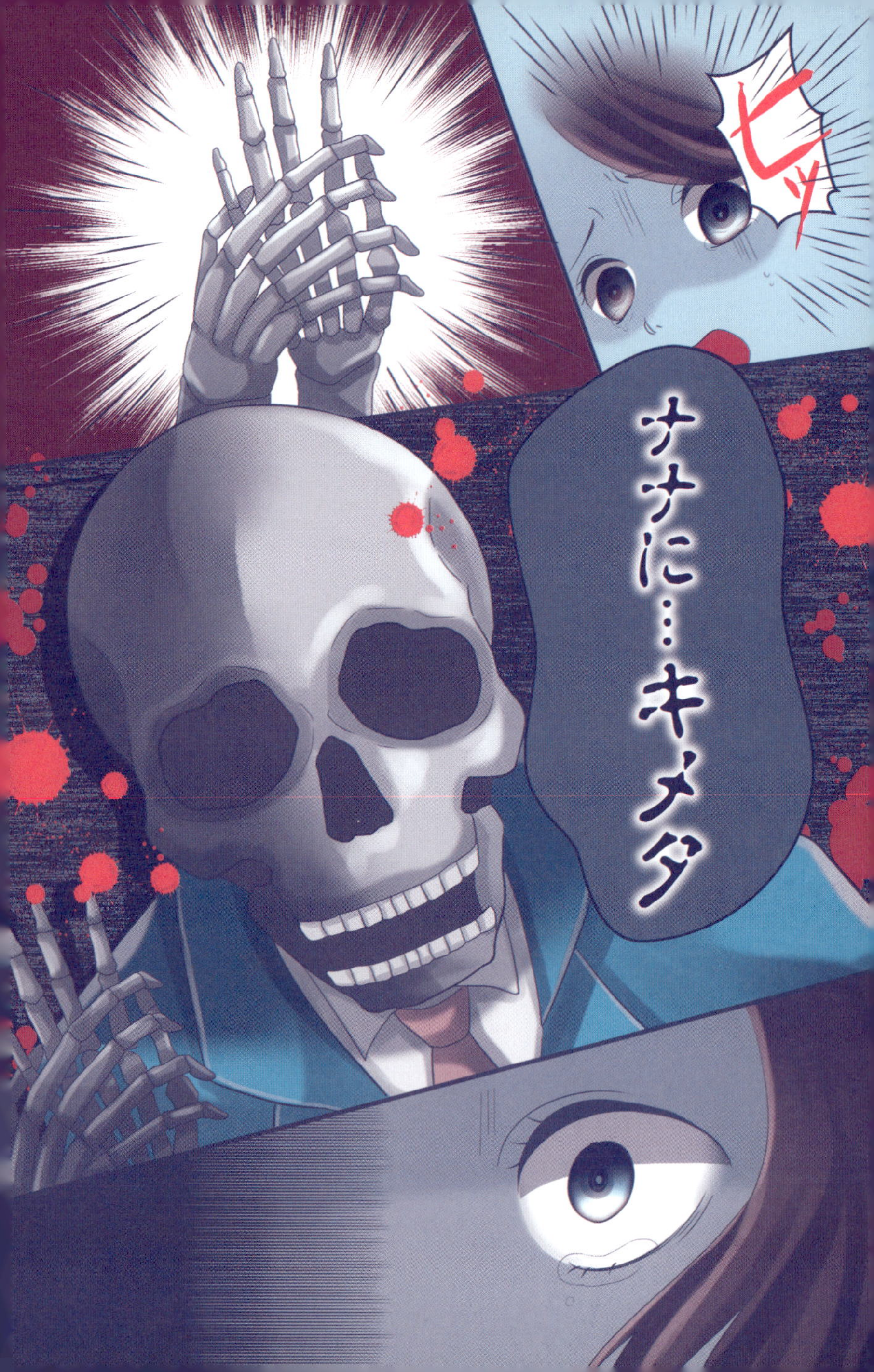
ヒッ
ナナに…キメタ

な…なんで!?
どうしてわたしガイコツなの？

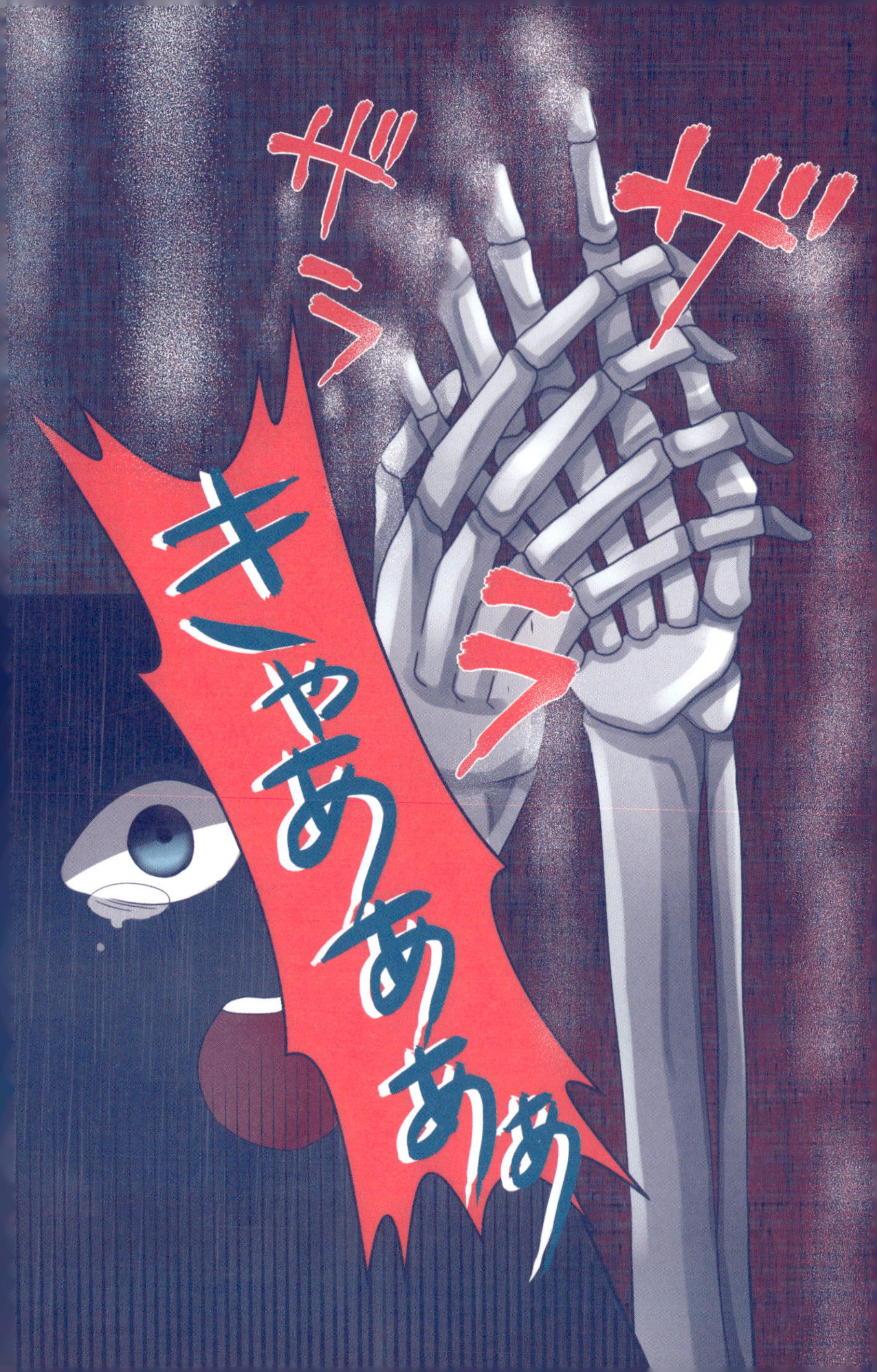
ザラ
ザラ
キゃああああ

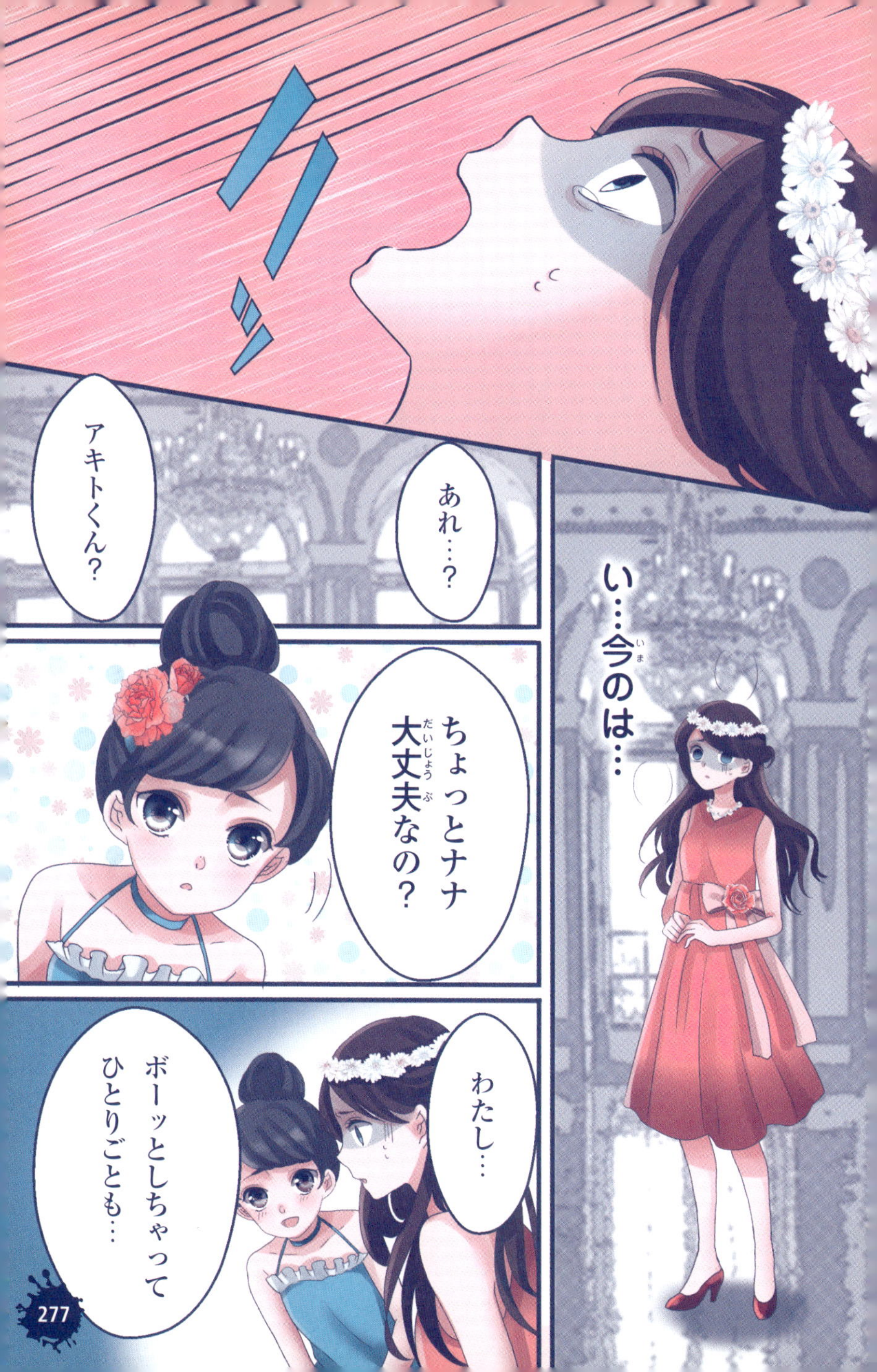
い…今《いま》のは…
あれ…？
アキトくん？
ちょっとナナ大丈夫《だいじょうぶ》なの？
わたし…
ボーッとしちゃってひとりごとも…

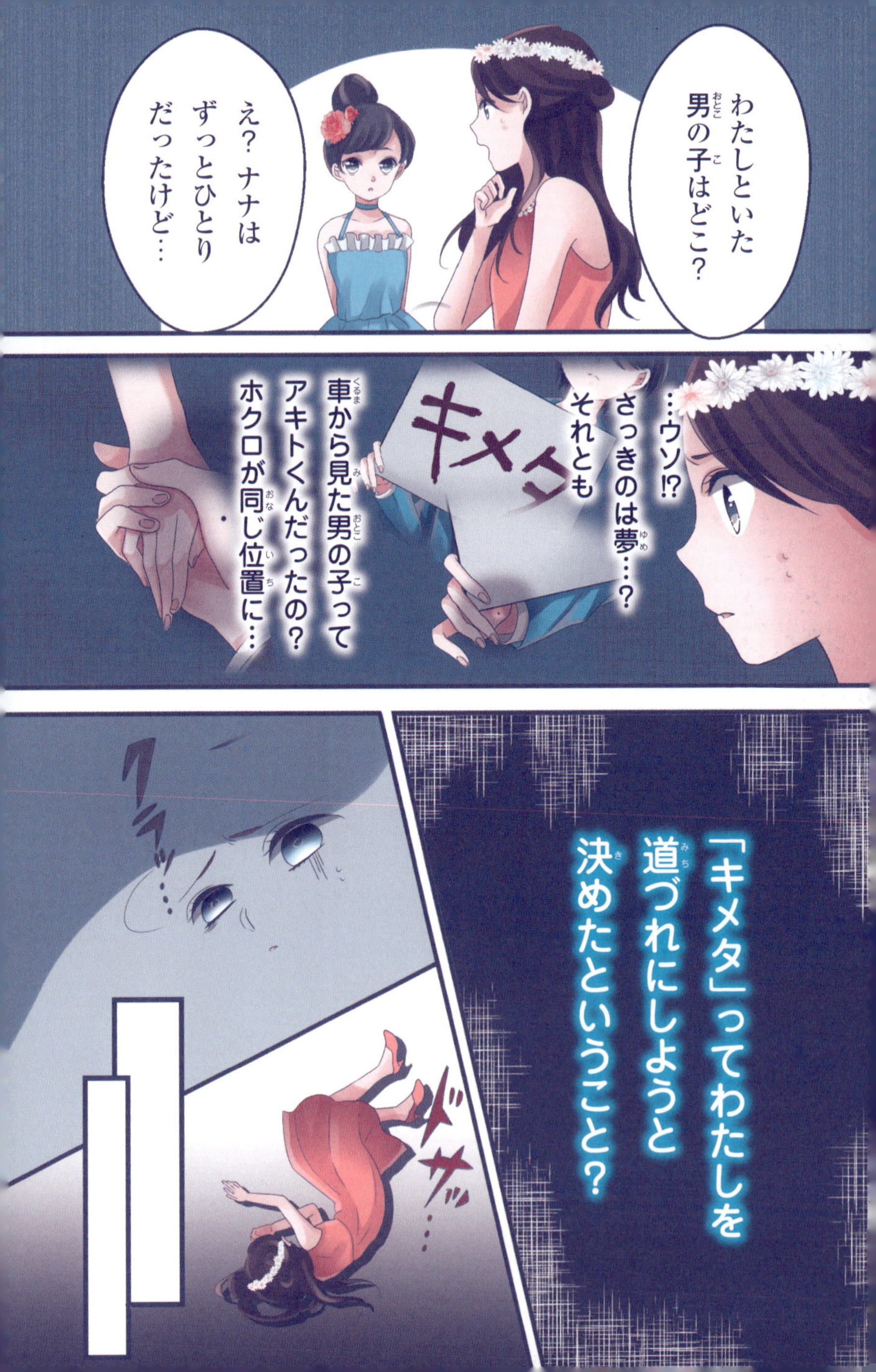
わたしといた
男《おとこ》の子《こ》はどこ？
え？ナナは
ずっとひとり
だったけど…
…ウソ⁉
さっきのは夢《ゆめ》…？
それとも
キメタ
車《くるま》から見《み》た男《おとこ》の子《こ》って
アキトくんだったの？
ホクロが同《おな》じ位置《いち》に…
「キメタ」ってわたしを
道《みち》づれにしようと
決《き》めたということ？
クラッ…
ドサッ…

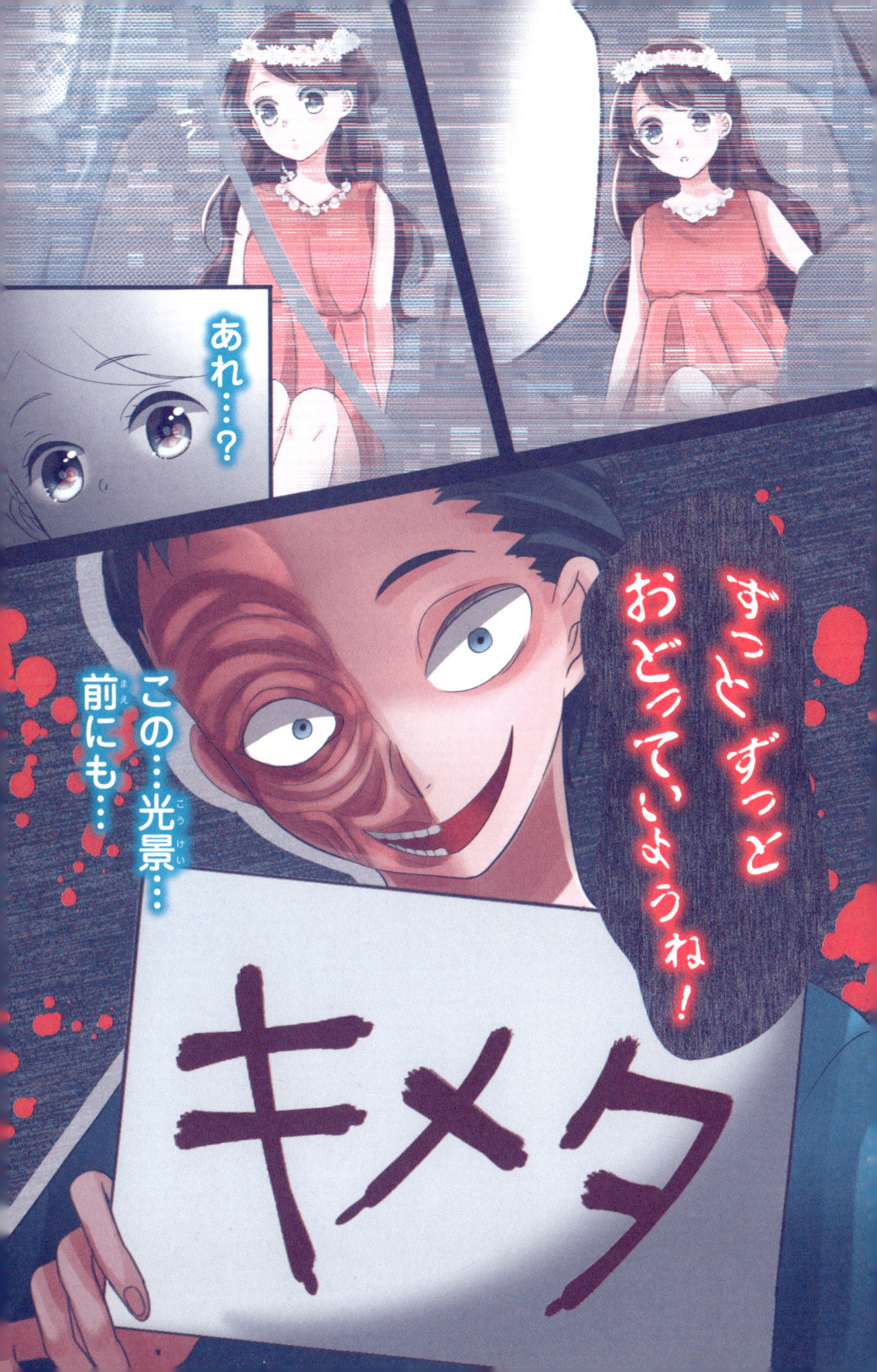
あれ…?
ずっとずっとおどっていようね!
この…光景《こうけい》…
前《まえ》にも…
キメタ

最恐《さいきょう》はダレだ?

クラスには世界中《せかいじゅう》の
最恐《さいきょう》ゴーストが
集《あつ》まります
ダレが最恐《さいきょう》か
決《き》めようぜ
のぞむ
ところだ
ゴゴゴゴゴゴ
ケ…ケンカが
始《はじ》まっちゃう
みんな
それぞれに
怖《こわ》いって!!
だから
止《や》め…
ゴッゴッゴッ
心配《しんぱい》
返《かえ》せ…
なんじゃそりゃ…
牛乳一気飲み対決!!

ゴースト失格《しっかく》

ぼくなんて…
ぼくなんて…
ず〜〜ん
ぬりかべは
どうした?
背中が泣いてる…
自分《じぶん》はゴースト
失格《しっかく》だって…
ぐわ〜っ
——昨日《きのう》
こわ〜〜い
いいカベだ
ラクガキ
しようぜ!
ああ〜〜〜っ…

最適《さいてき》なバイト

写《うつ》りすぎ…

17話《わ》
絶叫《ぜっきょう》
恐怖レベル
聞《き》きたくない……
あのブリっ子《こ》ほんとウザイ！
男子《だんし》に人気《にんき》あるからってゼッタイに調子《ちょうし》のってる!!

また悪口《わるぐち》が始《はじ》まった
長《なが》くなりそう
わたし習《なら》い事《ごと》あって先《さき》に帰《かえ》るね！
あたしも今日《きょう》はママと約束《やくそく》があるんだ
なによ…
もっとしゃべりたかったのに…
ふーんだ
別《べつ》にいいもん

ピーターに話《はな》すから!!
聞《き》いてよピーター最近《さいきん》あのふたりつきあい悪《わる》いんだよやな感《かん》じだよね
あとね今日《きょう》村《むら》木《き》先生《せんせい》がね…
わたしみんなとおしゃべりしたいだけなのに…わたしカワイソウだと思《おも》わない?
あー
いっぱい話《はな》したらスッキリした

ねえパパ〜
洋服《ようふく》買《か》って！
またか？
この前《まえ》買《か》ったばかりじゃないか…
雑誌《ざっし》で見《み》たのがほしいの！
ソデアキカットソー
ダメダメ買《か》いませんよ
む〜〜っ
もぉ〜
ケチ！ いいじゃん買《か》ってくれたって

なんであんなにケチなんだろう
ユイちゃん家《ち》はお金持《かねも》ちだからいいよな～
お洋服買《ようふくか》ってもらえないわたしって不幸《ふこう》だと思《おも》わない？
ねぇそう思《おも》うでしょピーター？
にっ
オマエ…ウルサイ

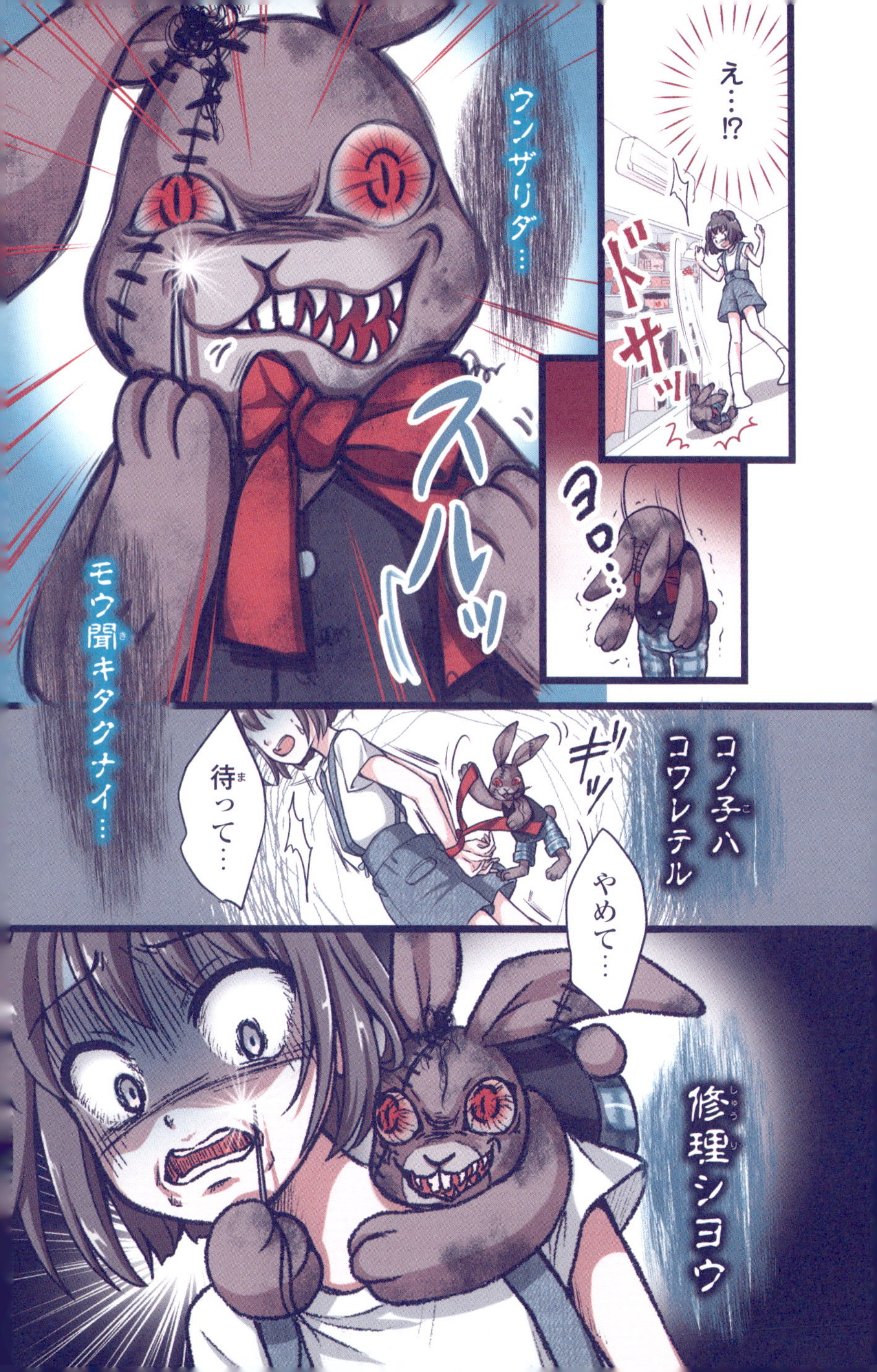

え…⁉
ドサッ
ヨロ…
ウンザリダ…
スルッ
モウ聞《き》キタクナイ…
コノ子《こ》ハ
コワレテル
ギッ
待《ま》って…
やめて…
修《しゅう》理《り》シヨウ

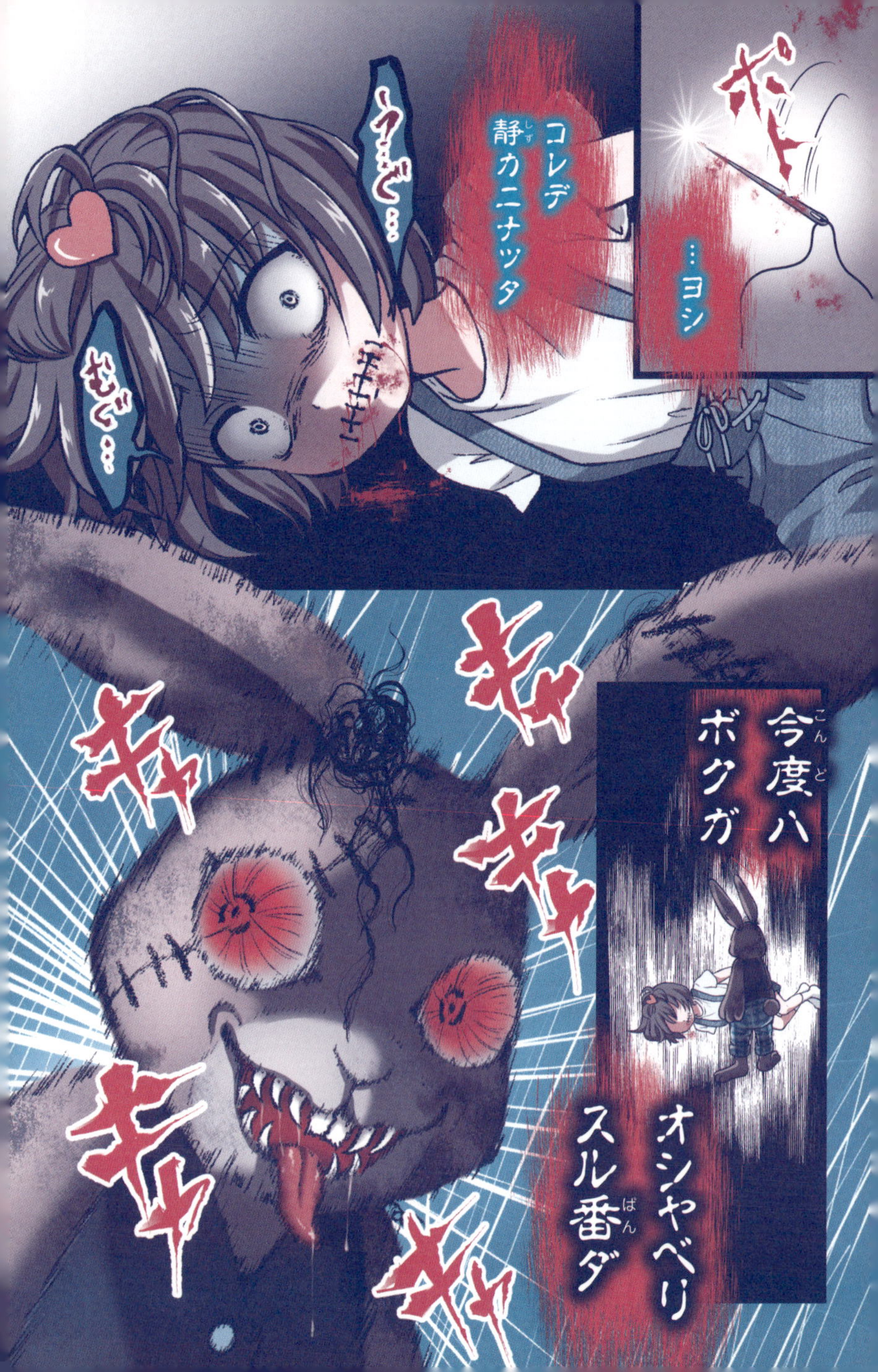
ポト
…ヨシ
コレデ
静《しず》カニナッタ
うぐ…
むぐ…
今度《こんど》ハ
ボクガ
オシャベリ
スル番《ばん》ダ
キャ
キャ
キャ
キャ
キャ

前《ぜん》編《ぺん》・後《こう》編《へん》型《がた》
ストーリー

前《ぜん》編《ぺん》

18話《わ》 ミステリー 恐怖レベル

恐《きょう》怖《ふ》を感《かん》じるとき

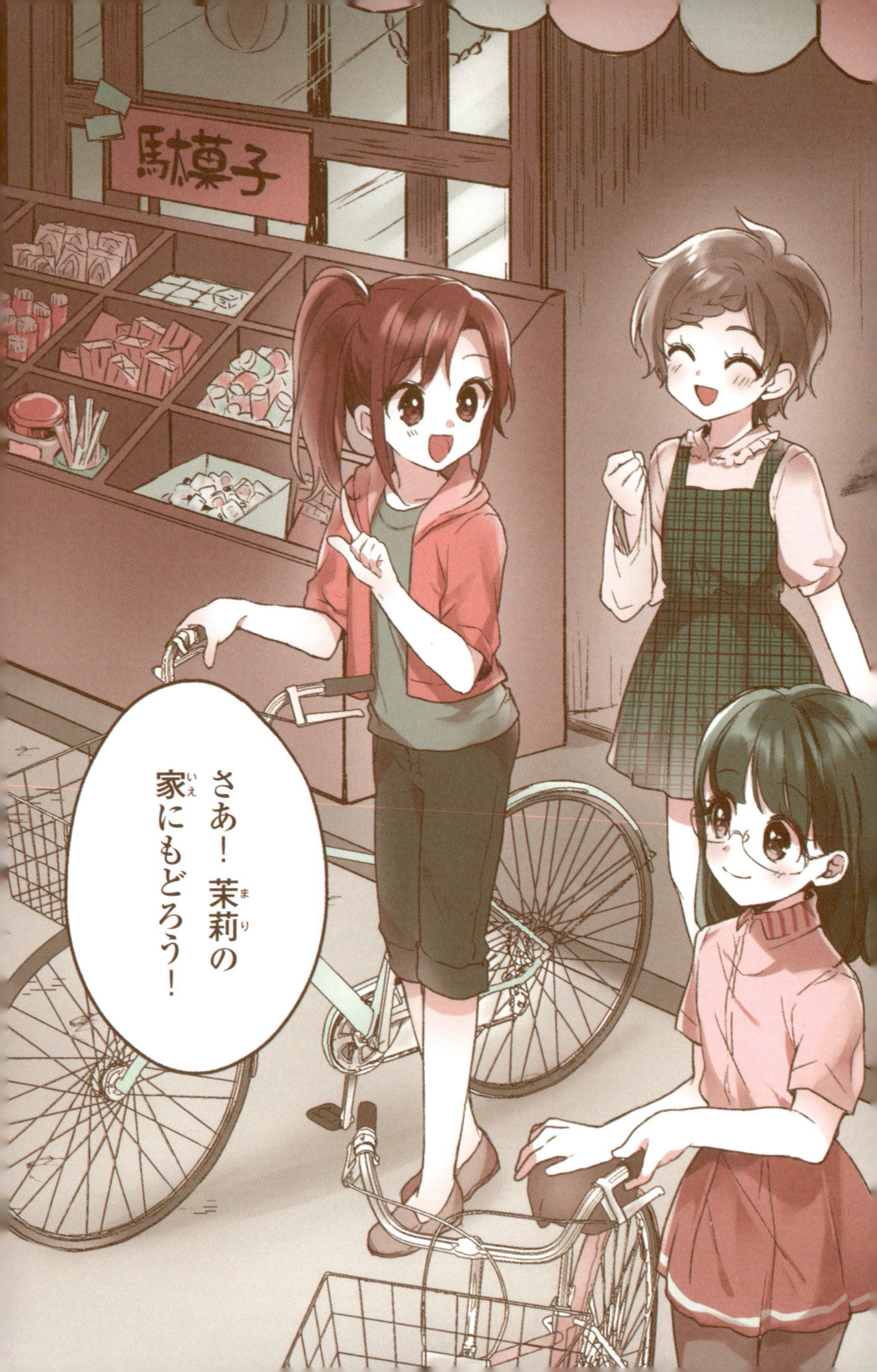
駄菓子
さあ！ 茉莉《まり》の家《いえ》にもどろう！

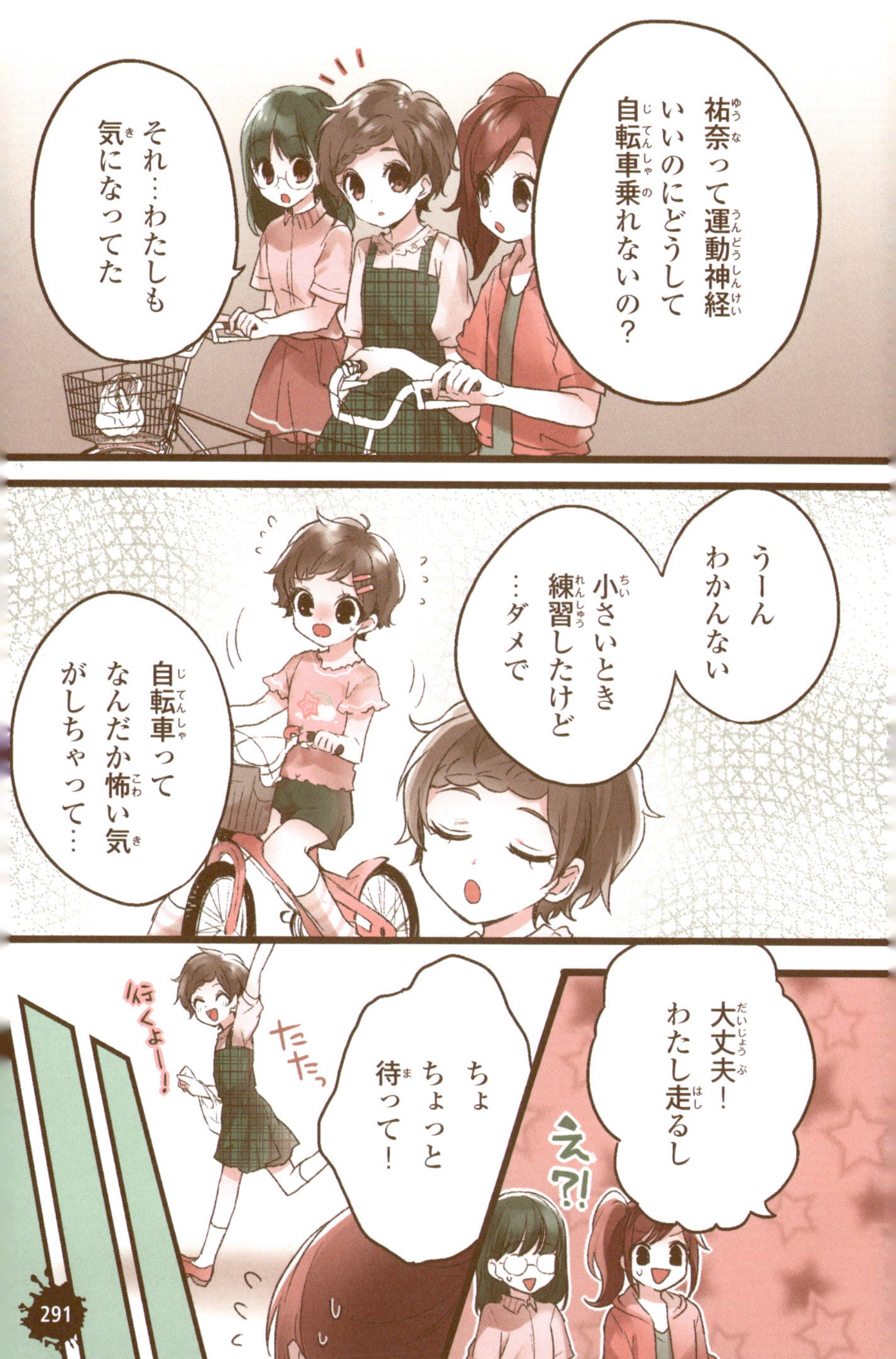
祐奈《ゆうな》って運動神経《うんどうしんけい》いいのにどうして自転車《じてんしゃ》乗《の》れないの？
それ…わたしも気《き》になってた
うーん　わかんない
小《ちい》さいとき練習《れんしゅう》したけど…ダメで
自転車《じてんしゃ》ってなんだか怖《こわ》い気《き》がしちゃって…
大丈夫《だいじょうぶ》！わたし走《はし》るし
え?!
ちょ　ちょっと待《ま》って！
たたっ
行くよー！

おいしー♥
それちょうだい
ねえ…生《う》まれ変《か》わりとか信《しん》じる？
いきなりなんの話《はなし》？
うん…そんな小説《しょうせつ》を読《よ》んで
なんだかハマっちゃって
前世の記憶
うわっ
重っ

生《う》まれ変《か》わり？
わたしたちって「カラダ」を持《も》つひとりの人間《にんげん》として生《い》きているけど
その「タマシイ」は何度《なんど》も生《う》まれ変《か》わるらしいの
数年《すうねん》・数十年《すうじゅうねん》・数百年《すうひゃくねん》と人《ひと》によって生《う》まれ変《か》わりのペースも回数《かいすう》もちがうみたいだけど
生《う》まれ変《か》わる前《まえ》（前世《ぜんせ》）のことを覚《おぼ》えている人《ひと》もときどきいるんだって
う～ん むずかしい話《はなし》…
生《う》まれ変《か》わり…

わたしは生《う》まれ変《か》わる前《まえ》の記憶《きおく》なんてな〜い
たいていの人《ひと》はそうだよ
わたしだってないもん！
成長《せいちょう》するうちに忘《わす》れちゃうことがほとんどみたい
今《いま》の自分《じぶん》の前《まえ》に生《い》きていたときか…
2〜3歳《さい》くらいの子《こ》が生《う》まれ変《か》わり前《まえ》の話《はなし》をしたケースが報告《ほうこく》されてる
Ciao
その子《こ》が知《し》るはずのない外国《がいこく》の言葉《ことば》をしゃべったり…

ふわっ
わたしはきっと…
どこかの国《くに》の可憐《かれん》なお姫様《ひめさま》の生《う》まれ変《か》わり？
ないな～い
ちょっと！
あはは
あっ！もう4時《じ》だ
そろそろ帰《かえ》らなきゃ
そうだね

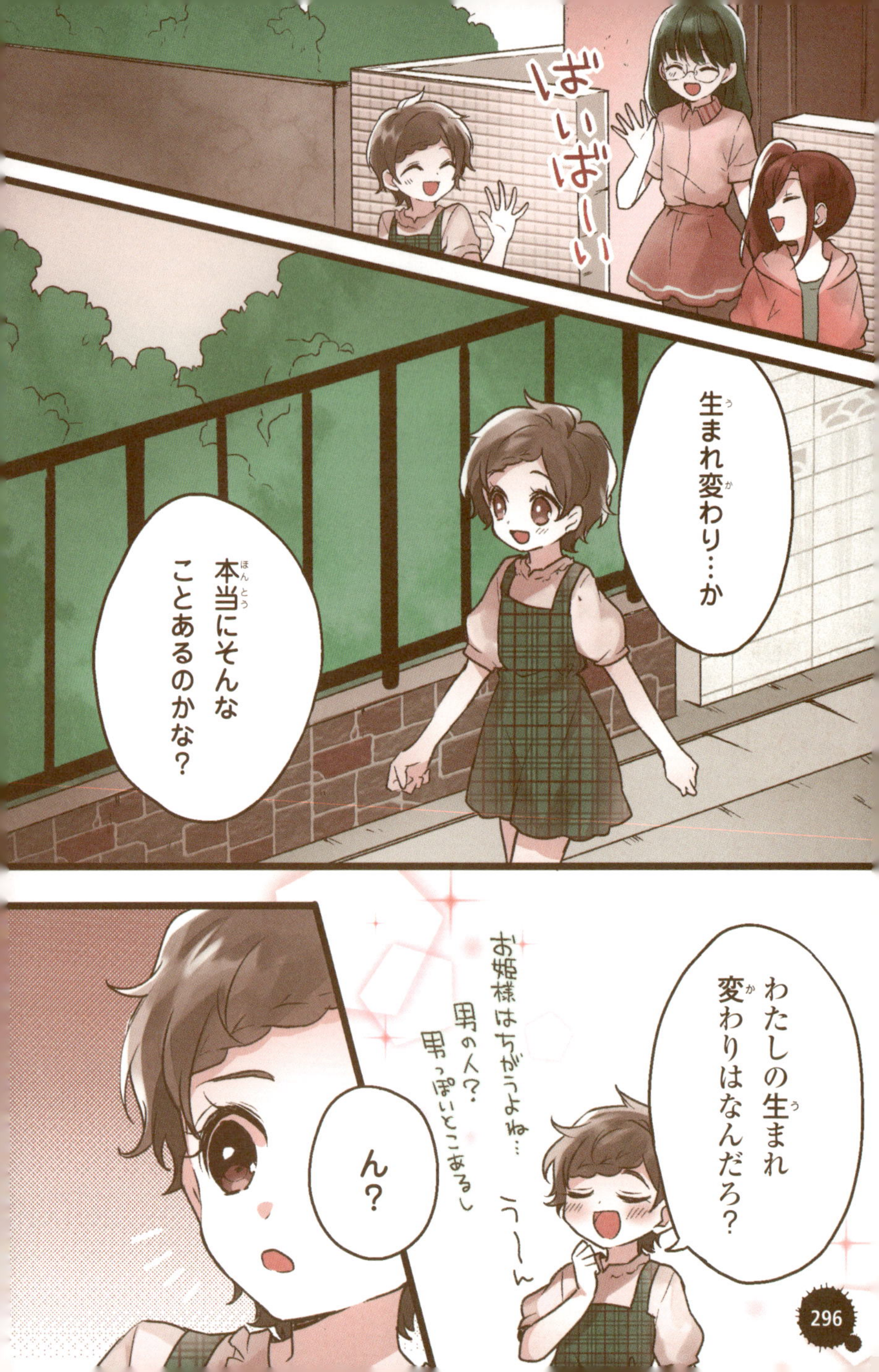
ばいばーい
生《う》まれ変《か》わり…か
本当《ほんとう》にそんなことあるのかな？
わたしの生《う》まれ変《か》わりはなんだろ？
うーん
お姫様はちがうよね…
男の人？
男っぽいとこあるし
ん？

占い
こんな場所《ばしょ》に占《うらな》いのお店《みせ》なんてあったかな〜
あなたの前世…視えます
前世《ぜんせ》…生《う》まれ変《か》わる前《まえ》がわかるのか
あなたの前世…視えます
前世《ぜんせ》が知《し》りたいのね…
え⁉

い…いいえ
ゾクッ
わ
わたしは
べつに…そんな
…刃物《はもの》が
見《み》えるわ
え?
強《つよ》い
悲《かな》しみ…

後悔《こうかい》…
男《おとこ》の人《ひと》…
な…なん
なんですか
スッ
……
気《き》をつけなさい
あなたに
不幸《ふこう》が近《ちか》づいてる

ダッ
ただいまっ
バ
タン
なにさっきの人《ひと》
…気持《きも》ち悪《わる》い…
はぁ
はぁ
ゾクッ

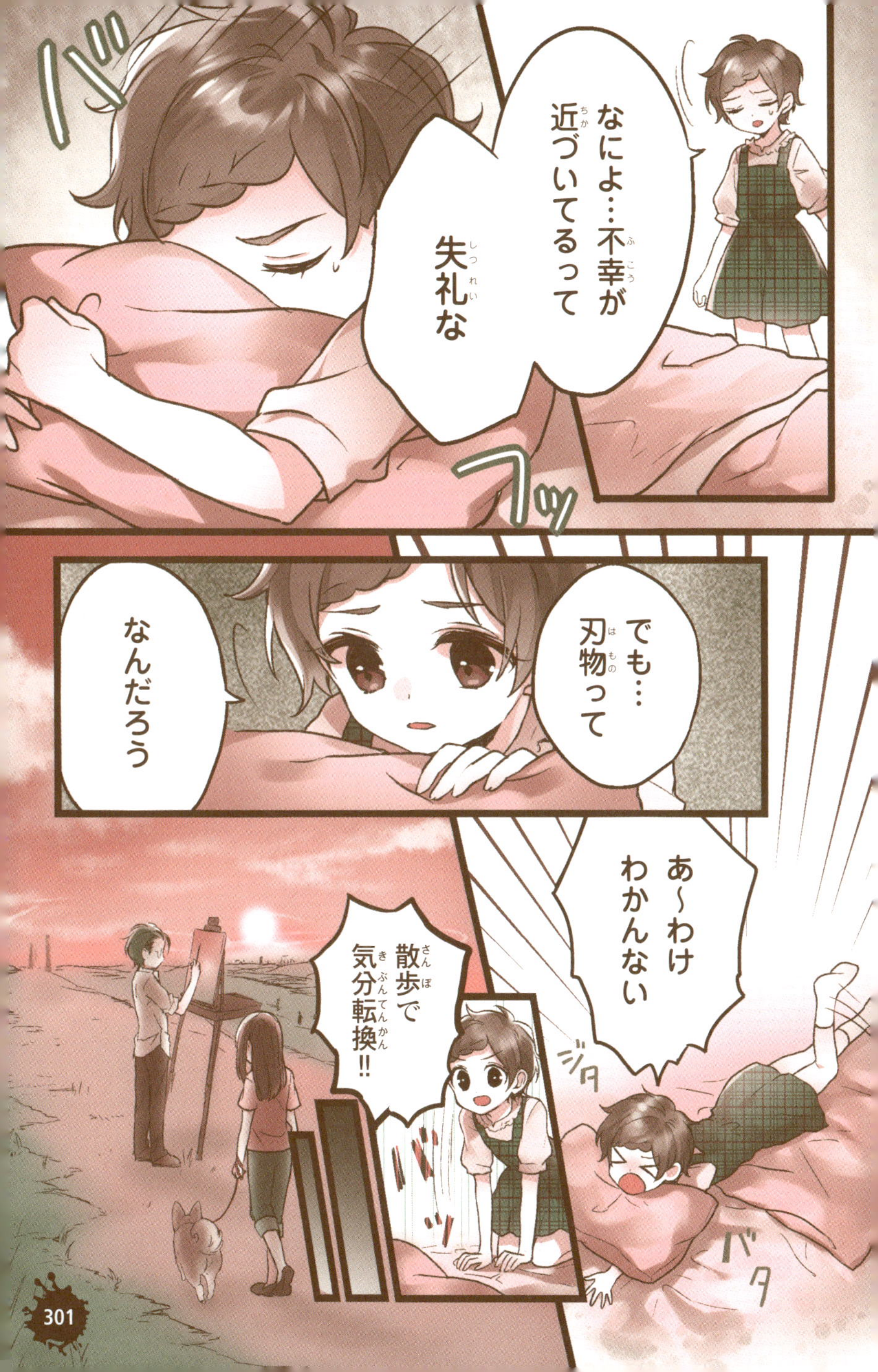
なによ…不幸《ふこう》が近《ちか》づいてるって
失礼《しつれい》な
バ
フッ
でも…刃物《はもの》って
なんだろう
あ〜わけわかんない
ジタ
バタ
散歩《さんぽ》で気分転換《きぶんてんかん》!!

なんでだろ この場所《ばしょ》 おちつくな～
この人《ひと》どんな絵《え》 描《か》いてるのかな？
ちら
うわあ きれい！
あっ
ありがとう

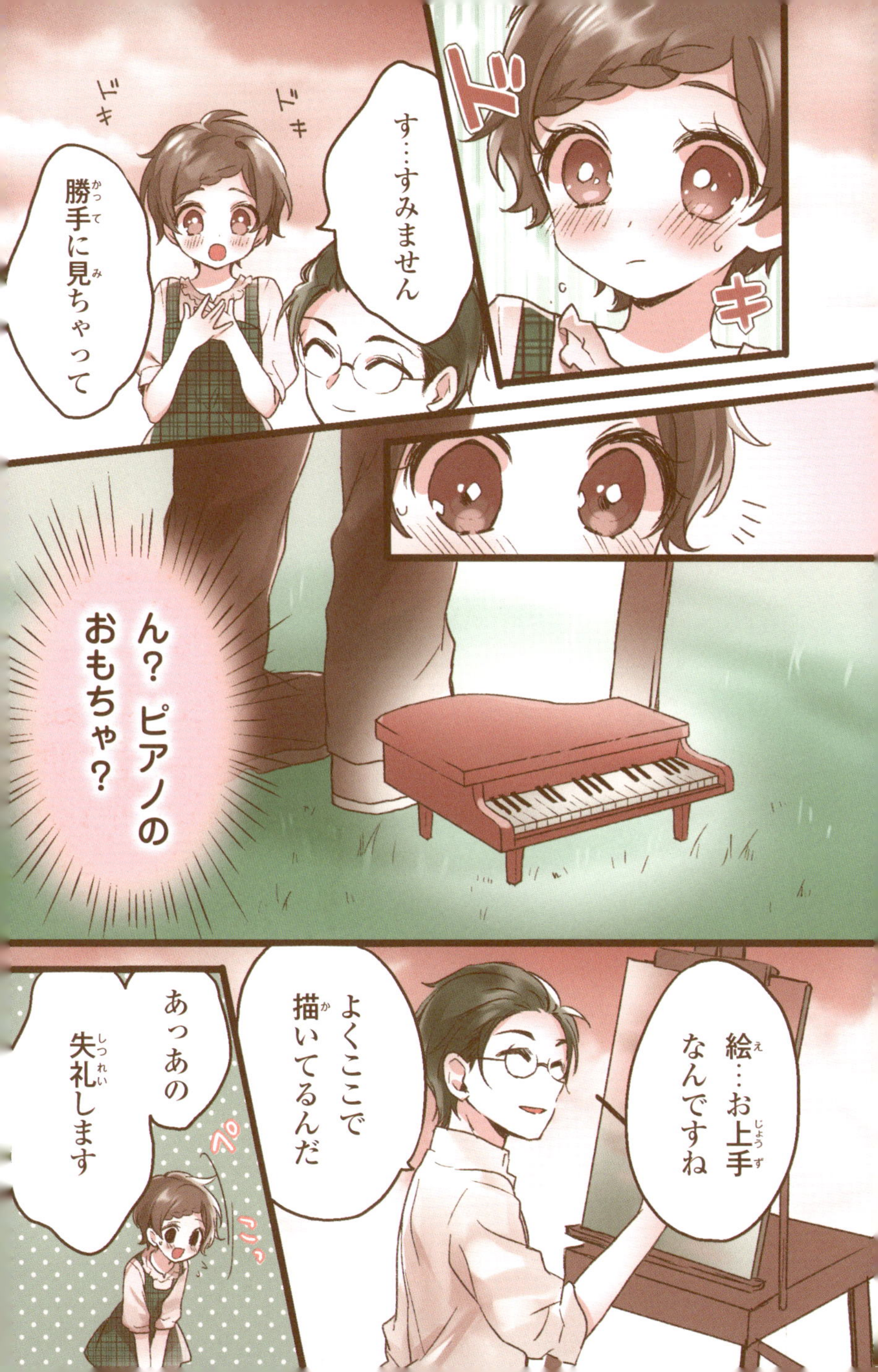
ドキ
す…すみません
ドキ
ドキ
勝手《かって》に見《み》ちゃって
ん？ ピアノのおもちゃ？
絵《え》…お上手《じょうず》なんですね
よくここで描《か》いてるんだ
あっあの
失礼《しつれい》します
ペこっ

あぁ〜緊張《きんちょう》したぁ
スタスタ
ドキドキ
どうしてこんなドキドキするんだろう…?
……
でも…ステキな絵《え》だった
るん♪
あそこで描《か》いてるって…
また会えるかも

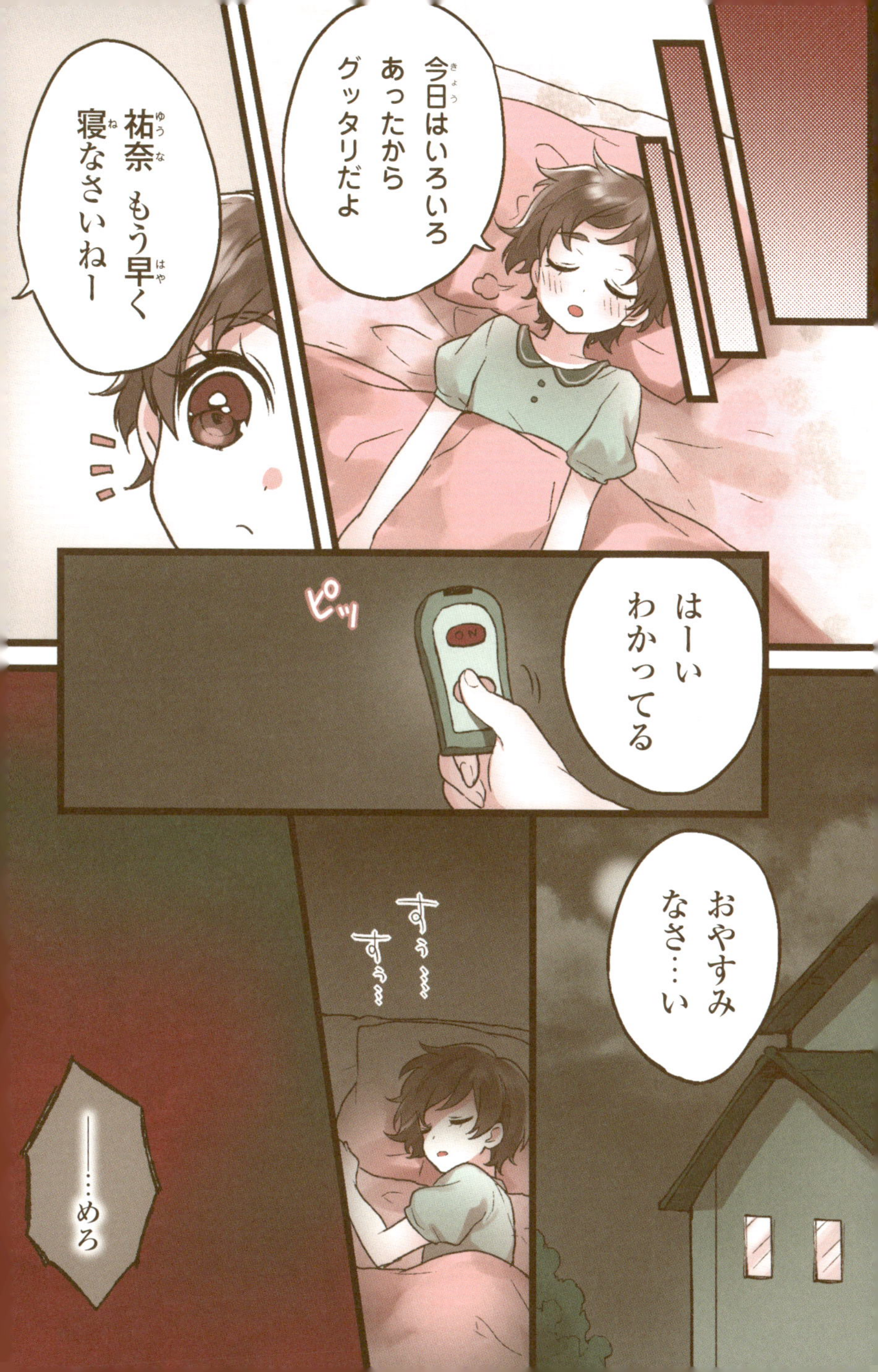
今日《きょう》はいろいろあったからグッタリだよ
祐奈《ゆうな》 もう早《はや》く寝《ね》なさいねー
ピッ
はーい わかってる
おやすみなさ…い
すぅ……
すぅ…
──……めろ

やめろ!!
バッ
おいっ
やめろって
ガラ…
もぞ
う…
う
な…
なにするんだよ

うわあああぁ
が
バッ
ハッ
ゆ…夢《ゆめ》
ハァ
ハァ
ハァ
めちゃくちゃリアルだった
ほ…
ジリリリ
パチ

ぱしゃ
生《う》まれ変《か》わり
なんて考《かんが》えたから
変《へん》な夢《ゆめ》を
見《み》ちゃっただけ
でも夢《ゆめ》で刃物《はもの》
みたいなものが
刃物《はもの》が見《み》える
ふっ
な…なに
これ…血《ち》!?

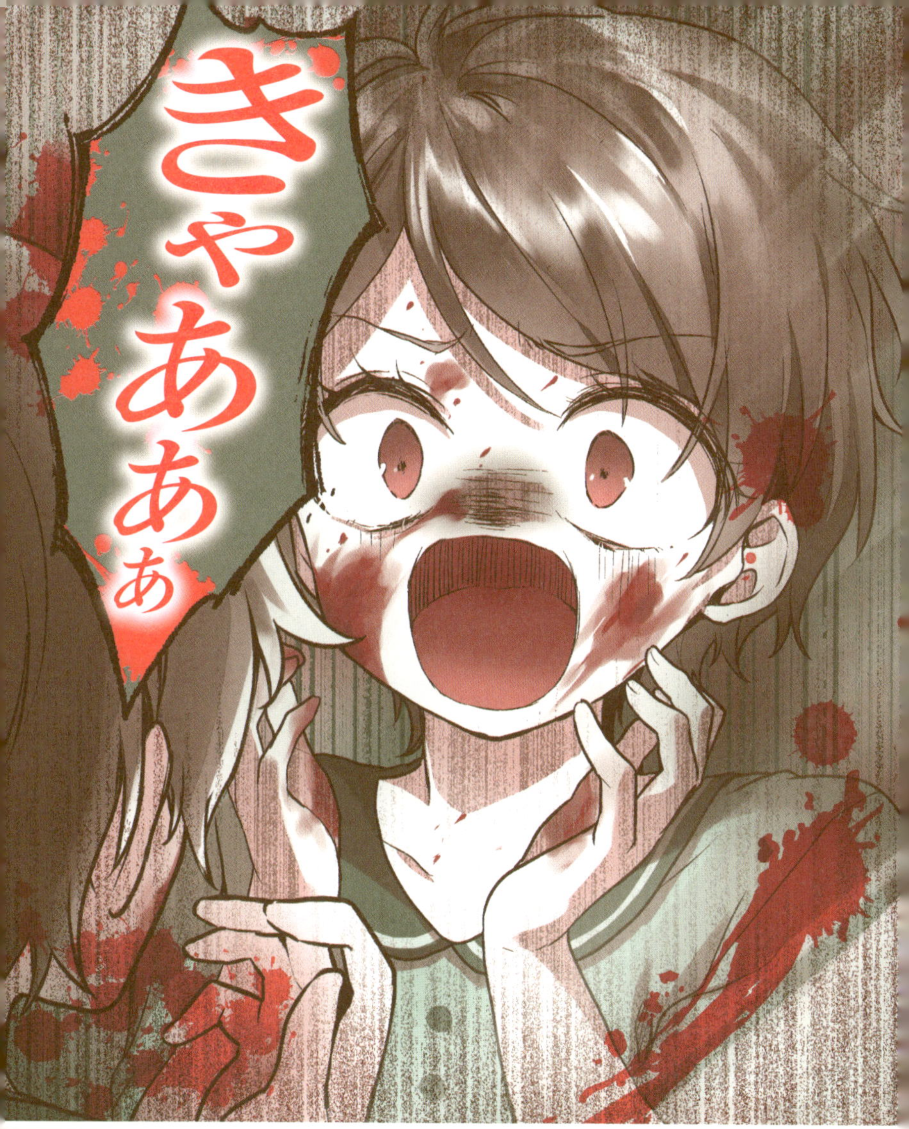

この恐怖《きょうふ》は次回《じかい》の巻《かん》後編《こうへん》へと続《つづ》く

きっとあなたは意外《いがい》な結末《けつまつ》に息《いき》をのむ…。

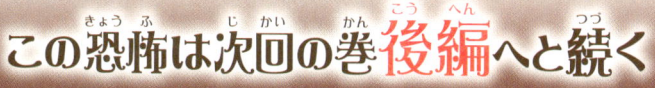

9月《がつ》10日《か》 昼休《ひるやす》み ——教室《きょうしつ》

時《とき》の巻《ま》きもどし 選択《せんたく》の行《ゆ》く末《すえ》

「……ねえ、咲紀《さき》もそう思《おも》うでしょ？ ねえ？」

(あぁ…また、萌香《もえか》、萌香《もえか》って。つまんない…)

わたしはみんなの話《はなし》を聞《き》いていなかった。

「咲紀《さき》ちゃんは、告《こく》ったほうがいいと思《おも》う？」

(………ふたりがつきあったら、もっとウザくなるかも。——たしか空《あ》き家《や》のウワサって、屋根裏部屋《やねうらべや》にカップルで入《はい》ると、別《わか》れるんだったよね…)

「ごめん。わたし、ちょっとトイレ！」

わたしは教室《きょうしつ》を出《で》て、淳《じゅん》をさがしにいく。そして、体育館《たいいくかん》でバスケをする淳《じゅん》に声《こえ》をかけた。

「ねぇ淳《じゅん》。今日《きょう》、いっしょに帰《かえ》らない？ わたしだけじゃなくて、萌香《もえか》もいっしょに！」

「…え？ こ、倖田《こうだ》さんもいっしょ？」

「うん…。昨日《きのう》協力《きょうりょく》するって言《い》ったじゃん。ふたりをくっつける方法《ほうほう》を思《おも》いついたんだよね」

「咲紀《さき》、おまえホントいいやつだな〜」

(淳《じゅん》ゴメンね。アンタにはなんのウラミもないんだけどさ。それに、ただのウワサかもしれないし…)

わたしは、淳《じゅん》と萌香《もえか》それぞれに、3丁目《ちょうめ》の空《あ》き

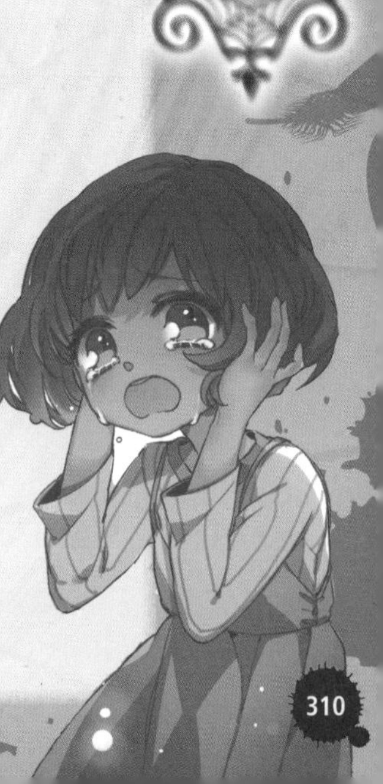

家《や》のウワサ話《ばなし》をした。もちろん『屋根裏部屋《やねうらべや》に男《だん》女《じょ》のふたりで入《はい》ると霊《れい》があらわれて、恋《こい》をかなえてくれる』っていう、ウソだったけれど…。ふたりとも、恋《こい》がかなうとうれしそうに聞《き》いていた。

9月《がつ》10日《か》　16時《じ》55分《ふん》――通学路《つうがくろ》

「そのウワサの空《あ》き家《や》って、ここだよな？」

「うん……そう。これがその空《あ》き家《や》」

わたし、萌香《もえか》、淳《じゅん》の3人《にん》は、女性《じょせい》の霊《れい》がでるとウワサの3丁目《ちょうめ》の空《あ》き家《や》にきていた。

「でも…家《いえ》には、カギがかかってるんじゃ…」

淳《じゅん》がドアノブにふれると、ガチャと音《おと》がした。

ギィ――――とドアを開《あ》け、玄関《げんかん》へと入《はい》る。

「思《おも》ったよりキレイだけど、やっぱりブキミ」

「倖田《こうだ》さん、平気《へいき》？ 怖《こわ》くない？」

ピピピ。ピピピ。そのとき、スクールバッグにつけたキーホルダー型《がた》の時計《とけい》が鳴《な》った。17時《じ》だ。

「やっぱりわたし、行《い》くのやめよっかな～？」

淳《じゅん》に目配《めくば》せすると、淳《じゅん》は小《ちい》さくうなずいた。

「しかたねぇな～。じゃあ、倖田《こうだ》さん行《い》こうか」

…トン、…トン、…トン。そしてふたりは、2階《かい》へと続《つづ》く階段《かいだん》をおそるおそるあがっていった。

（カンタンにだまされちゃって、バカなふたり。あっ！ ヤバイ。今日《きょう》って木曜《もくよう》じゃん！）

わたしは毎週《まいしゅう》かかさず見《み》ているテレビ番組《ばんぐみ》を思《おも》いだし、ふたりをおいて先《さき》に帰《かえ》ることにした。

「ごめ～ん、先《さき》に帰《かえ》るね」

2階《かい》にむかって大声《おおごえ》をあげ、ドアノブに手《て》をかける。しかし、ドアノブはピクリとも動《うご》かない。

（どうして？　開《あ》かない。カギなんてかけてないのに…。ちょっと、なんで開《あ》かないの!!）

ビクともしないドアにあきらめ、わたしは、2階《かい》のふたりを探《さが》しにいくことにした。

「ねぇ…。どこにいるの～？」

しかし、返事《へんじ》はない。わたしは2階《かい》のいちばん奥《おく》の部屋《へや》に入《はい》った。すると部屋《へや》のはしに、天井《てんじょう》から降《お》ろされたはしごが見《み》えた。

（この上《うえ》が、屋根裏部屋《やねうらべや》なんだ…。もうふたりは部屋《へや》に入《はい》ったってことね…）

「淳《じゅん》、萌香《もえか》。上《うえ》にいるんでしょ？　返事《へんじ》して!!」

やはり、なにも聞《き》こえない。わたしはしかたなく、屋根裏部屋《やねうらべや》へのはしごを昇《のぼ》った。そして部屋《へや》の奥《おく》をのぞくが、暗《くら》くてよく見《み》えない。

「ちょっと～、どこにいるわけ～？」

「…………………」

（もう、なんなのよ。返事《へんじ》くらいしなさいよ）

そのとき、屋根裏部屋《やねうらべや》の床《ゆか》でなにかが光《ひか》った。わたしは、そのまま屋根裏部屋《やねうらべや》へとあがる。暗闇《くらやみ》で光《ひか》ったものは、砂時計《すなどけい》だった。手《て》にしたそれは小《ちい》さく、とても古《ふる》めかしいものだった。

「……ん？　砂時計《すなどけい》？」

そのとき、下《した》からふたりの話《はな》し声《ごえ》が――。

「ねぇ、溝口《みぞぐち》くん。やっぱりやめない？」

「え？　倖田《こうだ》さんどうして？　怖《こわ》い？」

「心霊《しんれい》スポットに遊《あそ》び半分《はんぶん》で行《い》くのは、よくないっていうでしょ。そ…それに、霊《れい》にお願《ねが》いしなくたって、わたし……溝口《みぞぐち》くんのことがスキ！」

「こ…倖田《こうだ》さん。本当《ほんとう》に？　ぼくもだよ」

「屋根裏部屋《やねうらべや》に入《はい》ってないけど、恋《こい》がかなった…」

「え!?　その話《はなし》、倖田《こうだ》さん知《し》ってたの？　咲紀《さき》は倖田《こうだ》さんには話《はな》してないって言《い》ってたのに」
「わたしは、溝口《みぞぐち》くんにはヒミツって言《い》われた。ねえ、早《はや》く咲紀《さき》ちゃんに報告《ほうこく》に行《い》こっ♪」
（……な、なによ。あのふたり。まだ屋根裏部屋《やねうらべや》にきてなかったわけ！　そ…それに）
ウィーーン。そのとき、モーター音《おん》が聞《き》こえてきた。その音《おと》と同時《どうじ》に、はしごがあがる。
（ち、ちょっと、待《ま》ってよ。わたしいるのに！　このままじゃ、閉《と》じこめられちゃ……）
「淳《じゅん》、咲紀《さき》！　わたしは、ここよ!!」
はしごは完全《かんぜん》にあがり、わたしは屋根裏部屋《やねうらべや》に閉《と》じこめられてしまった。
「だれか助《たす》けて！　お願《ねが》いだれか!!」
ドン。ドン。床《ゆか》をたたき続《つづ》けたが、いっこうにだれもくる気配《けはい》がなかった——。

9月《がつ》10日《か》　17時《じ》38分《ぷん》——屋根裏部屋《やねうらべや》

「ねえ、ちょっとアンタ。いつまで待《ま》たせる気《き》」
わたしは声《こえ》にハッと我《われ》に返《かえ》る。さっきまでのことを思《おも》いだしたら、くやしさがこみあげてきた。
（あのふたり、ゼッタイにゆるさない。アイツらを逆《ぎゃく》に閉《と》じこめてやる）
「今日《きょう》の17時《じ》に、時間《じかん》を巻《ま》きもどして！」
「いいかい、巻《ま》きもどしは一度《いちど》きりだよ」
「いいわ。早《はや》くしてよっ!!」
「……………了解《りょうかい》した」
女《おんな》の子《こ》と男《おとこ》の子《こ》の手《て》の間《あいだ》に、ふたたび金色《きんいろ》に輝《かがや》く液体時計《えきたいどけい》があらわれる。そしてそのなかの真《ま》っ赤《か》な液体《えきたい》が、下《した》から上《うえ》へと逆流《ぎゃくりゅう》を始《はじ》めた…。

「ねえ…あなたたち、名前《なまえ》は？」

「わたしは、ペネムよ」「ぼくは、モレクさ」

そしてあたりがモヤにつつまれていった——。

9月《がつ》10日《か》　17時《じ》00分《ふん》 —— 空《あ》き家《や》玄関《げんかん》

ピピピ。ピピピ。

「お～い咲紀《さき》、大丈夫《だいじょうぶ》か？　ボーッとして」

（……ここは空《あ》き家《や》の玄関《げんかん》。そして……17時《じ》）

「スゴイ！　ほ…本当《ほんとう》に時間《じかん》がもどって…る！」

「え？　なにがもどってるの？」

「ううん…。なんでもない。あのさ、今日《きょう》って、9月《がつ》10日《か》だよね？」

「うん、そうだけど。なんだよ、いきなり…」

（やっぱり、今日《きょう》の17時《じ》にもどってるよ!!）

「ごめん。早《はや》く、屋根裏部屋《やねうらべや》へ行《い》こっ！」

わたしは淳《じゅん》と萌香《もえか》をつれ、2階《かい》のいちばん奥《おく》の部屋《へや》へとむかった。そして屋根裏部屋《やねうらべや》へ昇《のぼ》るためのはしごを、ボタンを押《お》しておろした。

（フフッ、こいつらを、閉《と》じこめてやるんだ…）

「この上《うえ》が屋根裏部屋《やねうらべや》。ほら早《はや》く、昇《のぼ》って!!」

「う……うん」

はしごを昇《のぼ》ろうとしない淳《じゅん》に耳打《みみう》ちする。

「なによ～。ビビってるわけ？　なんのために、ここに来《き》たと思《おも》ってるのよ。早《はや》くふたりで屋根裏《やねうら》部屋《べや》に入《はい》って、両想《りょうおも》いになりなさいよ」

「だ……だよな」

「倖田《こうだ》さん、ぼくが先《さき》に昇《のぼ》るね」
淳《じゅん》がゆっくりとはしごを昇《のぼ》り始《はじ》めると、萌香《もえか》が不安《ふあん》そうに声《こえ》をかける。
「ねえ、溝口《みぞぐち》くん。やっぱりやめない?」
「え? 倖田《こうだ》さんどうして? 怖《こわ》い?」
淳《じゅん》はせっかく昇《のぼ》ったはしごを降《お》りてしまう。
(た…たしか、この流《なが》れはマズイんじゃ……)
「萌香《もえか》。怖《こわ》いなら、わたしが先《さき》に昇《のぼ》るから!」
(ゼッタイにここで、こいつらを屋根裏部屋《やねうらべや》に昇《のぼ》らせないと。その後《あと》に閉《と》じこめるんだから…)
「ほらっ、萌香《もえか》。なにやってるのよ。アンタ、昇《のぼ》りなさいよ。ほらっ、早《はや》く!」
わたしははしごを昇《のぼ》って屋根裏部屋《やねうらべや》へと入《はい》り、上《うえ》から萌香《もえか》の手《て》をつかんだ。そして、はしごをにぎらせようと力《ちから》をこめた。

「い…痛《いた》いっ! 咲紀《さき》ちゃん、やめて!」
「さ…咲紀《さき》、やめろよ。もういいって!」
「ダメ! 帰《かえ》るなんて、ゼッタイにゆるさない!」
「なんだよ、それ。倖田《こうだ》さん、早《はや》く行《い》こう!」
「ちょっと、待《ま》ちなさいよ。アンタたち!」
わたしはくやしさのあまり、床《ゆか》をたたく。
「ちょっと、どうして!? わたしまた、ここにひとりじゃないっ!! なにも変《か》わってない!」
気《き》づけばわたしのまわりは、真《ま》っ暗《くら》だった…。
声《こえ》を張《は》りあげ続《つづ》けたが、ペネムとモレクもあらわれない。――どれくらいたったのだろう。わたしは、部屋《へや》にあったイスに腰《こし》をかけた。
「……やっと…ミツケタ。ひとりぼっちの女《おんな》の子《こ》。ワタシ…と…同《おな》じ…。うらぎられたことを、うらんでいるのね。大丈夫《だいじょうぶ》…ワタシがイルワ…――」

ギシ
ギシー
真央《まお》…この上《うえ》が屋根裏部屋《やねうらべや》なんだよね？
恋《こい》をかなえる少女《しょうじょ》の霊《れい》なんておもしろいな…
うん そうだよ！玲子《れいこ》も賢人《けんと》も早《はや》く昇《のぼ》っておいでよ
フッ
バーカ ウソだよ おまえら早《はや》く別《わか》れさせてやる

それにしても暗《くら》いなあ…
キラッ
ん？ なにか光《ひか》った
砂《すな》時《ど》計《けい》…？
…え？
ガタ
ガタ
ガタン
……足《あし》!?

ギャあああ
木村《きむら》咲紀《さき》…
屋根裏部屋《やねうらべや》の霊《れい》に
憑《つ》かれたのね
イジワルな
気持《きも》ちさえ
芽《め》ばえなければ…
さあ次《つぎ》の人間《にんげん》は…

あなたのおたよりを大募集《だいぼしゅう》！

あなたの恐怖体験《きょうふたいけん》やホラー小説《しょうせつ》、本《ほん》の感想《かんそう》やご意見《いけん》などをどしどしご応募《おうぼ》ください。怖《こわ》い本《ほん》づくりの参考《さんこう》にさせていただきます。

おたよりは『あなたのまわりの怖《こわ》いストーリーMEGA《メガ》』で紹介《しょうかい》しています！

募《ぼ》集《しゅう》しているテーマ

- まわりで起《お》こった恐怖現象《きょうふげんしょう》（心霊体験談《しんれいたいけんだん》）
- あなたが考《かんが》えたホラー小説《しょうせつ》
- あなたが描《か》いた怖《こわ》い絵《え》

※マンガに登場《とうじょう》したキャラクターの絵《え》などでもOKだよ!

おたよりにあわせて書《か》いてください

①ペンネーム・年《ねん》れい ②この本《ほん》でおもしろかった特集企画《とくしゅうきかく》
③この本《ほん》で怖《こわ》かったストーリー（3つ）
④続《つづ》きが読《よ》みたいストーリーとその理由《りゆう》 ⑤今後《こんご》、取《と》りあげてほしいテーマ

こちらのあて先《さき》まで、おハガキかお手紙《てがみ》で送《おく》ってください。

あて先《さき》
〒113-0034 東京都文京区湯島《とうきょうとぶんきょうくゆしま》2-3-13
株式会社西東社《かぶしきがいしゃせいとうしゃ》
「ミラクルきょうふシリーズ おたより募集《ぼしゅう》」係《がかり》

●小説《しょうせつ》やマンガを作成《さくせい》する際《さい》に応募《おうぼ》いただいたお話《はなし》の一部《いちぶ》を変更《へんこう》したり、内容《ないよう》を加《くわ》えたりすることがあります。
●応募《おうぼ》いただいたお話《はなし》をもとに作成《さくせい》した小説《しょうせつ》やマンガの著作権《ちょさくけん》は株式《かぶしき》会社西東社《がいしゃせいとうしゃ》に帰属《きぞく》します。

マンガ――稚野まちこ［P5～、P316～］　ひなた未夢［P21～］
あずやちとせ［P49～］　青空瑞希［P70～、P282～］
コンノユメノスケ［P76～、P280～］　笹木一二三［P79～］
恋仲あお［P108～］　ザネリ［P127～］　poto［P145～］
いしいゆか［P152～］　夏芽もも［P167～］
高咲あゆ［P180～］　あまねみこ［P204～］
sanarin［P215～］　やとさきはる［P241～］
かな助［P267～］　こいち［P289～］
カバーイラスト――稚野まちこ
イラスト――飴うさこ　稚野まちこ　蜂蜜ハニィ
執筆協力――リバプール株式会社
監修協力――LUA　ageUN株式会社
取材協力――志月かなで（株式会社山口敏太郎タートルカンパニー）
カバーデザイン――棟保雅子
デザイン――佐々木麗奈　柿澤真理子　橘奈緒
DTP――J-9
マンガ原作――08CREATION
編集協力――08CREATION

時間《じかん》を巻《ま》きもどせる、ペネムとモレク。
巻《ま》きもどした先《さき》にどんな恐怖《きょうふ》が…

ミラクルきょうふ！

怖《こわ》いストーリーMEGA《メガ》 幕開《まくあ》け

2018年8月15日発行　第1版
2020年7月10日発行　第1版　第3刷

編著者　闇月モレク［やみづき　もれく］
発行者　若松和紀
発行所　株式会社 西東社
〒113-0034　東京都文京区湯島2-3-13
http://www.seitosha.co.jp/
営業　03-5800-3120
編集　03-5800-3121〔お問い合わせ用〕
※本書に記載のない内容のご質問や著者等の連絡先につきましては、お答えできかねます。

ISBN 978-4-7916-2635-9